U0336599

数据中台

让数据用起来

DATA MIDDLE OFFICE
MAKE DATA VALUABLE

付登坡 江敏 任寅姿 孙少忆 武凯 沈金 蒋珍波◎著

机械工业出版社
China Machine Press

图书在版编目（CIP）数据

数据中台：让数据用起来 / 付登坡等著 . —北京：机械工业出版社，2020.1（2021.5 重印）

ISBN 978-7-111-64240-4

I. 数… II. 付… III. 企业管理 - 数据管理 IV. F272.7

中国版本图书馆 CIP 数据核字（2019）第 255224 号

数据中台：让数据用起来

出版发行：机械工业出版社（北京市西城区百万庄大街 22 号　邮政编码：100037）
责任编辑：罗词亮
责任校对：殷　虹
印　　刷：北京诚信伟业印刷有限公司
版　　次：2021 年 5 月第 1 版第 11 次印刷
开　　本：147mm×210mm　1/32
印　　张：12
书　　号：ISBN 978-7-111-64240-4
定　　价：89.00 元

客服电话：（010）88361066　88379833　68326294　　投稿热线：（010）88379604
华章网站：www.hzbook.com　　　　　　　　　　　　　读者信箱：hzit@hzbook.com

这本书的大部分作者曾是阿里数据中台部门的实干者，"干过"是一种很宝贵的实力。今天，他们正在用这套数据中台方法论赋能各行各业的数字化转型，并取得了卓越的业务效果。撰写此书是他们践行"让数据用起来"这一使命的又一尝试，将为各行各业的数字化转型的探索者和参与者提供体系化的指导。

——谢世煌　阿里巴巴集团联合创始人 /

湖畔山南资本创始人

未来的企业家都应该关注数据的应用，但不是哪个企业都适合建设数据中台。要了解数据中台就从这本书开始吧，因为作者们都是经验丰富的一线实践者。

——邱昌恒（卜鹰）　鲲腾基金创始合伙人 /

原阿里集团副总裁

大数据的本质是数据的融合，把原本各自孤立的数据互相关联、融合，通过抽象、加工构建数据资产标签类目体系，从而赋予数据更深层次的语义和价值，洞察事物的本质。大数据背景下的数据突出了数据的人本特性、数据的充分利用，不仅极大地发展了生产力，同时还将深刻地改变生产关系。

本书理论研究和实践应用并重，对于破解当前的信息化发展难题具有非常重要的现实意义。本书会为所有想要了解数据中台丰富内涵的读者，以及从事数据治理的技术和管理人员带来深刻的启发，指导他们的实践和创新。

——周傲英　华东师范大学副校长/数据学院教授/博导

数据中台是企业数字化转型的战略选择，是数字化时代对企业的组织重构、流程再造与技术升级。数据中台并非一个简单的平台，而是对海量数据进行采集、存储、计算、加工与融合的产物。数据中台旨在消除数据标准和口径不一致的问题，实现面向应用的数据共享。数据中台让数据与业务分离，实现面向客户需求的弹性化试错与快速迭代，为客户提供高效服务。

——金小刚　浙江大学计算机科学与技术学院研究员

借助"互联网+"和"智能+"，人类社会正以前所未有的速度向智能时代前进。在这个进程中，数据成为宝贵的资产，数据资产管理与数据服务能力将决定政府管理与社会服务的效率，也影响企业竞争的胜败。如何应对挑战、占尽先机，本书将带给你别具新意的解读。

——陈强　上海工程技术大学计算中心教授

当各行各业的数据累积到一定规模时，数据存储、管理、挖掘、应用等新技术就能帮助我们"把握现在，预知未来"。数据中台就是这样一套让数据持续用起来的机制，能够助力企业的数字化转型。

——魏凯　中国信通院云计算与大数据研究所副所长

因为工作的原因，我经常与国内外众多行业的管理者、数字化的实践者和同行们交流，其中数据中台这个话题谈论得非常多。很多人在深度地研究和实践，不仅产出了很多原创的思考和文字，而且有越来越多的实践案例。作为数据中台领域的布道者，我相信数据中台将有助于推动中国的数字化转型，同时，我也相信这本书将会给数据中台领域的实践者带来有意义的启发和思考。

——史凯　ThoughtWorks 中国区数据智能事业部总经理

数据是数字经济的"石油"，但数据的价值不仅在数据量，更在于如何让数据有效释放能量。数据分析能力是让"石油"精炼进而充分"燃烧"的技术，"数据中台"更是当前支持数据分析能力提升的技术热点。这本书系统、全面地讲述了"数据中台"的构建方法论，阐述了从 IT 到 DT 的发展方向，从技术实现到体系建设，可谓面面俱到，充分体现了"数据中台"的业务价值和技术价值，为企业开展"数据中台"建设提供了很好的规划蓝本。架构重在实践、贵在落地，相信本书能够为业内人士提供很好的指引。

——付晓岩　建信金融科技风险合规团队副总经理 /
《企业级业务架构设计》作者

随着 DT 时代的到来，如何让内部数据助力企业数字化建设已经成为各公司必须面对的问题，而最近大火的数据中台正好迎合了这一历史发展趋势。本书的作者们结合自己的中台建设经验，为读者讲述了数据中台的概念、架构、开发、建设、管理、服务、运营、安全等内容，深入浅出，娓娓道来。

——韩锋　宜信数据库开发与管理主任工程师

作者简介

付登坡（花名：天湛）

资深大数据专家，数澜科技联合创始人 & 地产事业部总经理

有 10 余年大数据领域从业经验，擅长数据建模、海量数据产品架构设计与实现。原阿里巴巴集团大数据专家，曾在阿里巴巴集团负责消费者数据标签体系、DMP 平台等大数据项目设计与实施。2015 年以创始人身份组建阿里巴巴集团"11 维数据创新工作室"，探索数据创新与数据商业化。

2016 年 6 月离职，联合创办数澜科技，在数澜科技先后负责技术部、咨询服务部和地产事业部。

江敏（花名：江敏）

资深大数据专家，数澜科技联合创始人 & CTO

有 10 年大数据平台规划、数据安全交换使用、数据应用场景建设方面的实践经验。曾任职于阿里数据平台事业部、阿里云数据事业部，负责阿里数据能力及平台的行业客户赋能，并打造行业的数据共享交换，是 ID-Mapping 体系能力构建及服务化的核心参与者、数据交易模式的早期探索者。

数澜科技联合创始人，负责管理公司产品技术团队，为客户输出构建和经营数据中台的能力。基于数据中台建设的实践经验，带领团队打造一站式数据应用基础设施数栖，并完成多家行业龙头客户基于数栖的数据中台建设。

任寅姿（花名：影姿）

资深数据产品专家，数澜科技创新事业部总经理

曾任阿里巴巴数据产品专家、数据创新梧桐工作室负责人等。对大数据资产设计、资产服务、资产应用在实践的基础上形成了一套完整的数据标签类目体系方法论，擅长对各种复杂业务场景进行需求拆解、数据抽象和数据应用建模，关注采用大数据方法切实解决场景痛点，提升业务效率。

孙少忆（花名：守正）

资深数字化转型咨询专家，数澜科技战略副总裁

20 年企业信息化工作经验，积累了丰富的信息化内部运营、解决方案销售及交付等方面的实践经验。拥有 MBCI、CISSP-ISSMP、CGEIT、COBIT 5、ITIL Expert、P3O 等国际专业资质证书。曾任职华为 ICT 规划咨询部，面向企业、政府提供"以数据为核心，聚焦业务场景和价值"的流程信息化与数字化转型规划和落地咨询业务。

武凯（花名：行竹）

资深数据产品专家，数澜科技 COO

有 10 余年数据产品经验，曾任阿里巴巴集团数据平台产品与运营部负责人，是营销、零售和医疗健康等领域数据应用的探索实践者，专注于企业大数据资产化及应用增值。

沈金（花名：铁平）

资深数据业务架构专家，数澜科技解决方案总监

10余年数据行业经验，擅长业务架构、数据架构、技术架构的规划和落地实施。曾在阿里巴巴担任DBA，后参与阿里数据中台建设，拥有用户识别、标签设计、动态数据组织等多个发明专利。

2017年加入数澜科技，负责带领解决方案团队，推动数据中台在零售、地产、金融等行业以及综合性集团的落地。

蒋珍波（花名：乐天）

大数据咨询专家，数澜科技高级咨询专家

15年信息化和大数据行业从业经验，具备广阔的知识面、丰富的咨询经验，擅长为客户提供创造性的解决方案，尤其擅长数据治理方面的咨询规划和产品设计，服务过数十家政府和大中型企业客户。

"一切业务数据化，一切数据业务化"，回顾几十年的中国企业信息化发展历程，就是"业务数据化"的过程——企业持续在IT方面进行投入和建设，不断将发展过程中业务和经营管理端的各种能力以数据形态沉淀下来。而接下来的"数据业务化"则是将已经成为资产的数据作为生产资料融入业务价值的创造过程，使之持续产生价值。

但是随着DT时代的来临，一路高歌、突飞猛进的企业信息化建设却开始出现诸多发展瓶颈和痛点。

首先，随着信息化的深入，在传统烟囱式IT建设方式下，企业独立采购或者自建的各种企业信息系统，在内部形成诸多数据孤岛；而在互联网、移动互联网背景下，服务号、小程序、O2O平台等新模式下产生的外部数据与传统系统的内部数据无法互通，这进一步加剧了数据孤岛问题……系统多样性和多态性，增加了企业IT架构的复杂度。

其次，随着多云环境的出现，硬件基础设施从IT时代的服务器演变成DT时代的"云"，多数企业将选取多云策略，以避免被单一云厂商锁定，且多云的使用可以让企业 IT 架构更灵活、更符合自身情况。但这也让企业 IT 架构变得更为复杂，底层数据的互联互通成为困扰企业发展的痛点之一。

因此在传统企业底层 IT 架构下，新旧 IT 系统中沉淀的数据之间难以打通，而在多云环境中，企业内外部数据亦难以快速连接。分散各处难以融合的数据，无法很好地支撑企业经营决策，也无法很好地应对快速变化的前端业务，如何突破发展瓶颈，构建适应新时代的企业 IT 架构，以阿里、华为等为首的国内顶级公司开始提出"数据中台"的概念。

在笔者们看来，数据中台是企业数字化转型的必然产物。在企业 IT 架构日益复杂的今天，亟须通过一套机制，联通传统 IT 架构和各类数据，融合新老模式，整合孤岛数据，沉淀数据资产，快速形成数据服务能力，为企业经营决策、精细化运营提供支撑，这套机制就是数据中台。

DT 时代数据中台的使命是"让数据持续用起来"，它的一个根本性创新就是把"数据资产"作为一个基础要素独立出来，将成为资产的数据作为生产资料融入业务价值创造过程，提供推动企业发展源源不断的生产力。

笔者们认为，数据中台作为整个企业各个业务所需数据服务的提供方，通过自身的平台能力和业务对数据的不断滋养（业务数据化），会形成一套高效可靠的数据资产体系和数据服务能力（数据资产化和资产服务化）。这样当出现新的市场变化，需要构建新的前台应用时，数据中台可以迅速提供数据服务（服务业务化），从而敏捷地响应企业的创新。业务产生数据，数据服务业务，业务在阳，数据在阴，阴阳互补，形成闭环。

值得一提的是，数据中台不仅仅是一种技术平台，倘若仅停留于此，就完全忽略了从 IT 到 DT 的本质变化是"围绕数据资产进行价值的持续积累和释放"。单纯增大技术投入和人才投入无法保障企业经营效能的持续提升，只有站在数据价值观和方法论的高度，才可能系统性解决企业经营发展中关于数据的诸多问题。谁能率先解决面向数字经济特征的全新数据价值观和方法论的问题，并在其指引下打造出平台级能力，谁就能真正意义上帮助企业把数据用起来。

因此，本书重点落笔于数据中台建设方法论体系的阐述，这也是笔者们多年大数据领域从业经验以及多个数据中台建设经验总结所得。希望这套数据中台建设方法论能为计划进行数字化转型，或已经在数字化转型之路上奋力前行的企业决策者、业务推动者和执行者，提供认知升级的有益借鉴，帮助企业结合自身特点，在战略规划牵引下，从组织、保障、准则、内容、步骤等五个层面全面考虑，建立起一套可持续运行的中台建设机制，以保障数据中台建设实施如期完成，从而加速企业的数字化转型进程。

2019 年是数据中台爆发的元年，笔者们认为，数据中台必将依循从概念引爆到迭代试错，再到规模复制的认知升级路径，从行业头部企业普惠至更多中小企业，成为数据应用的"基础设施"。未来，每个企业都会像 20 年前上 ERP、5 年前上云那样，标配自己的"数据中台"，为企业数字化转型奠定坚实基础。而作为国内最早的一批数据服务创新者，笔者们希望能将过去十余年沉淀的数据认知和行业经验，与更为广泛的行业人士分享、碰撞、交流，并在此过程中实现认知升级，从而更好地增援企业未来，提升企业硬实力，这就是从 2019 年 5 月起，笔者们历时半年撰写本书的初心与梦想。

本书的写作历程是一次共创与感恩之旅。数澜三年，与百家行业头部客户共建数据中台，本书虽只有薄薄数百页，但却承载了数澜与客户合力共创的千余个日日夜夜的思考与探索。感恩在与中信集团、万科地产、兴业银行、百果园等诸多客户共创中沉淀的数据认知与实战经验，让我们得以不断思考"让数据用起来"的真谛与本质，而唯有将这些思想的火花具象成文，集结成册，分享给更多数字化转型之路上同行的人们，方不负大家对我们的期望和厚爱！

这还是一次自我超越之旅，非常感谢机械工业出版社华章公司的策划编辑杨福川老师、责任编辑罗词亮老师、美术编辑王建敏老师，他们的鼓励与指导点燃了我们心中的梦想，让我们这群拙于表达的技术人，竟产出了近 20 万字的中台理论知识与实践经验总结。半年前看似不可能完成的任务，我们坚持了下来，并沉淀下了多年工作认知和经验思考，于我们自身来说是一份特别珍贵的精神财富。

这更是集体智慧的结晶，感谢赵东辉、谢辉、白松、蔡勇剑、黄飞、黄耐寒、贾松、罗玲、李舵、李远泽、秦文艺、孙昂、陶胜刚、张梦琴等多位数澜专家，他们奋战在数据产品、开发、算法、咨询、治理一线，在异常繁忙的年中冲刺季，挤出时间为本书撰文，可谓字字珠玑；感谢徐锦、谭琼、邵雪、杨莎莎、朱清漪、程国强、李德亮、陶丽婷等组成的内部编委会，十年经验，四月烧脑总结写作，两周封闭萃取，杭京深三地联动，通宵达旦，激情燃烧，让专业的技术术语鲜活起来，让抽象的思维认知灵动起来，让本书逻辑更清晰明了，更具有可读性与吸引力！

数据中台已经掀起了幕布的一角，幕布后面的精彩世界需要政府、产业、行业、领先企业共同激荡演绎。让我们走进数据中台的世界，共同描绘属于我们的新纪元！

|目录|

1

数据中台：信息化的下一站

经过几年的沉淀和酝酿，数据中台已经成为新的风口。大家好奇它的过去，希望一窥它的全貌，憧憬它的未来，"让数据用起来"是驱动数据中台发展的原动力和大家为之奋斗的目标。本书的重点在于揭示数据中台全貌并分享实战经验，本章则尝试从多个视角梳理数据中台产生的大背景，希望与读者一同感受气势磅礴的时代大潮交汇在数据中台这个点的始末，并抛砖引玉，提炼数据中台应该成为共识的几个认知，展望数据中台应该有的发展阶段，让读者自己形成对数据中台的构想，做好准备与我们共同开启数据中台之旅。

1.1　数据中台产生的大背景

1.1.1　新的时代浪潮

时光机回到公元 2019 年 9 月，中国 IT 界正在掀起一股新的汹涌大浪，"中台"这股技术之浪正在席卷 IT 界的每个角落，并经由 IT 工厂人员和各界媒体传导至各个行业。数据中台在 DT 时代的大背景下尤为引人注意，一些先知先觉的企业在讨论和探索数字化转型，谈论有关"数据中台"的概念，有人认为这是新一波的厂商向甲方企业收"智商税"的概念泡沫，有人认为这是给予 CIO 影响力的权柄，也有人认为这是企业应对"危"与"机"的快速创新利器。利用数据进行创新，看似机遇近在眼前，但各种问题又充斥在每个相关人士的心中。

"什么是数据中台？"

"数据中台有什么用？"

"什么样的企业适合建数据中台？"

"应该怎样保证数据中台的效果？"

"怎么才能说服我企业的董事长和 CEO 同意立项数据中台？"

"如何才能保证企业数据不被滥用，又能被开发出价值？"

"在我的行业里，有没有可以参考的成功的数据中台案例？"

"需要多长时间和多少钱才能建起来？建完之后，如何运营才能创造出价值呢？有没有持续优化成本的办法？"

风起于青萍之末，浪成于微澜之间。那么数据中台之浪，又成于哪一朵微澜之间呢？

本书的作者们都是在数据领域里摸爬滚打十余年的老数据人，我们将与各位读者一起穿透时光的迷雾，去追溯数据中台之源，回顾 25 年的 IT 到 DT 的演进史，畅谈"数据创新与数据中台"的实践心路，用不太出彩甚至有点干巴的技术文笔，梳理"让数据用起来"的数据中台机制，回答"数据中台百问"，为在数据创新之路上的读者们贡献一点力量。

1.1.2　从 IT 到 DT，中国信息化演进之路

1996 年 8 月，爱特信信息技术有限公司成立；1998 年 2 月，爱特信推出搜狐；2000 年 7 月，搜狐公司正式在美国纳斯达克挂牌上市。

1997 年 6 月，网易公司成立；2000 年 6 月，网易公司正式在美国纳斯达克挂牌上市。

1998 年 12 月，新浪公司成立；2000 年 4 月，新浪公司成功在美国纳斯达克挂牌上市。

而在 1998 年至 2000 年间陆续成立的腾讯、阿里、百度在十年之后接过中国互联网的大旗，形成了以 BAT 为首的新一轮互联网化浪潮。

2015 年 3 月 5 日，国务院总理李克强在政府工作报告[○]中提出："制定'互联网＋'行动计划，推动移动互联网、云计算、大数据、物联网等与现代制造业结合，促进电子商务、工业互联网和互联网金融健康发展，引导互联网企业拓展国际市场。"

2019 年 3 月 5 日，国务院总理李克强在政府工作报告[○]中提出："推动传统产业改造提升。围绕推动制造业高质量发展，强化

○　http://www.gov.cn/guowuyuan/2015-03/16/content_2835101.htm
○　http://www.gov.cn/premier/2019-03/16/content_5374314.htm

工业基础和技术创新能力，促进先进制造业和现代服务业融合发展，加快建设制造强国。打造工业互联网平台，拓展'智能+'，为制造业转型升级赋能……促进新兴产业加快发展。深化大数据、人工智能等研发应用，培育新一代信息技术、高端装备、生物医药、新能源汽车、新材料等新兴产业集群，壮大数字经济。"

从1995年到2015年的20年间，互联网科技改变了众多面向个体用户端"2C"的生产关系，通过构建线上平台，方便了人们的衣食住行，丰富了人们的生活体验。而在同样的时间里，在企业内部有一群为了企业生产力而奋战的技术人士，他们利用IT技术提升企业内部的生产力。2014年，马云先生正式提出"DT（Data Technology）"的概念，"人类正从IT时代走向DT时代"。他认为，IT时代是以自我控制、自我管理为主，而DT时代是以服务大众、激发生产力为主。这两者之间看起来似乎是技术的差异，但实际上是思想观念层面的差异。

同样也是在这一年年初，阿里内部的数据平台事业部正在大刀阔斧地建立整个集团的数据资产，笔者们也很有幸深度参与其中，构建了多笔数据资产，此为题外话。

2015年，"互联网+"行动计划的提出，让企业内部IT与企业外部互联网思维产生火花，云和SaaS形态的应用开始出现，从IT到DT正式有了广泛的落地实践。

1995年到2015年，互联网科技在中国从萌芽到提出"互联网+"行动计划，用了20年时间。从2015年"互联网+"提出到2019年"智能+"提出，用时仅4年。我们惊叹于这演进的速度之快，就像一个常常被提及的例子："从整个地球史来看，人类科技进化速度的陡峭曲线，可以类比成一个猿人扔起一根骨头，等掉下来的时候骨头已经变成了火箭。"

1.1.3 外太空与黑土地，阿里与华为对中国数字化进程的贡献

1. 外太空视角——阿里以数据为核心，推动数字产业化

回溯"数据中台"这个在中国被创新和实践落地的产物，就不得不去看它发端的企业——阿里巴巴。

笔者们认为阿里的贡献巨大，主要有两个原因。

第一，基于内部海量数据应用的数据中台实践经验，以及对以新零售、新金融等互联网技术和思维为核心的数据赋能业务的创新尝试，唤醒行业全面跟进和尝试"中台"理念。

2014 年阿里从芬兰 Supercell 公司接触到中台概念后，在集团内部积极践行，开创了"大中台、小前台"的组织机制和业务机制，通过高效、统一的后方系统来支持前端的机动部队，提高作战效率，减少冗余投入。2018 年，中台概念开始逐渐深入互联网企业。

- ❑ 2018 年 9 月，腾讯宣布新成立云与智慧产业事业群（CSIG）和技术委员会，后者将负责打造技术中台。

- ❑ 2018 年 11 月，阿里云事业群升级为阿里云与智能事业群，并开始对外输出中台能力。

- ❑ 2018 年 11 月，美团被曝正在打通大众点评、摩拜等各业务间的数据，构建数据中台。

- ❑ 2018 年 12 月，百度调整组织架构，高级副总裁王海峰同时负责基础技术体系（TG）和 AI 技术平台体系

（AIG）。此后，王海峰曾在公开场合表示，打造技术中台是百度调整组织架构的战略方向之一。

- 2018 年 12 月，京东进行了有史以来最大幅度的组织架构调整，增设中台部门。京东商城 CEO 徐雷还在企业年会上强调：要将中台提升为"永不停歇"的超级引擎。

第二，持续对政府、对社会拓宽基于数据的宏伟认知，并积极实践基于数据创新的城市大脑。

比如，持续提倡："未来，数据将会是生产资料，计算是生产力，互联网是生产关系，智能时代是基于这些改变而随之发生的巨大的社会变革。未来 30 年，智能技术将深入到社会的方方面面，改变传统制造业，改变服务业，改变教育、医疗，所有的生活会因数据、计算而改变。IT 让 20% 的人受益，而 DT 时代和 AI 时代的数据技术会让 80% 的人受益，这就是这个世界未来巨大的机会所在。并进一步落地为城市大脑、ET（Evolutionary Technology）系列。"

2016 年 10 月，云栖大会上城市大脑首次亮相。

2017 年 3 月，云栖大会深圳峰会推出 ET 工业大脑和 ET 医疗大脑。

2017 年 6 月，云栖大会上海峰会推出 ET 环境大脑。

就像 ET 命名本身的科幻性隐喻，阿里所倡导的数据理念和实践犹如外太空的智慧传递，广泛而又深刻地影响着我们这个社会。

2. 黑土地的尝试——华为扎根产业，领衔产业数字化转型

华为是推动中国信息化进程的另一个时代巨人，华为在 CT（通信技术）领域成长为国际知名企业，进而转入 IT（信息技术）

领域和移动终端领域，都取得了举世瞩目的成绩。华为自身独特的流程信息化实践已成为传统行业高效利用信息化、加速数字化转型的问计首选。

笔者们认为，华为对于产业数字化转型的巨大贡献在于其基于一套创造性的"管理架构、流程与 IT 支撑"的管理体系，在研发、生产制造、供应交付、销售、财经等领域进行持续不断地数据管理和数据应用实践，沉淀了完整且成熟的数据管理相关流程、管控机制、组织建设、人才保障、平台建设、使能服务等体系和机制。在多业务、超大规模和全球化分布式管理的环境下做到了"以数据使能业务"，帮助华为公司在人员不显著增加的情况下，收入、利润、现金流持续有效增长。

2016 年华为提出了数字化转型战略，当时希望通过数字化变革重塑华为的商业流程。公司由此提出"＋互联网"的概念，希望利用先进的数字、数据技术，改造华为业务流程，致力于率先实现 ROADS（实时、按需订阅、在线、自助、社交）体验并成为行业的标杆。

2018 年华为建立了数字化转型实践中心（DTPC）并正式投入运营，与运营商一起开展数字化转型的实践探索和能力构建。提出统一的数字化平台必须具备以下特征：充分协同并融入业务流程，统一数据模型并可平滑交换数据，云原生和能力开放，以及智能化。基于该数字化平台，与内外部生态协作创新，可以快速提供最佳解决方案以满足客户需求，实现商业敏捷。

对于数据中台，虽然华为公司内部流程的 IT 架构中没有明确的提法，但是华为在对外提供的解决方案中已不断出现"数据中台"字眼，致力于打造信息化、自动化、智能化"黑土地"的华为势必要融入数据中台的洪流之中。通过以下几则有代表的信息，我们可以从侧面了解华为的数据中台。

华为云官网："（华为智慧）园区中台包含数据中台和业务中台；数据中台对园区数据进行标准化建模，园区各单体子系统数据上传到云端后经过数据治理并存储在数据中台的主题库中……"

江苏移动："江苏公司秉承集团 2019 年工作重点'用户满意度领先'和'降本增效'两大方针，在提升用户满意度工作方面，携手华为整合 SEQ 平台、MR 地理化平台以及性能平台等多个大数据平台，初步实现江苏移动满意度提升数字化中台战略，通过大数据研究、分析及建模，江苏移动与华为联合研发，全国首次将全网用户业务感知地理化，抢占'用户满意度领先'的网络高地。"⊖

国网天津信通公司："本次验证工作中，天津公司作为国网公司试点单位，负责开展对华为公司数据中台和云平台相关产品的技术验证测试，从而客观论证华为产品全面支撑天津公司泛在电力物联网建设的可行性。测试工作基于华为产品构建的数据中台和云平台，重点针对功能、性能、开放性、扩展性、兼容性，以及对业务应用的支撑能力开展验证工作。"⊜

1.1.4 中国政府的支持与引导，为数据中台生长提供阳光雨露

1. 两会政府工作报告

自 2015 年起，"互联网＋"在政府工作报告中经常被提及。

⊖ http://www.c114.com.cn/wireless/2935/a1093040.html
⊜ http://www.tj.xinhuanet.com/xhvision/2019-07/23/c_1124787988.htm

政务在国家层面指引和推动中国经济模式的升级和迭代。既扶植了数字产业化，又推动传统行业和产业数字化转型。

2015 年制定"互联网＋"行动计划。推动移动互联网、云计算、大数据、物联网等与现代制造业结合，促进电子商务、工业互联网和互联网金融健康发展，引导互联网企业拓展国际市场。

2016 年落实"互联网＋"行动计划。增强经济发展新动力，大力推行"互联网＋政务服务"，实现部门间数据共享，发挥大众创业、万众创新和"互联网＋"集众智、汇众力的乘数效应。

2017 年扩充"互联网＋"模式。深入推进"互联网＋"行动计划和国家大数据战略，推动"互联网＋"深入发展、促进数字经济加快成长，让企业广泛受益、群众普遍受惠。

2018 年完善"互联网＋"模式。"互联网＋"广泛融入各行各业，加强新一代人工智能研发应用，在医疗、养老、教育、文化、体育等多领域推进"互联网＋"，深入推进"互联网＋农业"，多渠道增加农民收入，促进农村第一、第二、第三产业融合发展。

2019 年全面推进"互联网＋"。运用新技术和新模式改造传统产业，推行信用监管和"互联网＋监管"改革，优化环保、消防、税务、市场监管等执法方式，加快在各行各业、各领域推进"互联网＋"。

2. 数博会

中国国际大数据产业博览会（简称"数博会"），2015 年在贵阳创办，2017 年正式升级为国家级展会活动。作为全球首个大数据主题博览会，凭借国际化、专业化、市场化的领先优势，数博会成为全球大数据发展的风向标和业界最具国际性和权威性的成果交流平台。

历届数博会均受到国家领导人的关怀和指示。中共中央总书记、国家主席、中央军委主席习近平向首届和近两届数博会连续发来贺信。国务院总理李克强、副总理马凯、全国人大常委会副委员长王晨先后出席前五届数博会开幕式并致辞。其中，2019年数博会共吸引448家国内外企业参展、举办专业论坛53场，专业赛事6场、各类活动近百场，来自50多个国家和地区的政要、知名企业家、专家学者、协会组织、科研机构及媒体相继参加各类活动，共话大数据前沿热题，共绘大数据发展蓝图，共享大数据时代发展新机遇。

3. 数字中国建设峰会

"数字中国建设峰会" 2018年在福州举办第一届，中共中央总书记、国家主席、中央军委主席习近平发来贺信，向峰会的召开表示衷心的祝贺，向出席会议的各界人士表示热烈的欢迎。

2019年第二届峰会在福州举行，为期3天的峰会共对接数字经济项目587项，总投资额4569亿元，其中签约项目308项，总投资额2520亿元。

本届峰会的主题是"以信息化培育新动能 用新动能推动新发展 以新发展创造新辉煌"。峰会定位为中国信息化发展政策发布平台、电子政务和数字经济发展成果展示平台、数字中国建设理论经验和实践交流平台、汇聚全球力量助推数字中国建设的合作平台。

4. 智博会

中国国际智能产业博览会（Smart China Expo，简称"智博会"），是经党中央、国务院正式批准，由科学技术部、工业和信息化部、中国科学院、中国工程院、中国科学技术协会和重庆市人民政府共同主办的展会。

2018 年 5 月，经党中央、国务院同意将中国重庆国际汽车工业展与中国（重庆）国际云计算博览会合并，并更为现名；决定智博会从 2018 年起，每年在重庆市举办一届。

2019 年 4 月，中共中央总书记、国家主席、中央军委主席习近平视察重庆工作时作出"继续高标准办好智博会，深度参与数字经济国际合作"的重要指示，遵照这一重要指示，2019 年智博会坚持"智能化：为经济赋能，为生活添彩"的主题，智汇八方、博采众长，重点围绕"会""展""赛"及"论"，集中展示全球智能产业的新产品、新技术、新业态和新模式等。

数字经济的发展已呈现出越来越清晰的特征：

数据信息资源逐步成为新的关键要素资源；

数字技术创新是数字经济持续发展的原动力；

平台化是数字经济的主要产业组织形态；

产业融合是数字经济的主要表现形式；

多元共治是数字经济时代必然的治理要求；

网络空间成为驱动实体世界变革的关键力量。

以构建数据资产体系、释放数据资产价值为核心的数据中台被推到了广阔的舞台中央。

1.2　数据中台的 3 个核心认知

数据中台能否从自发的单点状态、媒体热点，变成数字经济的基础、普惠性的数据服务机制，有赖于以下几个认知能否被业界广泛接受，并为之共同努力。

1. 数据中台需要提升到企业下一代基础设施的高度，进行规模化投入

数据中台的目标是提供普惠数据服务，在"互联网+"行动计划和"智能+"的推动下，数字产业化和产业数字化成为数字经济的两大基础。数字产业化（互联网）从C端市场起步进而走向B端市场（互联网+），产业数字化天然在B端市场（+互联网）。数据中台只有在B端市场被企业提升到下一代基础设施的高度，才能帮助企业从根本上解决数字化转型过程中遇到的瓶颈和痛点，例如数据孤岛林立（其实质是底层计算和存储架构的复杂性和异构造成的）、数据资产化程度低、数据服务提供效率与业务诉求严重不匹配等。相比于信息化部门把数据中台中的某些功能和特性作为新技术来局部验证和引入，数据中台更需要企业从战略高度进行顶层设计、确定规模化投入政策、设置更合理的组织架构，才能够确保数据中台作为数据应用的基础设施并落地建设，承担起企业数据资产全生命周期的管理。

2. 数据中台需要全新的数据价值观和方法论，并在其指引下形成平台级能力

数据中台所包含的数据技术创新可以在成熟的平台型企业内部孕育，技术的创新和融合应用于很多贴近业务的创新应用场景。但数据中台不仅仅是技术平台，倘若停留于此，就完全忽略了IT到DT的本质变化是围绕数据资产，企业面临的主要矛盾是无法解决业务端的灵活性和经营管理稳定性之间的冲突，单纯

地增大技术投入和人才投入都无法保障企业经营效能的持续提升。只有秉持数据价值观和方法论，才可能系统性地解决企业经营发展围绕数据的诸多问题，谁能率先解决面向数字经济特征的全新数据价值观和方法论的问题，并在其指引下打造出平台级能力，谁就能真正意义上帮助企业把数据用起来。

3. 数据中台围绕业务、数据、分析会衍生出全新人才素养要求，需要尽快启动人才储备

人才永远是瓶颈，并且人才的具体定义在动态变化，需要为人才准备成长的土壤。信息化历程中从简单的搭建网站、单功能系统开发，到复杂系统开发、建设、运营，再到新技术引入等都曾经是人才具体定义的重要关注点。在社会范围内，信息化人才天然趋向两类企业：成熟稳定的平台型企业或有成熟平台潜力的企业。企业只有围绕数据中台明确了人才在企业的定位和职业通道，才可能吸引到或培养出拥有业务、数据、分析等综合素养的新型信息化人才，企业在数据中台人才储备上需要尽快做起来。

1.3　数据中台的 3 个发展阶段

"让数据用起来"，既是终极目标，也是数据中台要为处于不同数据认知成熟度阶段的企业实现的一个个具体目标。业务不会停滞，信息化不断追求自身的价值，数据部门力图与业务部门具有同等组织地位和话语权，业务部门不断提出新的挑战，政府在加速拉动数字经济建设……在这些因素的共同作用下，结合普惠

数据服务按需取用、业务自流程化[⊖]、数据自我治理的特点，在笔者看来，数据中台未来会经过以下几个发展阶段。

1.3.1 第一阶段：数据中台探索

这个阶段是个过渡阶段。一方面，传统的数据应用过往都是从外往内的（利用外部的技术、数据和资源来服务内部需求）。例如，零售行业要做精准营销，在广告上砸钱，做用户画像分析，利用外部的技术、数据、资源来服务内部需求，但是做完了会发现企业自身没有沉淀，又回到了原点。另外一方面，还是要借助一个个具体的场景化数据应用来推动企业对数据中台的认知，积累各行业（特别是头部客户）的业务和服务经验快速迭代和打造数据中台。

这个阶段会将数据生命周期各个阶段的技术与现有业务场景或创新业务场景结合，迅速形成可见、可展示的业务成果。特点是项目短小精悍，容易见效果，缺点是由于缺乏数据中台整体规划及让数据用起来的完整流程设计，无法对众多单个数据应用沉淀的数据形成通用数据资产，每个项目都需要从头到尾走一遍，当应用需求爆发式增长时，底层数据支撑的效率会大幅度下降，甚至影响最终的业务效果。

⊖ 此前没有人正式提过这一说法，在与政府、金融客户沟通时经常会提到：当业务能够实现对象数字化、规则数字化、结果数据化时，业务自身的流程也就可以按照规则自由、自行组建和优化了。

1.3.2 第二阶段：数据中台整合数据应用提升效率

这一阶段的特点是构建数据中台的技术、理念、方法论是可复制的，市场上已有成熟的支撑数据中台高效运转的平台级产品。企业通过规划、建设、实施数据中台能够具备三方面的基础能力：

- ❑ 数据的多样性、多态性、多云连接能力（汇聚/交换能力）。交换的能力用来解决企业有哪些数据、数据在哪里等问题。
- ❑ 数据资产化的能力是数据中台建设的关键，包括清洗、加工、治理、安全、质量等工具模块及实施方法论。（说明：能直接作用于业务领域，业务能阅读、能理解的数据才叫数据资产。）
- ❑ 数据服务化的能力，用数据技术来使用数据的方法。

有了这三个能力，就能将上一阶段构建起来的场景级数据应用，甚至是历史建成的系统都整合成企业级数据应用平台，既能满足原有系统对数据的需求，又能快速满足新业务场景对数据的需求，将数据作为资产上架，成为共享的生产要素。

1.3.3 第三阶段：数据中台重构数据空间和业务空间

到了这一阶段，数据中台已经成为企业数据资产的核心能力和基础，通过快速构建数据资产体系，帮助企业真正实现对其全量数据的有效管理。业务和业务流程本身都可以通过适当的颗粒度进行数字化解耦和标准化，企业能够以自我为中心构建更加宏大的产业、行业价值链范围的数据空间和业务空间，以数据编排的方式响应业务需求，彻底颠覆传统的软件工程方式，业务实现自流程化，数据实现自我管理能力。

这里需要引入业务空间和数据空间的基本概念。

- ❑ 企业业务空间：企业任何一个业务条线从初始设立到日益精细分化，一般都遵循一个共性的演进过程：清晰定义该业务条线内专项业务的"毛细血管"功能体系、建设或升级相应技术支撑系统、生成专项业务数据。当所有业务条线都遵循这个发展规律，纵横交错的业务条线构成了企业实际运营的多维业务空间。企业的业务空间是产生和形成全量数据的根本依据和前提。

- ❑ 企业数据空间：在数字化时代，任何一家企业都是市场生态中的一个节点，从数据交换的宏观视角来看，任何一家企业的数据全集只是整个市场数据生态空间中的一个子集。从企业自身视角来看，依据数据的生成和交互方式，企业全量数据的数据空间大致由三个维度构成：自主生产和消费的数据、外部数据（含单向外部获取数据和单向对外提供数据）、内外部交互数据。

1.4　开启信息化的下一站

1.4.1　在多建设模式并存中做好准备

数字化需要探寻、挖掘数据的多维度业务价值，数据能力要在组织中孕育继而成为业务能力的一部分，需要摆脱"需求→立项→建设实施→日常运维"的简单模式，深入思考数据的业务本质。

回顾信息化建设的历程，笔者们发现因为企业自身组织变革和建设能力的限制，在相当长时间内会有多种建设模式并存，以数据中台为驱动的建设模式将有可能成为融汇归一的新型建设模式，如图 1-1 所示。

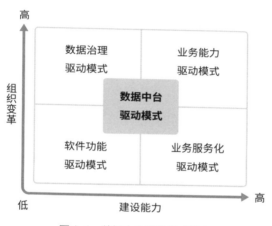

图 1-1　数据中台建设模式融合

以下为 4 种主要的信息化建设模式：

❑ 软件功能驱动模式：该模式对组织变革和建设能力要求最低，通常以采购和实施成熟产品为主，目标是业务部门直接能用。

❑ 数据治理驱动模式：该模式的目标是针对同一数据不同问题或不同数据同一问题进行分类治理，通常是业务上遇到了难题，立个专项来解决。

❑ 业务能力驱动模式：该模式对组织变革和建设能力要求最

高，目标基于企业架构（EA）自上而下开展规划建设，覆盖组织从战略到执行全业务过程，从业务设计到 IT 实现。该建设模式实施难度极高，通常会形成顶层规划设计和一系列实施项目。

❑ 业务服务化驱动模式：该模式专注于新技术的引入，通常是面向用户提升体验、面向业务拉通资源调度。

上述 4 种模式在建设数据中台时都可以有效融合，让组织变革和建设能力能够充分支持业务数据化、数据资产化、资产服务化、服务业务化的数据中台建设特点。

1.4.2 迎接数据中台新时代

2019 年是数据中台爆发的元年，除了数澜科技与 Forrester 共同发布了首部行业白皮书《拥抱数据中台，加速数字化转型》，围绕数据中台的各种展会、发布会、产品也纷至沓来。

阿里、腾讯、华为做的是云计算基础设施，客户要做云计算的时候，他们就会给出解决方案。同样，数据应用也需要基础设施，当企业需要数据应用时，数据中台就会给出整体解决方案，真正"让企业的数据用起来"。

数据中台的需求不是来源于外部，而是来自内部，来自企业对自身未来发展的担忧。数据中台是增援未来，是以发展的观点解决企业面临的问题，面对不确定的未来，企业无法确认今天的数据未来会怎么用，会产生什么样的价值，所以才需要数据中台。现在把数据源源不断地接进来，源源不断地进行资产化、服务化，未来当企业看清楚业务场景，把对数据的需求输入数据中台时，才知道原来数据可以这样使用，才知道怎么去适配。数据中台是对未来场景的能力支撑，是增援未来的能力。

　　数据中台已经掀起了幕布的一角，幕布后面的精彩世界需要政府、产业、行业、领先企业共同激荡演绎。欢迎走进数据中台的世界。

什么是数据中台

  伴随着云计算、大数据、人工智能等技术的迅速发展,以及这些技术与传统行业的快速融合,企业数字化、智能化转型的步伐逐渐加快。IDC 预测,到 2021 年,全球至少 50% 的 GDP 将被数字化,而每个行业的增长都会受到数字产品与服务、数据化运营的驱动。

  数字化转型成功的企业,其内部和外部的交互均以数据为基础。业务的变化快速反馈在数据上,企业能够迅速感知并做出反应,而其决策与考核基于客观数据。同时,数据是活的,是流动的,越用越多,越用越有价值。随着数据与业务场景的不断交融,业务场景将逐步实现通过数据自动运转和自动优化,进而推动企业进入数字化和智能化的阶段。

传统 IT 建设方式下，企业的各种信息系统大多是独立采购或者独立建设的，无法做到信息的互联互通，导致企业内部形成多个数据孤岛。互联网、移动互联网的发展带来很多新的业务模式，很多企业尝试通过服务号、小程序、O2O 平台等新模式触达客户、服务客户，新模式是通过新的平台支撑的，产生的数据与传统模式下的数据也无法互通，这进一步加剧了数据孤岛问题。分散在各个孤岛的数据无法很好地支撑企业的经营决策，也无法很好地应对快速变化的前端业务。因此需要一套机制，通过这套机制融合新老模式，整合分散在各个孤岛上的数据，快速形成数据服务能力，为企业经营决策、精细化运营提供支撑，这套机制就是数据中台，如图 2-1 所示。

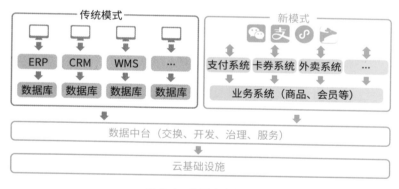

图 2-1　数据中台定位

本章主要阐述数据中台的定义和核心能力，并澄清几个与数据中台相关的概念，最后总结数据中台建设能为客户带来的业务价值和技术价值。

2.1 解码数据中台

与许多新概念诞生之初的境遇一样，数据中台目前正处于"定义混乱期"。

有人认为数据中台是云平台的一部分，同时包括业务中台和技术中台；有人认为数据中台是数据的共享、整合和深度分析；还有人认为数据中台是"计算平台＋算法模型＋智能硬件"，不仅有云端，还需要智能设备帮企业在终端收集线下数据……从服务方到客户方，对数据中台的理解并不相同，如同一千个观众心中就有一千个哈姆雷特。

笔者们有幸见证了数据中台在中国从 0 到 1 的全过程，并在其中实践多年，对于数据中台的定义，笔者们认为：数据中台是一套可持续"让企业的数据用起来"的机制，是一种战略选择和组织形式，是依据企业特有的业务模式和组织架构，通过有形的产品和实施方法论支撑，构建的一套持续不断把数据变成资产并服务于业务的机制。数据来自于业务，并反哺业务，不断循环迭代，实现数据可见、可用、可运营，如图 2-2 所示。

通过数据中台把数据变为一种服务能力，既能提升管理、决策水平，又能直接支撑企业业务。数据中台不仅仅是技术，也不仅仅是产品，而是一套完整的让数据用起来的机制。既然是"机制"，就需要从企业战略、组织、人才等方面来全方位地规划和配合，而不能仅仅停留在工具和产品层面。

以中国某大型央企集团的数据中台为例，该集团旗下拥有横跨金融、地产、零售的多条业务线。要做数字化转型，不仅是技术问题，更是组织与业务运转模式改变的问题，需要顶层战略规

划和组织架构上的改变。这也是为什么各大互联网公司在宣布中
台战略时，会伴随着组织架构调整。

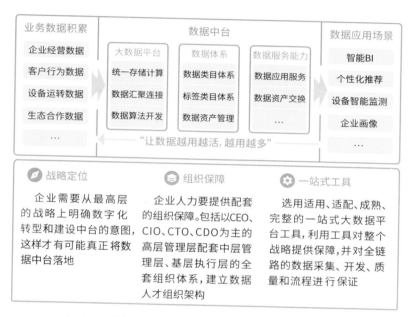

图 2-2 数据中台是一套"让企业的数据用起来"的机制

每家企业的业务与数据状况各不相同，业务对数据服务的诉
求不同，数据中台的建设将呈现出不同的特点，没有任何两家企
业的数据中台是完全相同的。数据中台的实施不仅需要一整套技
术产品，更需要针对不同业务、数据、应用场景的体系化的实施
方法和经验，过程中涉及企业战略、组织、技术、人才等全面的
保障和配合。

2.2 数据中台必备的 4 个核心能力

早在 2015 年，数字化领域的领先者已经开始从顶层战略设计入手，调整组织架构，协调内外部的利益，更新方法论和认知体系，着手构建数据中台体系。从 2018 年下半年开始，以数据中台战略为核心的变革潮流席卷互联网行业，然而多数企业对数据中台内涵的认识仍不够全面，导致业务落地和商业创新还是困难重重。

数据中台需要具备数据汇聚整合、数据提纯加工、数据服务可视化、数据价值变现 4 个核心能力，让企业员工、客户、伙伴能够方便地应用数据。⊖

1. 汇聚整合

随着业务的多元化发展，企业内部往往有多个信息部门和数据中心，大量系统、功能和应用重复建设，存在巨大的数据资源、计算资源和人力资源的浪费，同时组织壁垒也导致数据孤岛的出现，使得内外部数据难以全局规划。

数据中台需要对数据进行整合和完善，提供适用、适配、成熟、完善的一站式大数据平台工具，在简便有效的基础上，实现数据采集、交换等任务配置以及监控管理。

数据中台必须具备数据集成与运营方面的能力，能够接入、转换、写入或缓存企业内外部多种来源的数据，协助不同部门和团队的数据使用者更好地定位数据、理解数据。同时数据安全、灵活可用也是绝大多数企业看重的，他们期望数据中台能协助企

⊖ 本节部分内容源自 2019 Forrester 数据中台行业白皮书《拥抱数据中台，加速数字化转型》。

业提升数据可用性和易用性，且在系统部署上能支持多种模式
（见图 2-3）。

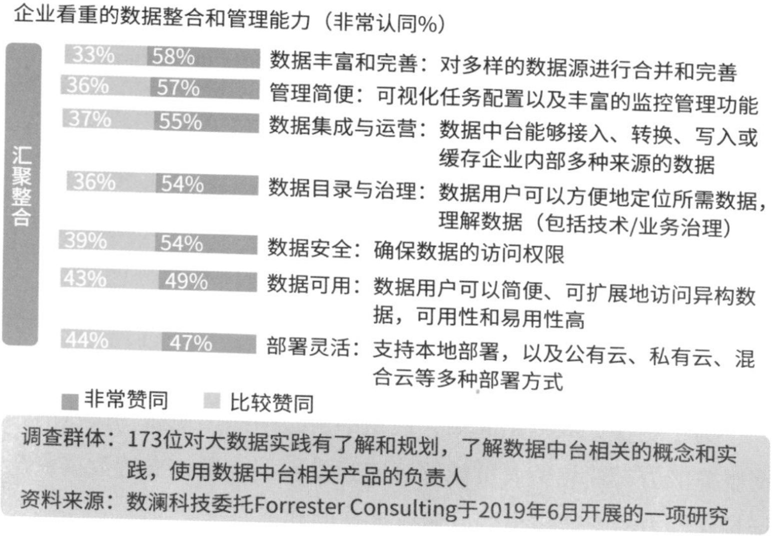

企业看重的数据整合和管理能力（非常认同%）

汇聚整合	33% 58%	数据丰富和完善：对多样的数据源进行合并和完善
	36% 57%	管理简便：可视化任务配置以及丰富的监控管理功能
	37% 55%	数据集成与运营：数据中台能够接入、转换、写入或缓存企业内部多种来源的数据
	36% 54%	数据目录与治理：数据用户可以方便地定位所需数据，理解数据（包括技术/业务治理）
	39% 54%	数据安全：确保数据的访问权限
	43% 49%	数据可用：数据用户可以简便、可扩展地访问异构数据，可用性和易用性高
	44% 47%	部署灵活：支持本地部署，以及公有云、私有云、混合云等多种部署方式

■ 非常赞同   比较赞同

调查群体：173位对大数据实践有了解和规划，了解数据中台相关的概念和实践，使用数据中台相关产品的负责人
资料来源：数澜科技委托Forrester Consulting于2019年6月开展的一项研究

图 2-3 企业看重的数据整合和管理能力

2. 提纯加工

数据就像石油，需要经过提纯加工才能使用，这个过程就是数据资产化。

企业需要完整的数据资产体系，围绕着能给业务带来价值的数据资产进行建设，推动业务数据向数据资产的转化。

传统的数字化建设往往局限在单个业务流程，忽视了多业务的关联数据，缺乏对数据的深度理解。数据中台必须连通全域数据，通过统一的数据标准和质量体系，建设提纯加工后的标准数据资产体系，以满足企业业务对数据的需求，如图 2-4 所示。

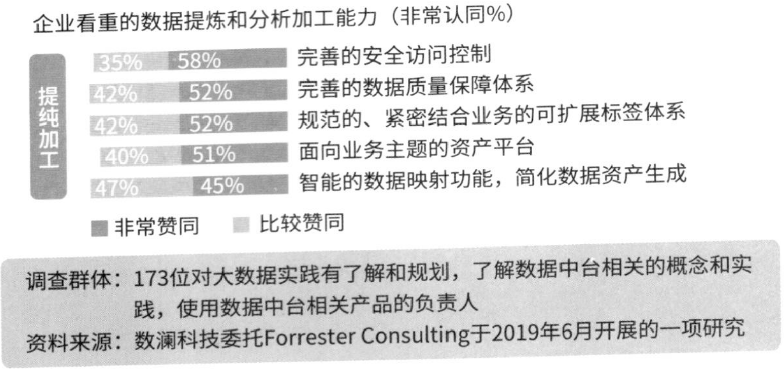

企业看重的数据提炼和分析加工能力（非常认同%）

提纯加工	35%	58%	完善的安全访问控制
	42%	52%	完善的数据质量保障体系
	42%	52%	规范的、紧密结合业务的可扩展标签体系
	40%	51%	面向业务主题的资产平台
	47%	45%	智能的数据映射功能，简化数据资产生成

■ 非常赞同　■ 比较赞同

调查群体：173位对大数据实践有了解和规划，了解数据中台相关的概念和实践，使用数据中台相关产品的负责人
资料来源：数澜科技委托Forrester Consulting于2019年6月开展的一项研究

图2-4　企业看重的数据提炼和分析加工能力

3. 服务可视化

为了尽快让数据用起来，数据中台必须提供便捷、快速的数据服务能力，让相关人员能够迅速开发数据应用，支持数据资产场景化能力的快速输出，以响应客户的动态需求。

多数企业还期待数据中台可以提供数据化运营平台，帮助企业快速实现数据资产的可视化分析，提供包括实时流数据分析、预测分析、机器学习等更为高级的服务，为企业数据化运营赋能。

此外，伴随着人工智能技术的飞速发展，AI的能力也被多数企业期待能应用到数据中台上，实现自然语言处理等方面的服务。数据洞察来源于分析，数据中台必须提供丰富的分析功能，数据资产必须服务于业务分析才能解决企业在数据洞察方面的短板，实现与业务的紧密结合（见图2-5）。

4. 价值变现

数据中台通过打通企业数据，提供以前单个部门或者单个业务单元无法提供的数据服务能力，以实现数据的更大价值变现。

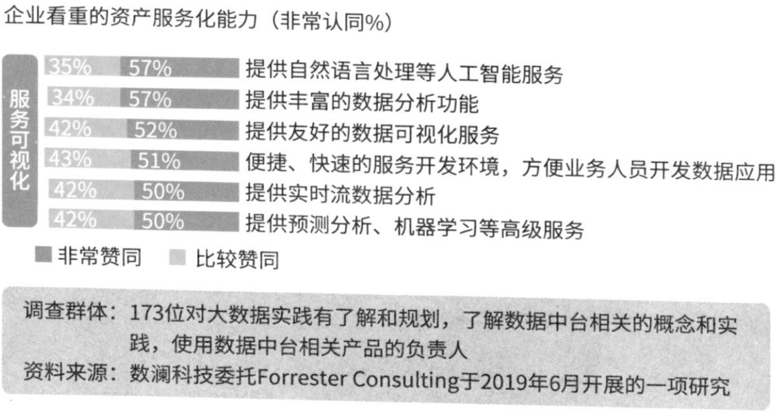

企业看重的资产服务化能力（非常认同%）

服务可视化	35%	57%	提供自然语言处理等人工智能服务
	34%	57%	提供丰富的数据分析功能
	42%	52%	提供友好的数据可视化服务
	43%	51%	便捷、快速的服务开发环境，方便业务人员开发数据应用
	42%	50%	提供实时流数据分析
	42%	50%	提供预测分析、机器学习等高级服务

■ 非常赞同 ■ 比较赞同

调查群体：173位对大数据实践有了解和规划，了解数据中台相关的概念和实践，使用数据中台相关产品的负责人
资料来源：数澜科技委托Forrester Consulting于2019年6月开展的一项研究

图 2-5 企业看重的数据资产服务化能力

企业期待数据中台能提升跨部门的普适性业务价值能力，更好地管理数据应用，将数据洞察变成直接驱动业务行动的核心动能，跨业务场景推进数据实践。同时，企业对于如何评估业务行动的效果也十分关注，因为没有效果评估就难以得到有效反馈，从而难以迭代更新数据应用，难以持续为客户带来价值，如图 2-6 所示。

如前所述，数据中台是一套持续地让企业的数据用起来的机制，要想把数据用起来，四个核心能力都需要不断迭代和提升。从战略上来看，汇聚整合、提纯加工、服务可视化和价值变现的能力是数据中台最核心的竞争力，是企业真正将数据转化为生产力、实现数字化转型和商业创新、永葆竞争力的保障，如图 2-7 所示。

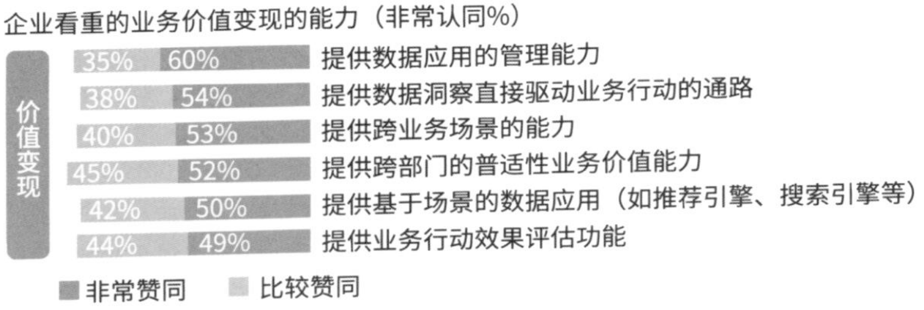

企业看重的业务价值变现的能力（非常认同%）

价值变现		
35%	60%	提供数据应用的管理能力
38%	54%	提供数据洞察直接驱动业务行动的通路
40%	53%	提供跨业务场景的能力
45%	52%	提供跨部门的普适性业务价值能力
42%	50%	提供基于场景的数据应用（如推荐引擎、搜索引擎等）
44%	49%	提供业务行动效果评估功能

■ 非常赞同　　■ 比较赞同

调查群体：173位对大数据实践有了解和规划，了解数据中台相关的概念和实践，使用数据中台相关产品的负责人
资料来源：数澜科技委托Forrester Consulting于2019年6月开展的一项研究

图 2-6　企业看重的数据价值变现能力

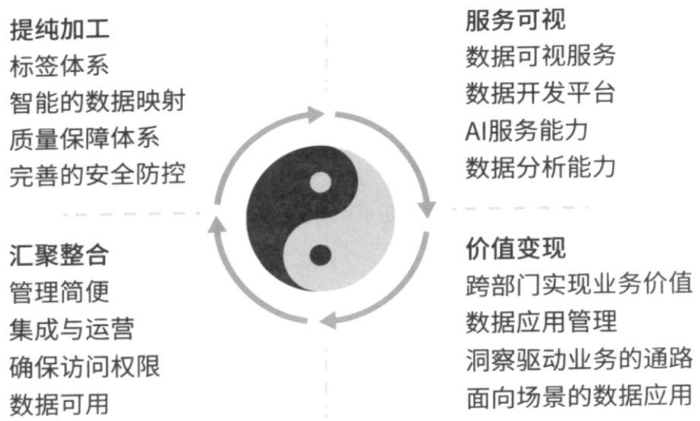

提纯加工
标签体系
智能的数据映射
质量保障体系
完善的安全防控

服务可视
数据可视服务
数据开发平台
AI服务能力
数据分析能力

汇聚整合
管理简便
集成与运营
确保访问权限
数据可用

价值变现
跨部门实现业务价值
数据应用管理
洞察驱动业务的通路
面向场景的数据应用

调查群体：173位对大数据实践有了解和规划，了解数据中台相关的概念和实践，使用数据中台相关产品的负责人
资料来源：数澜科技委托Forrester Consulting于2019年6月开展的一项研究

图 2-7　数据中台 4 大核心能力不可分割

2.3 数据中台需要厘清的 2 个概念

2.3.1 数据中台 VS 业务中台

1. 数据中台与业务中台的区别

业务中台更多偏向于业务流程管控，将业务流程中共性的服务抽象出来，形成通用的服务能力。比如电商平台，有 C2C、B2C、C2B、B2B 四种模式，其中订单、交易、商品管理、购物车等模块都是有共性的。将这些组件沉淀出来，形成电商行业的业务中台，再基于这些业务中台组件的服务能力，可以快速搭建前台应用，譬如 C2C 模式的淘宝、B2C 模式的天猫、B2B 模式的 1688、C2B 模式的聚划算，用户通过这些前台业务触点使用业务服务。业务中台不直接面向终端用户，但可以极大提升构建面向终端用户的前台的速度和效率。

业务中台是抽象业务流程的共性形成通用业务服务能力，而数据中台则是抽象数据能力的共性形成通用数据服务能力。比如，原始业务数据通过资产化服务化，形成客户微观画像服务，这个服务可用于电商平台的商品推荐，也可能用于地产购房意愿，还可能用于金融领域的信用评级等。同一个服务，在应用层面展现的内容可能不一致，但是底层的数据体系是一致的。数据中台也将极大提升数据开发的效率，降低开发成本，同时可以让整个数据场景更为智能化。

2. 数据中台与业务中台的联系

如果同时拥有业务中台和数据中台，则数据中台与业务中台是相辅相成的。业务中台中沉淀的业务数据进入到数据中台进行体系化的加工，再以服务化的方式支撑业务中台上的应用，而这些应用产生的新数据又流转到数据中台，形成循环不息的数据闭环，如图 2-8 所示。

1 自动化、智能化的数据采集与汇聚

2 实时与离线数据打通关联

数据应用闭环
不断产生数据
强化洞察管理

4 开放数据服务至各业务场景中

3 数据开发深度挖掘数据价值

图 2-8　业务中台与数据中台的数据应用闭环

业务中台与数据中台互相促进，为企业业务的发展、管理者更好的决策提供支持。其中，业务中台的存在是为了围绕公司业务运营进行服务，将获取的多维度数据传递给数据中台，由数据中台挖掘新的价值反馈给业务中台，以优化业务运营。

有人可能会有疑惑：数据中台和业务中台的建设是否有先后顺序？

笔者们以为，这两者的建设没有先后之分，主要依据企业的实际情况进行规划。

从数据层面看，业务中台只是数据中台的数据源之一，除此之外，企业还有很多其他的数据来源，如 App、小程序、IoT 等多源数据，可以将这些数据的价值直接赋能于现有业务或某个创新业务。

从服务层面看，数据中台的数据服务也不一定经过业务中台作用于业务，它可能直接被上层应用系统进行封装，如电商领域的"千人千面"系统。

而从业务中台的角度来看，如果没有数据中台，可以做一些简单的数据处理，如分析和统计等，而通过数据中台赋能，则可以使业务系统拥有"全维度"、"智能化"的能力，譬如推荐、圈人等，系统将从信息化升级成为一个智能化的业务系统。"

不仅仅是业务中台，目前各种中台层出不穷，但笔者们认为中台不是平台，平台可以有很多，可以有营销平台、风控平台、管理平台等，但是中台，一个企业只需要有一个。现在还有业务中台、数据中台之分，但我们预测未来数据与业务会更紧密地结合，完全融为一体，会统一成"企业中台"。

2.3.2　数据中台 VS 数据仓库

数据仓库的主要场景是支持管理决策和业务分析，而数据中台则是将数据服务化之后提供给业务系统，目标是将数据能力渗透到各个业务环节，不限于决策分析类场景。数据中台持续不断地将数据进行资产化、价值化并应用到业务，而且关注数据价值的运营。

数据中台建设包含数据体系建设，也就是数据中台包含数据仓库的完整内容，数据中台将企业数据仓库建设的投入价值进行最大化，以加快数据赋能业务的速度，为业务提供速度更快、更多样的数据服务。数据中台也可以将已建好的数据仓库当成数据源，对接已有数据建设成果，避免重复建设。当然也可以基于数据中台提供的能力，通过汇聚、加工、治理各类数据源，构建全新的离线或实时数据仓库。

另外，数据中台一般采用全新数据技术架构，可以更方便地进行数据价值的挖掘。随着企业数据量越来越大，智能化场景越来越多，传统架构的存储计算能力无法满足这类数据业务的需求。而随着机器学习、深度学习等技术的发展，从看似无用的数据中挖掘出新价值的能力也越来越强，新的技术架构为这些场景的建设提供了很好的能力支撑。

2.4 数据中台 VS 现有信息架构

如何唤醒沉睡的数据资产，把数据真正用起来，以支持自身业务的智能化升级，这是摆在所有传统企业面前的数字化转型难题。因此，对于是否有必要建设数据中台这件事情，似乎并无太多质疑之声，但真要建设数据中台，尤其是落实到具体建设的实操阶段，企业又开始担心，他们最担心的莫过于，建设数据中台是不是要将企业现有信息架构推倒重来。

信息化时代初期，随着公司的业务发展和战略调整，为了更好地支撑业务，企业的信息化系统不知道被推倒重来过多少次，经历了成千上万次取数，也生成了数以千计的报表。伴随着一批又一批的数据人员的成长和离开、行业专家和业务人员的晋升或转型，数据仓库之间的演进也经常是推倒重来，消耗了企业大量成本。

数据中台作为解决企业级数据应用难题的新方案，不是一套软件系统，也不是一个标准化产品。站在企业的角度，数据中台更多地指向企业的业务场景，即帮助企业沉淀能力，提升业务效率，最终完成数字化转型。因此，数据中台与企业现有信息架构不存在竞争关系，不会导致企业现有系统、功能和应用的重复建设。

举个简单的例子，笔者们此前与一家做轮胎制造的上市公司进行过交流，它当时就用到很多个业务系统，比如 OA 系统、ERP 系统、工艺设计与管理系统、物流系统、生产系统等。该企业的一个核心痛点是："无法准确知道当前的轮胎能否准时或者提前交付"。制造型企业一般处于产业链的中间位置，非终端或者源头端，比如这家轮胎制造企业，它的上游是橡胶提供方，下游是汽车组装商或者汽车零部件厂商。轮胎的及时交付就意味着公司的生命线——稳定的现金流。而影响轮胎能否及时交付的数据变量是散落在所有系统中的，诸如物流的及时性、对生产过程的控制力、是否有重大的经济压力、甲方工艺设计需求的变化等。

在有数据中台之前，他们是怎么做的呢？企业首先需要拉出所有系统数据库中的表，然后再用 Excel 去做对应关系，整个过程是非常琐碎且耗时的。如果有数据中台体系，可以通过中台机制汇聚相关系统中的原始数据，并且面向轮胎这一公司经营的实体构建一系列场景化的标签特征。同时，通过离线或者实时的数据交互模式，不断更新特征值，将业务场景所关注的数据的价值直接展现出来。

从上面的例子能看出，数据中台在定位上与业务 IT 系统并不冲突。企业原有的 IT 系统依旧会根据业务和 IT 技术的迭代不断升级，依旧对企业的生产运营或者经营管理提供支撑。数据中台的定位则是在数据领域帮助企业不断沉淀数据能力。两者之间的关系是相互依托、相互赋能、相互促进的。数据中台需要 IT

系统不断提供数据，而 IT 系统未来更加需要横向、综合的数据特征来支撑。只有形成了数据中台和 IT 系统良好的配合关系，才能更好地构建企业整体的 IT 支撑能力。

在后续的章节中，读者会看到一个完整的数据运营闭环。在这个运营闭环中，既有 IT 系统需要承载的职能，也包含了数据中台的使命。两者具体如何在技术上进行集成，后续也会具体讲解。

2.5 数据中台的业务价值与技术价值

2.5.1 业务价值：从洞察走向赋能业务创新，形成核心壁垒

在以客户为中心的时代，数据中台对数字化转型具有重要作用，以数据中台为基础的数据系统将位于企业应用的核心，通过数据从企业降本增效、精细化经营等方面为企业带来巨大收益。具体来说，笔者们认为包含以下三个层面：

1. 以客户为中心，用洞察驱动企业稳健行动

在以客户为中心的时代，客户的观念和行为正在从根本上改变企业的经营方式以及企业与客户的互动方式。

数据中台建设的核心目标就是以客户为中心的持续规模化创新，而数据中台的出现，将会极大提升数据的应用能力，将海量数据转化为高质量数据资产，为企业提供更深层的客户洞察，从而为客户提供更具个性化和智能化的产品和服务。

譬如，数据中台能够汇聚全渠道的数据，在标签管理、营销

圈人、效果分析等应用上实现全域的闭环，优化对客户全生命周期的理解。此外，以数据中台为基础，通过数据化运营提升客户留存、复购和忠诚度，也得到诸多企业的认可。

2. 以数据为基础，支持大规模商业模式创新

只有依托数据和算法，将由海量数据提炼的洞察转化为行动，才能推动大规模的商业创新。数据中台在通过算法将洞察直接转化为行动、实现大规模商业创新方面的能力，令人瞩目。

另一方面，数据无法被业务用起来的一个原因是数据没办法变得可阅读、易理解。信息技术人员不够懂业务，而业务人员不够懂数据，导致数据应用到业务变得很困难，数据中台需要考虑将信息技术人员与业务人员之间的障碍打破，信息技术人员将数据变成业务人员可阅读、易理解的内容，业务人员看到内容后能够很快结合到业务中去，这样才能更好地支撑商业模式的创新。

此外，数据中台提供标准的数据访问能力，简化集成复杂性、促进互操作性等特性也非常受企业 CIO 们的青睐。同时，在快速构建服务能力、加快商业创新、提升业务适配等方面，数据中台也将会发挥重要的作用。

3. 盘活全量数据，构筑坚实壁垒以持续领先

在以客户为中心的时代，只有赢得客户的企业才能在竞争中保持优势。企业能否真正做到"客户至上"，并不断提高对客户的快速响应力来满足客户的需求，甚至引领市场潮流，持续推进规模化创新，终将决定企业能否在充满挑战和机遇的市场上发展壮大，长久保持生命力与竞争力。

面对纷繁复杂而又分散割裂的海量数据，数据中台的突出

优势在于，能充分利用内外部数据，打破数据孤岛的现状，打造持续增值的数据资产，在此基础上，能够降低使用数据服务的门槛，繁荣数据服务的生态，实现数据"越用越多"的价值闭环，牢牢抓住客户，确保竞争优势。

2.5.2 技术价值：能力多、成本低、应用广

数字化转型的需求必将催生多元化的数据场景，而多元化的数据场景将会带来以下技术需求，企业数据中台建设势在必行。

1. 应对多数据处理的需求

针对不同的数据应用场景，需要能够快速应对多数据处理需求，比如：

要保持原来的报表需求，仍需要保持批量离线计算的能力（Hadoop、Oracle RAC）；

针对准实时的指标统计和实时推荐，需要实时流式计算的能力（Storm、Spark Streaming、Flink）；

针对决策类业务如海量人群的圈人需求和 ad-hoc 需求，需要即席计算能力（Greenplum、Elasticsearch、Impala）；

针对高并发业务场景（如用户画像），需要在线计算能力（MySQL、Redis、Oracle）。

因此，企业需要一个统一的数据中台来满足离线／实时计算需求、各种查询需求（实时查询和 ad hoc），同时在将来新数据引擎（更快的计算框架，更快的查询响应）出现时，又不需要重构目前的大数据体系。

2. 丰富标签数据，降低管理成本

根据全国信标委大数据标准工作组发布的《数据管理能力成熟度模型》（DCMM），针对数据标准提到的数据分类主要有主数据、参考数据和指标数据，但根据目前真实的数据建设情况来看，需要对一类数据进行定义和分类，譬如标签名为"消费特征"，标签值为"促销敏感""货比三家""犹豫不决"。数据中台能对这类标签进行快速定义和有效管理。

3. 数据的价值能体现业务系统效果而不仅是准确度

过去的数据应用场景主要为报表需求，注重数据的准确性，但在更多数据场景下，特别是对于标签数据的应用，越来越多的数据是需要不断"优化"的，数据本身没有准不准确之分，比如某个会员是属于促销敏感人群，这个数据其实更多的说的是概率。

4. 支持跨主题域访问数据

企业早期建设的应用数据层 ADS（传统数据仓库 ODS/DW/ADS）更多是为某个主题域所服务的，如营销域、人力资源域、风控域，而企业在数据应用的时候往往需要打破各个业务主题，会从业务对象主体出发来考虑数据应用，如人（会员、供应商、渠道、员工）和物（商品、仓库、合同），从全域角度设计完整的面向对象的数据标签体系。

5. 数据可以快速复用而不仅是复制

传统的架构中，要将数据应用到业务中，通用的做法都是通过数据同步能力，把计算的结果同步给业务系统，由业务系统自行处理，这会带来一个数据管理问题，即无法获取数据在应用

场景中的具体价值和热度，整个数据血缘链路也是割裂的。这种方式笔者们认为是复制数据，而不是复用数据。如何快速复用数据，正是可以在数据中台中解决的问题。

　　数字化浪潮席卷全球，企业正面临着前所未有的挑战和机遇，必须不断加速数字化转型才能生存和保持领先。数据中台能够帮助企业聚合内外部数据，支撑高效的数据服务，最终提升企业决策水平和业务表现。企业期待通过数据中台把原始数据转化为数据资产，快速构建数据服务，使企业可以持续、充分地利用数据，实现数据可见、可用、可运营的目标，以数据来驱动决策和运营，不断深化数字化转型。总结一句话：数据中台是把数据这种生产资料转变为数据生产力的过程。

|第3章| CHAPTER 3

数据中台建设与架构

　　不能把数据中台简单看作一个项目或产品，建设数据中台要从战略、认知、组织保障等更高的层面做规划。3.2 节重点介绍的数据中台建设方法论体系，是笔者们多年大数据领域从业经验和多个数据中台建设经验的总结。希望这套数据中台建设方法论可以起到指引作用，帮助企业结合自身特点，在战略规划牵引下，建立起一套可持续运行的中台建设机制，从而加速企业在数字化转型上的进展。

3.1　持续让数据用起来的价值框架

　　数据中台的使命就是持续让数据用起来，它的一个根本性创新就是把"数据资产"作为一个基础要素独立出来，让成为资产的数据作为生产资料融入业务价值创造过程，持续产生价值。

　　数据中台作为整个企业各个业务所需数据服务的提供方，通过自身的平台能力和业务对数据的不断滋养（业务数据化），会形成一套高效可靠的数据资产体系和数据服务能力（数据资产化和资产服务化）。这样一来，当出现新的市场变化，需要构建新的前台应用时，数据中台可以迅速提供数据服务（服务业务化），从而敏捷地响应企业的创新。业务产生数据，数据服务业务，业务在阳，数据在阴，阴阳互补，形成闭环（见图3-1）。

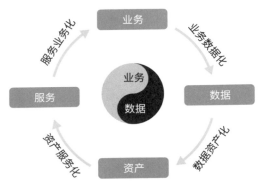

图3-1　业务与数据闭环

　　这个价值框架融入企业的运营活动中就能支撑数据中台的组织地位：数据中台必须拥有与企业的设计部门、制造部门、销售部门等同样重要的地位（见图 3-2）。

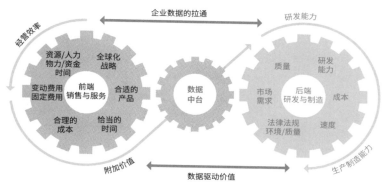

图 3-2　数据中台的组织地位

数据中台不是单纯的技术叠加，不是一个技术化的大数据平台，二者有本质区别。大数据平台更关心技术层面的事情，包括研发效率、平台的大数据处理能力等，针对的往往是技术人员；而数据中台的核心是数据服务能力，要结合场景，比如精准营销、风控等，通过服务直接赋能业务应用。数据中台不仅面向技术人员，更需要面向多个部门的业务人员。这在建设过程中要特别注意，不论是由信息化部门牵头还是由业务部门牵头执行数据中台项目，都需要在整个企业内部形成一张有共识的蓝图：数据是企业的战略资产（见图 3-3）。

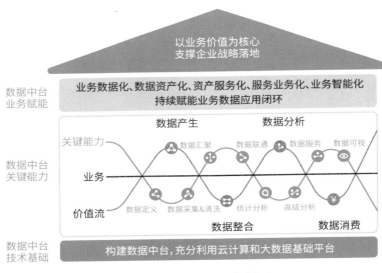

图 3-3　数据是企业的战略资产

3.2　数据中台建设方法论

对于图 3-4 所示的数据中台建设方法论体系，需要从组织、保障、准则、内容、步骤 5 个层面全面考虑，以确保数据中台建设和实施能如期完成。

- ❑ 1 种战略行动：把用数据中台驱动业务发展定位为企业级战略，全局谋划。
- ❑ 2 项保障条件：通过宣导统一组织间的数据认知，通过流程加速组织变革。
- ❑ 3 条目标准则：将数据的可见、可用、可运营 3 个核心准则始终贯穿于中台建设的全过程，保障建设在正确轨道上。

- ❑ 4 套建设内容：通过技术体系、数据体系、服务体系、运营体系建设保证中台建设的全面性和可持续性。
- ❑ 5 个关键步骤：通过理现状、立架构、建资产、用数据、做运营 5 个关键行动控制中台建设关键节点的质量。

图 3-4　数据中台建设方法论体系

3.2.1　1 种战略行动

建设数据中台是为了支撑企业数字化、智能化升级，通过全局的维度支撑业务，让企业在市场上更具竞争优势，因此需要从公司战略层面来规划。在中台建设过程中，会涉及所有相关业态、各块资源的协调和推进，这都需要站在更高的层面来考虑。当然，具体在实施过程中，为了能快速迭代推进，也会采取从点到面的突破方法，从某个业务或者某个部门开始，初步构建看到成效再逐步推广，但不影响其作为核心战略的定位。

数据中台要求整个企业共用一个数据技术平台、共建数据体系、共享数据服务能力。现实中，企业业务发展不均衡，各种部门墙导致共建、共享非常困难。数据中台不仅是对技术架构的改变，还是对整个企业业务运转模式的改变，需要企业在组织架构和资源方面给予支持，所以中台是一个企业的战略行动，绝非一个项目组或者一个小团队就能做的。数据中台牵涉企业的方方面面，你要了解整个企业的业务情况，进行业务梳理，还要有技术的支撑、组织的支撑，否则很难推动落实。

启动数据中台一定要有战略规划，首先它是"一把手工程"，只有企业的一把手才有这种推力来推动数据中台的建设。数据中台的目标是实现企业经营的数据化、精细化、智能化，本质是建设一套可持续让企业数据用起来的机制。需要有相应的组织、制度、流程、资源的保障。

3.2.2　2种保障条件

数据中台是企业级战略，支撑企业数字化转型，涉及企业的方方面面，数据中台战略的执行必然伴随着企业组织保障以及整个企业数据意识的提升。

首先，中台战略的实施需要有组织保障。与组织对应的是资源与责任，数据中台由谁来建、谁来维护、谁来经营、业务需求怎么承接、效果怎么衡量等问题，已经超出IT的范畴，需要企业更高层面对应的组织来保障。图3-5所示为中台组织架构。企业实施数据中台战略，必须首先建立起数据中台团队，让他们负责中台的建设、维护、运营以及业务的承接和中台服务的推广等。另外，有了中台，企业的运转模式发生了变化，业务、后台、管理等团队也需要有对应的组织人员与中台团队对接。

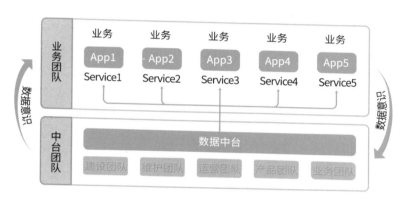

图 3-5　中台组织架构

其次，中台战略的实施需要提升全企业的数据意识。数据文化是数据中台战略不可或缺的部分，数据中台的推进依赖于数据文化的建立，反过来，企业数据文化的沉淀又是数据中台建设的产出。大家谈论大数据比较多，但经常对什么是大数据感到困惑，在笔者们看来，大数据和当年提的"互联网+"一样，是一种考虑问题的思维方式，用互联网思维、数据思维来发现问题，解决问题。因此，用一句话来概括数据文化：用数据说话。

可以从以下方面来提升数据意识：

（1）数据采集意识

建议尽可能采集一切业务触点数据，随着技术的发展，采集的方式也越来越多，比如业务数据、日志数据、埋点数据、网络数据、传感器数据等。了解可能的数据采集方式，尽可能把有价值的数据通过技术手段采集下来。

（2）数据标准化意识

之所以需要进行数据治理，是因为数据不标准。如果希望数据发挥价值，就需要保持统一数据标准的意识，只有不同部门、不同业务对于数据的理解都一致了，才能减少因数据口径不一导致的资源浪费。

（3）数据使用意识

未来数据应用会涉及方方面面，每一个业务环节都有可能用到数据的能力，所以所有企业员工都要掌握数据可能的使用方式，知道在实际业务操作过程中应该怎么使用数据。另外，数据能够找出人类经验和人脑无法找出的关联关系，比如啤酒和尿布的故事，就要求打破原有经验，用更高的数据意识来发挥数据对于业务的价值。

（4）数据安全意识

还必须具备数据安全意识，有些数据即使对业务有价值，但由于侵犯隐私或者触犯法律等因素，也不能用，或者需要换一种合法的方式使用。企业员工需要有足够的数据安全定级、脱敏的意识。

3.2.3　3 项目标准则

数据中台的 3 项目标准则——可见、可用、可运营，不仅可作为企业在数据中台建设中的具体建设指引，也可用来客观评估目前建设内容的完整度。

这 3 项目标准则的评估细则见表 3-1。

表 3-1 数据中台建设目标评估表

评分项	评分细项	评分细项描述	是 / 否
数据可见	指标管理的可视化	是否已经具备统一的指标管理能力，如指标的定义、修改、删除和生命周期管理等	
	元数据管理的可视化	是否已经具备针对元数据（如表、字段、分区、任务和标签名等）的可视化管理工具	
	数据资产类目的可视化	是否已经具备资产的可视化类目管理，可自由增、删、改、查类目结构和类目下的标签名称或指标名称	
	数据源的可视化	是否已经具备对中台所涉及的所有业务数据源的可视化管理，可自由增删	
	数据集成的可视化	是否已经具备对业务数据到数据中台的批量或实时集成的可视化操作能力	
	数据 ETL 的可视化	是否已经具备对数据处理 ETL 的可视化开发、发布等能力	
	数据建模的可视化	是否已经具备对数据建模的可视化管理能力，如批量生成指标、模型标准管理等	
	数据消费者的可视化	是否已经具备数据消费方统一的管理，包括权限、限速、并发、高可用等	
	算法建模的可视化	是否已经具备可拖拽式可视化和 Notebook 建模方式	
数据可用	数据内容的可用性	数据内容是否无歧义，符合业务所需的标准和质量需求	
	数据服务的可用性	是否已经具备数据服务的快速生成，可通过可视化的形式完成	
	数据任务的可用性	是否已经具备数据任务的运维能力，可自动重跑、补数据、空跑、自动调整任务资源配比等	

（续）

评分项	评分项	评分项描述	是 / 否
数据可用	数据的指标化	是否已经把数据定义为指标，企业的日常经营分析依赖于各类 BI 报表和可视化大屏	
	数据的标签化	是否已经把数据定义为标签，标签来源于原始字段、统计类加工后的字段和算法类加工后的字段，企业的数据应用依赖于各类标签体系	
	资产（指标或标签）的易阅读性	对于业务人员来说，资产和资产类目是看得懂、易查找	
数据可运营	质量量化管理	是否已经可以通过任务失败次数、产出时间稳定性、标签覆盖率等构建质量量化模型，数据研发团队日常已根据分值进行优化管理	
	价值量化管理	是否已经可以通过任务资源占用情况、表生命周期和最近访问周期等构建价值量化模型，数据研发团队日常已根据分值进行优化管理	
	数据运营角色	是否已经配有针对数据本身的运营角色或岗位，该角色通过围绕核心 KPI 进行数据的质量优化和价值挖掘	

3.2.4　4 套建设内容

建设内容是数据中台建设的核心，是可呈现的产出物，也是数据中台价值所在，前面的战略措施、保障条件、目标准则都是为了建设内容能够顺利产出并且可以持续发挥价值。笔者认为数据中台的建设内容包含技术体系、数据体系、服务体系、运营体系四大体系，通过这四套体系的建设实现数据中台让数据持续用起来的目标。技术体系是基础支撑，就像是骨架一样撑起整个数据中台。数据体系就像是数据中台的血肉，数据中台对外呈现的主要内容就是数据体系。服务体系是数据中台的价值所在，就像数据中台的灵魂一样，激活静止的骨架、血肉，让中台动起来，发挥价值。运营体系是数据中台的守护者，通过运营体系保证整个中台的健康、持续运转。

1. 技术体系

技术体系分两个层面：大数据存储计算技术和数据中台工具技术组件，技术体系主要关注点是工具技术组件。大数据存储计算技术，比如 Hadoop、Spark、Flink、Greenplum、Elasticsearch、Redis、Phoenix 等，相对标准，企业只需要进行合理选型即可，并不需要自己建设，而且技术难度很大，企业也不太可能自己建设。数据中台工具技术组件包括数据汇聚、数据开发、数据资产管理、数据服务管控等。数据中台是企业制定和实施数据汇聚、建模和加工规范的场所，也是企业数据体系存储管理的工具平台。通过工具化、产品化、可视化降低技术门槛，让数据能够被更方便地加工使用。

2. 数据体系

数据体系是数据中台建设、管理、使用的核心要素，全企业的数据通过各种方式汇聚到数据中台，在数据中台按照一定的建模方式进行加工，形成企业的数据资产体系。数据中台始终围绕着数据体系的建设和使用，让数据体系尽可能完整、准确、使用广泛。不同企业的业务不同、数据不同，数据体系的内容不同，但是建设的方法和对工具的要求是相似的，需要在中台工具和建设方法的基础上针对不同的企业建设不同的数据体系。

3. 服务体系

数据中台与大数据平台的最主要区别是数据能更方便地以服务化的方式支撑业务，而这是通过数据中台服务体系实现的。服务体系是通过数据中台的服务组件能力，把数据变为一种服务能力，比如客户微观画像服务、信用评估服务、风险预警服务等，让数据能够方便地参与到业务中并为业务带去价值。笔者经常听到的数字化转型、数据化经营，就是让业务决策通过数据而不是仅凭经验，需要的正是数据服务能力。每家企业的业务不同，对数据服务的诉求也不同，数据中台无法产品化地提供企业所需的所有数据服务能力。数据中台通过提供数据服务生成、发布、监控、管理功能，帮助企业逐个建立属于自己的每一个数据服务，逐步完成企业数据服务体系的构建。

4. 运营体系

运营体系是数据中台得以健康、持续运转的基础。运营体系包括平台流程规范执行监督、平台资源占用的监管及优化推动、数据质量的监督及改进推动、数据价值的评估、数据服务的推广、稽查排名等。其目标是让平台可以持续健康运转，产生持续价值。数据中台是个复杂工程，数据的汇聚、开发、管理、服务都是要持续进行的工作，如果没有运营体系的保障，可能会导致后期的参与者无从下手，随着时间的推移，数据的质量、服务的效率也会持续下降，进而导致中台无法使用。数据中台是一个持续的过程，一旦启动，就不能暂停，更不能停止，而保障数据中台持续高效运转的就是这套运营体系。

3.2.5　5 个关键步骤

数据中台在具体落地实施时，要结合技术、产品、数据、服务、运营等 5 个方面，逐步开展相关的工作，在构建闭环时会多考虑基础设施部分的能力。一旦闭环建设完成，就可以在各个环节不断丰富能力，逐步成为数据应用的完整体系。根据笔者的实践经验，数据中台的建设过程主要通过 5 个关键步骤来完成，如图 3-6 所示。

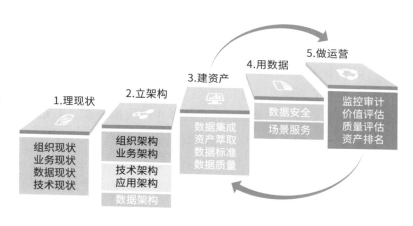

图 3-6　中台建设的 5 个关键步骤

1. 理现状

梳理企业的系统建设、已经拥有的数据以及业务特点等现状，了解企业对数据中台的认知，以及相应的数据文化建设情况。点对点地与业务部门、IT 部门进行沟通，获取企业的产品和服务信息，形成业务现状调研报告，同时了解目前企业以怎样的组织形态来保证客户的服务能力。详细调研目前企业的 IT 建设情况和业务数据沉淀情况，比如采用的什么数据库、数据量、数据字段和更新周期等，以便后续更好地设计技术架构。

2. 立架构

根据现状形成整体的规划蓝图，形成技术产品、数据体系、服务方式以及运营重点等相关的方案，梳理并确立各块架构。企业信息架构经常谈到的 4A，即业务架构、技术架构、应用架构和数据架构都需要在这个阶段进行确认。这 4 个架构具体介绍如下：

- ❑ 业务架构：保障数据中台能够适用于企业的业务运管模型和流程体系。
- ❑ 技术架构：主要是指技术体系中的数据基座，主要根据业务架构近远期规划，对数据的存储和计算进行统一的选型。
- ❑ 应用架构：特指数据中台应用架构，后面几个关键步骤的内容所依赖的工具主要由数据中台作为平台应用来承接。
- ❑ 组织架构：主要是保证中台项目的顺利落地需要企业考虑的整体组织保障，其中的角色有业务人员、IT 人员、供应商和相关负责人。

3. 建资产

结合数据架构的整体设计，通过数据资产体系建设方法，帮助企业构建既符合场景需求又满足数据架构要求的数据资产体系并实施落地。这个步骤涉及数据汇聚、数据仓库建设、标签体系建设以及应用数据建设，其中最关键的是标签体系建设。所谓标签体系是面向具体对象构建的全维度数据标签，通过标签体系可以方便地支撑应用，大数据的核心魅力和服务能力主要就体现在标签体系的服务能力上。

4. 用数据

从应用场景出发，将已经构建的数据资产通过服务化方式，应用到具体的业务中，发挥数据价值。将数据资产快速形成服务能力并与业务进行对接，在业务中产生数据价值，实现数据的服务化、业务化。在服务过程中，数据安全是不得不考虑的问题，哪些人能看到什么数字资产，能选择什么类型的服务都是需要严格审核的。

5. 做运营

数据应用于业务后，其产生的价值通过运营的能力不断优化迭代，并让更多的人感知到数据的价值点。数据中台建设是一个持续建设和运营的过程，所谓持续建设和运营是指在架构基本稳定的情况下，不断循环第 3 ～ 5 步，多方角色会围绕核心 KPI 不断挖掘数据和业务场景的结合点，不断根据质量和价值两个点来运营优化。企业通过多个组织之间的配合推进，会逐步形成企业特有的数据文化和认知，这是企业在数字化转型中非常重要但很难跨越的点。

3.3　数据中台架构

通过前面对数据中台建设方法论体系的介绍，了解了数据中台的行动、保障、准则、内容和步骤。这一节将让大家了解数据中台的总体架构、包含的模块、模块之间的关系以及运转机制。

数据中台的目标是让数据持续用起来,通过数据中台提供的工具、方法和运行机制,把数据变为一种服务能力,让数据更方便地被业务所使用。图3-7所示为数据中台的总体架构图,数据中台是位于底层存储计算平台与上层的数据应用之间的一整套体系。数据中台屏蔽掉底层存储平台的计算技术复杂性,降低对技术人才的需求,让数据的使用成本更低。通过数据中台的数据汇聚、数据开发模块建立企业数据资产。通过资产管理与治理、数据服务把数据资产变为数据服务能力,服务于企业业务。数据安全管理、数据运营体系保障数据中台可以长期健康、持续运转。

1. 数据汇聚

数据汇聚是数据中台数据接入的入口。数据中台本身几乎不产生数据,所有数据来自于业务系统、日志、文件、网络等,这些数据分散在不同的网络环境和存储平台中,难以利用,很难产生业务价值。数据汇聚是数据中台必须提供的核心工具,把各种异构网络、异构数据源的数据方便地采集到数据中台中进行集中存储,为后续的加工建模做准备。数据汇聚方式一般有数据库同步、埋点、网络爬虫、消息队列等;从汇聚的时效性来分,有离线批量汇聚和实时采集。

2. 数据开发

通过数据汇聚模块汇聚到中台的数据没有经过处理,基本是按照数据的原始状态堆砌在一起的,这样业务还是很难使用。

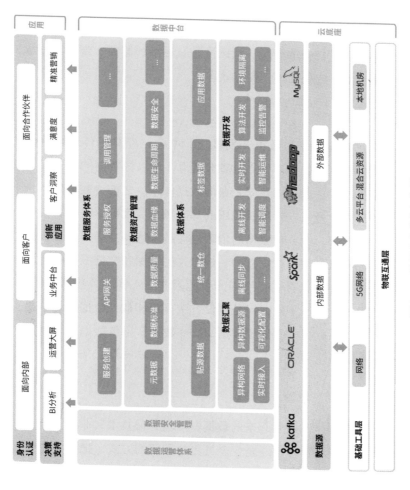

图 3-7　数据中台总体架构图

数据开发是一整套数据加工以及加工过程管控的工具，有经验的数据开发、算法建模人员利用数据加工模块提供的功能，可以快速把数据加工成对业务有价值的形式，提供给业务使用。数据开发模块主要面向开发人员、分析人员，提供离线、实时、算法开发工具，以及任务的管理、代码发布、运维、监控、告警等一系列集成工具，方便使用，提升效率。

3. 数据体系

有了数据汇聚、数据开发模块，中台已经具备传统数据仓库（后面简称：数仓）平台的基本能力，可以做数据的汇聚以及各种数据开发，就可以建立企业的数据体系。之前说数据体系是中台的血肉，开发、管理、使用的都是数据。大数据时代，数据量大，增长快，业务对数据的依赖也会越来越高，必须考虑数据的一致性和可复用性，垂直的、烟囱式的数据和数据服务的建设方式注定不能长久存在。不同的企业因业务不同导致数据不同，数据建设的内容也不同，但是建设方法可以相似，数据要统一建设，笔者建议数据按照贴源数据、统一数仓、标签数据、应用数据的标准统一建设。

4. 数据资产管理

通过数据体系建立起来的数据资产较为偏技术，业务人员比较难理解。资产管理是以企业全员更好理解的方式，把企业的数据资产展现给企业全员（当然要考虑权限和安全管控），数据资产管理包括对数据资产目录、元数据、数据质量、数据血缘、数据生命周期等进行管理和展示，以一种更直观的方式展现企业的数据资产，提升企业的数据意识。

5. 数据服务体系

前面利用数据汇聚、数据开发建设企业的数据资产，利用数据管理展现企业的数据资产，但是并没有发挥数据的价值。数据服务体系就是把数据变为一种服务能力，通过数据服务让数据参与到业务，激活整个数据中台，数据服务体系是数据中台存在的价值所在。企业的数据服务是千变万化的，中台产品可以带有一些标准服务，但是很难满足企业的服务诉求，大部分服务还是需要通过中台的能力快速定制。数据中台的服务模块并没有自带很多服务，而是提供快速的服务生成能力以及服务的管控、鉴权、计量等功能。

6. 运营体系和安全管理

通过前面的数据汇聚、数据开发、数据体系、数据资产管理、数据服务体系，已经完成了整个数据中台的搭建和建设，也已经在业务中发挥一定的价值。运营体系和安全管理是数据中台得以健康、持续运转的基础，如果没有它们，数据中台很可能像个一般项目一样，会在搭建起平台、建设部分数据、尝试一两个应用场景之后而止步，无法正常地持续运营，不能持续发挥数据的应用价值。这也就完全达不到建设数据中台的目标。

3.4 中台手记（一）：我说服老板立项了

2 月 2 日　周一　小雪　地点：SL 董事长办公室

刘锋

今天迎来了北京的第一场雪，看着窗外漫天的风雪，思绪也有点飘忽不定。

一周前接到了董事长马胜利的电话，希望能够在今天的IT规划汇报会上，重点谈一下IT助力集团数字化转型的思考和落地措施。

时光回到14年前，我刚从国内某知名大学计算机专业硕士毕业，恰逢其时，SL集团正在全力推进以数据库、ERP为主的底层IT建设，我如愿加入SL集团，成为一名IT研发工程师，跟随公司成长至今，参与并见证了公司信息化建设的全部过程。

SL集团创立于20世纪90年代初，是国内最大的综合性企业集团之一，以房地产为主营业务，旗下覆盖连锁酒店、零售商超、物业管理、文化旅游、供应链金融等多个行业和业态。迄今为止，SL集团已基本完成集团内部核心业务的信息化建设，并且成为支撑企业运作的重要部分。

然而，随着消费升级的到来，市场竞争的加剧，集团希望能借助云计算、大数据和物联网等互联网技术，实现企业持续发展创新和产业智能化升级，而数据服务赋能产业，正是夯实集团战略转型的重要基础工作之一。

作为集团 CIO，探索并推动"数字化转型"的破局之道，是我义不容辞的使命和责任，而且我未雨绸缪，早早做了大量技术和人才的储备。

下午四点，如约来到董事长马总办公室，没有想到的是，除了马总，公司负责各业务线的副总裁们也全都悉数到场，看来今天的规划汇报已经升级为公司战略层面的一次汇报了。

我清了清嗓子，将对公司现状的调研及盘点情况向大家娓娓道来。

首先，在技术方面，集团现有的技术架构大多是基于单一业务或业务系统搭建的，而不是从企业全局视角进行考虑的，现有房地产、文旅、零售等十几条几乎完全不同的业务线，每条业务线的信息系统搭建时期都不一样。比如，较早搭建起来的传统数据仓库，根本没有办法对大批量非结构化数据进行存储和计算。因此，会有一些业务线的信息系统的底层技术选型，无法支撑大数据应用场景的技术需求，从而对转型形成掣肘。

其次，在组织方面，由于集团业务的多元化，伴随着各个垂直业务的发展，也形成了一个个垂直的数据中心，从而导致了大量系统、功能和应用的重复建设，更造成了计算资源、存储资源和人力资源的浪费：一方面完全独立的业务系统，其背后的数据存储和计算资源相互隔离，无法共用，资源浪费；另一方面，研发人员每天会消耗大量时间在临时取数和数据咨询上，常常三更半夜还在"跑"数据，很难优化任务，更难有机会思考如何为业务赋能。

最后，在数据方面，由于集团各业务部门的组织壁垒所导致的数据孤岛，使得数据价值不能得到充分挖掘，从而导致业务部门不能共享和应用数据。同时，此前基于单一业务进行的信息化建设，忽视了过程数据和关联数据，导致数据维度不足甚至数据缺失，出现现有数据来源及维度过于单一而无法支撑数字化转型的情况。此外，集团信息化建设过程中也缺乏数据治理以及数据质量管理方面的建设，导致清洗和治理时难以处理或可用性不高。

通过余光，我发现马总全程眉头紧蹙，而且脸色越来越凝重，焦虑的情绪也在办公室内弥漫开来。

这时我意识到，应该趁热打铁，向集团领导申请资源，推动"数字化转型"项目尽快立项。

"马总，对于目前转型中出现的问题，不单单是技术问题，更是集团内部利益协调问题，需要顶层战略设计和组织架构上的支持，希望集团能够尽快立项，并且引入数据中台作为承载集团数字化转型的关键机制。"

"刘总，目前行业大环境不景气，集团业绩增长放缓，数据中台能给我们的业务带来什么价值？别又像之前的IT项目一样，全都是形象工程！"集团营销VP肖总一提起IT，总是满脸不屑，在他眼里，上一套系统不如搞定几个大客户来得实在。

"是的，我也是有疑虑的，上次上新系统，老系统都要推倒重来，这个损失刘总有没有考虑过？"地产公司总经理李总也开始发问了。

"还有，现在各业务线都是独立核算的，按你刚才提到的，后面数据大家都要共享，那业绩是不是也可以共享啊，哈哈！"金融业务的潘总的话引得哄堂大笑。

要是在几年前，碰到这阵仗我肯定会发憷，但是多年的职业生涯让我体会到，IT 项目一定是自上而下推行的，因为这背后实际牵涉的是公司的战略规划和顶层设计，然后才是组织建设，最后才体现为技术改造。所以已提前向马总汇报过一轮，基本达成以下共识：

第一，数字化转型项目势在必行，且是以数据中台项目为核心；

第二，数据中台项目就是要打破组织墙和数据孤岛，该得罪还是要得罪；

第三，系统选型尽量保留现有 IT 资产，避免推倒重来，降低进入门槛；

第四，可以先小范围试点，做出成绩再在集团内大面积推广。

经过一番激烈的争辩，马总最后一锤定音：

"数字化转型是大势所趋，集团变革已经刻不容缓，信息部会后和各部门尽快拿出可行性落地方案，争取年前将项目确定下来！"

两周后，在马总的支持下，由集团领导、大数据事业部负责人以及各子公司、各事业部负责人组成的数据中台战略小组正式成立。至此，SL 集团"数据中台战略项目"正式启动，数字化转型进入倒计时。

数据中台战略小组为虚拟组织，主要负责数据中台相关的战略制定、指导原则制定和整体工作方向把握，不负责具体业务。

而我带领的大数据事业部负责数据中台战略项目的具体落地。

|第4章| C H A P T E R 4

数据中台建设的评估与选择

　　人类从石器时代走到信息时代，社会和科技发展的背后，数据的"维"并没有显著增加，"人、物、场景"等足以描述一切，不断变化的是数据的"度"，即如何度量实体对象以及对象之间发生的关系（场景）。这也是我们会从"IT 时代"走向"DT 时代"的原因。

　　在这些不变与变的本质之下，每一个企业需要建设的是满足"我的"数据应用需求的数据中台，"我的"代表一种独特的、适配的特质。由于企业自身发展状况不同，在建设中台之前，可能已经展开了数据应用的相关建设和运营。建议在建设数据中台之前，对企业当前的数据应用能力进行自我审视，就像一个练了10年内功的老和尚和一个刚进寺门的小沙弥，获得同样一本武功秘籍时，他们需要根据自己的内功状况来决定自己该如何练。本章中提到的数据应用成熟度评估模型是企业进行自我测评的工具，企业可以根据量化结果，选择适合自己的数据中台"修炼入门方法"。

4.1　企业数据应用的成熟度评估

　　笔者们选定的评估方法主要是通过企业数据对业务的支撑程度来评估企业应用数据的能力。回顾数据应用实践的过程，数据应用能力成熟度可以总结为统计分析、决策支持、数据驱动、运营优化四个阶段，如表 4-1 所示。

　　针对不同的阶段，从企业战略定位、企业数据形态、数据应用场景、数据应用工具、企业组织架构等多个方面、不同特征维度进行参考判定，也就构成了数据应用成熟度评估模型。依据这个四个阶段的划分标准，企业可以进行数据应用成熟度的自我测评，数据应用能力成熟度越高，则代表数据对业务的支撑能力越强；应用能力成熟度越低，则意味着业务对数据的依赖程度越低。

表 4-1 数据应用成熟度的 4 个阶段

企业现状 成熟度阶段	企业战略定位	数据积累情况	企业数据形态			数据应用场景	数据应用工具	企业组织架构
			数据维度	数据组织形式	数据质量			
统计分析阶段	无数据战略，纯业务驱动	少量业务数据积累	数据维度单一	数据无组织，对各业务数据分散存储管理	无数据质量管控	简单的业务统计报表为主	以系统报表模块和Excel为主	无数据相关部门和职位，以IT和业务部门相关兼职为主
决策支持阶段	开始通过数据支撑经营决策	注重业务过程中数据的积累、收集	数据维度逐渐丰富	以面向业务主题的指标体系为形式进行数据组织	开始实施数据质量控制，对相关数据进行清洗加工	为企业管理提供决策支持	以数据仓库、数据开发和专业化BI报表工具为主	开始出现数据分析师，可能会设立专门的数据部门和数据价值挖掘等相关的职位
数据驱动阶段	开始将数据作为企业重要资产，通过跨界数据应用为企业提供数据服务	各业务数据积累初具规模，日数据量越来越大	全域数据融合，数据维度更加丰富	开始业务涉及的相关数据的汇聚、打通，进行全域数据组织	开始进行数据标准化建设，对数据质量的管控更加严格	实现数据与业务的深度融合，通过数据驱动业务发展	通过Hadoop生态体系为代表的批计算、流计算，即席分析、在线查询等大数据处理技术及机器学习、深度学习算法进行数据汇聚开发	开始设立独立的大数据部门和大数据工程师、算法工程师、数据可视化工程师、数据科学家等相关职位
运营优化阶段	企业开始建设数据中台，数据中台战略持续运营优化	随着数据闭环的构建，企业数据体量快速增大	数据维度更加完善	建立数据应用闭环	形成一套完善的数据质量管理规范及管理流程	建立一套统一的数据服务体系，为企业业务优化和业务创新提供数据支撑	建立一套数据汇聚、加工、管理、服务及应用体系，逐渐实现大数据应用能力工具化、平台化、平台智能化	在管理层设置数据管理委员会，成立专门的数据资产运营部门

4.1.1　第一阶段：统计分析阶段

微软公司在 1989 年发布了 SQL Server，加上 20 世纪 90 年代 UNIX 服务器和 x86 服务器逐渐普及，以及 IBM、Oracle 等解决方案供应商进入市场，数据库的建设成本和技术门槛开始大幅下降，越来越多的企业逐渐迈进 IT 信息化时代。通过信息化建设实现生产和管理的系统化甚至自动化，已经不再只是大型企业才考虑的问题，越来越多的中小型企业也在思考如何通过将生产和业务流程从线下迁移到系统中，以实现对整个业务流程的计划、管控和集成。

也正是在这样的时代背景下，日本著名汽车制造商丰田所推崇的精益生产和持续优化的理念通过信息系统得以施展：通过 MRP（Material Requirement Planning，物资需求计划）、ERP（Enterprise Resource Planning，企业资源计划）系统的建设将原来线下生产线中的看板转移到系统中。利用信息系统对生产流程中从订单到采购、生产、存货、物流、销售在内的各环节中的每一个细小环节信息进行记录，并从需求拉动的角度对各个环节中的数据进行分析，对流程进行持续优化，从而提升企业的生产管理水平，最终使企业取得了巨大成功。

在以丰田为代表的企业成功案例的推动下，越来越多的企业开始尝试利用信息系统来进行流程和管理优化，因此，MRP、ERP、CRM（Customer Relationship Management，客户关系管理）、OA（Office Automation，办公自动化）等企业管理系统的建设成为 21 世纪初企业信息化建设的一股热潮。

当企业寄希望于通过各类信息系统来提升管理水平时，往往不会只建一个业务系统，而是义无反顾地投入 IT 信息化的怀抱，恨不得让信息系统覆盖公司的每一条业务线。这样的建设浪潮也确实让企业成功建成了一条通道，利用业务系统将业务的开展情况通过数据保留了下来，但在想用这些数据的时候企业却犯了难。

一方面，业务迁移至线上后，每天在产生大量业务数据的同时不可避免地会出现一些系统或者数据的问题，而这些问题很多情况下需要专人来监控、管理和维护，因此很多公司就设立了一个新岗位：数据库管理员（Database Administrator，DBA）或数据库工程师（Database Engineer，DBE）。通过 DBA/DBE 来对公司的底层数据进行设计、管理和运维。

另一方面，由于业务系统会无差别地记录业务流程中每一个环节的所有被定义为需要采集的信息，并把这些数据都存放在数据库中的一张张数据表里。这导致数据库中分散存放了从系统运行第一天至最后一天的各式各样的数据，而且其中部分数据可能还是无效的"脏数据"。而无论是业务人员还是管理人员，除了业务系统界面上的功能和内容外，都无法根据自身的需求在数据库中找到对应的原始数据并形成最终结果，以作为业务和管理的支撑。

因此，为了让管理人员和业务人员能够了解到业务的整体运行情况，很多企业又多了一类岗位：业务数据分析师。这一类分析师和传统数据分析师不同，IT 时代的业务数据分析师们所面临的问题不是数据匮乏而是数据过剩。他们的主要职责是在了解业务和管理要求的前提下，通过工具将底层存放在数据库中的原始数据变成一份份图表或者报告，从而实现从数据视角展现当前企业在经营过程中取得的成绩和存在的问题。这个阶段的分析其实还只是停留在对过去业务结果的统计，形成了面向业务主题的客观事实描述和分析结果，但由于维度有限而且停留于历史数据，因此无法支撑企业级别的基于数据的经营决策。

　　总体而言，该阶段主要是以业务需求为导向，通过 IT 系统的建设，实现业务过程的流程化、自动化，这个过程中可能会有少量数据记录，但并没有以数据为导向积累数据，主要是通过单一维度的少量数据的统计分析进行业务的总结。

　　统计分析阶段主要有以下 5 个特征：

　　（1）企业战略方面

　　该阶段的企业战略定位纯粹以业务为驱动，主要以满足企业业务需求，实现业务过程的流程化、自动化为导向。

　　（2）数据形态方面

　　该阶段的企业可能有少量的业务数据积累，但没有以数据为导向积累数据，数据主要以业务系统依托的关系型数据库进行存储，数据无组织，各业务数据分散存储和管理，数据维度单一，尚未开始理解全业务链条背后各个环节的数据，无数据质量管控。

　　（3）数据场景方面

　　该阶段的数据应用场景只针对业务系统中的关键数据和指标进行简单的、单一维度的统计分析和管理，辅助业务总结，每次基于业务目标的数据统计都需要定制化开发，如周报、月报等。

　　（4）数据应用工具方面

　　该阶段业务报表主要基于系统嵌入式报表模块产出，或系统数据导出后通过 Excel 制作报表，模式相对单一。通过一些统计分析，可以了解系统的一些基本使用情况和经营指标。

（5）组织架构方面

该阶段企业无专门的数据相关部门，主要以 IT 部门的数据库运维管理和业务部门的数据分析师为主。需要数据相关的能力时，一般用系统中定制的统计报表或者由特定业务部门提供 Excel 报表。

4.1.2　第二阶段：决策支撑阶段

企业的管理者们意识到，如果对数据的应用仅停留在单系统、单维度的统计分析上，只用于对历史业务开展情况进行简单描述，数据并没有发挥出应有的价值，数据只是辅助企业了解业务运转的情况。企业不再满足于这种现状，希望能通过数据为业务决策提供支撑。因此，企业对数据的需求逐渐开始向更全面、更准确、更贴合业务管理决策的方向演进，其中最明显的特征就是企业开始构建企业级数据仓库，有 BI 团队来支撑需求分析与决策。

这么多来自于不同系统的数据，口径、规范都不一致，应该用哪一个数据才对？在面对类似这样的问题时，多数企业想到的最简单直接的方案是：寻找专业的团队，使用专业的工具来对这些数据进行抽象和提炼，形成能够反映整个公司业务运转情况的一套指标体系，通过对指标体系的监控间接实现对整个公司运转情况的管理。而正是沿着这个思路，很多企业专门成立了商业智能部门或者数据仓库部门，用来将业务或者管理人员提出的指标需求转化成开发人员能够理解的文档，并同时开始了 BI 工具、经营决策管理系统和大屏等可视化工具和系统的建设。希望将大量复杂的原始数据抽象为指标，并以体系化、可视化的方式直接呈现在决策者面前，为其决策提供数据支撑。

总体而言，该阶段主要是企业在业务系统建设的基础上，基于业务目标有意识地进行数据的收集、管理、分析，通过企业数据仓库建设，为企业业务提供决策支持。

决策支撑阶段具有以下 5 个特征：

（1）企业战略方面

该阶段，企业开始具备通过数据支撑经营决策的思路，并在考虑通过数据可视化的方式实现数据与业务的融合，以解决业务问题和支撑管理决策。

（2）数据形态方面

企业开始注重业务过程中的数据积累，开始对各业务环节的数据进行汇聚、管理，数据维度逐渐丰富。以面向业务主题的指标体系为形式进行数据组织，开始注重数据质量的管控，实施数据质量控制。

（3）数据场景方面

该阶段的数据应用场景开始基于数据仓库进行各业务主题的数据收集、管理、分析，为企业管理人员提供决策支持，构建包括领导驾驶舱、企业运行指数、企业第四张报表等场景应用。

（4）数据应用工具方面

开始针对数据收集和管理建立数据仓库、数据开发工具和专业可视化工具，进行系统化数据收集、管理和分析。

（5）组织架构方面

开始出现数据分析师的岗位，可能会设立专门的数据挖掘或商业智能部门来支撑企业进行数据化决策。

4.1.3　第三阶段：数据驱动阶段

不难看出，无论是在统计分析阶段还是决策支撑阶段，业务的运转和数据之间依然是相互隔离的。企业对数据的应用都还停留在对部分维度的业务数据进行分析得到结果后，再由人工对业务开展进行不同程度的干预，最终实现业务优化，其最主要的使用群体是管理者。而随着企业业务数据的不断丰富，加上大数据和人工智能技术的成熟和应用，企业管理者们在迈进 DT 时代后又开始了新一轮的探索：在应对海量原始业务数据无法直接被业务使用的问题时，业务部门根据需求自建大数据团队以及相应的数据处理能力，通过汇聚、清洗、建模、挖掘等工作，同时借力于 IT 行业近年来在计算能力和人工智能领域的飞速发展，提升数据处理结果的实时性和智能化程度，将从数据中挖掘的价值服务于业务，从而让数据驱动业务变得更精准、更有效。

最为典型的应用场景就是面向个体用户进行千人千面的推广展示和精准营销：企业首先根据需求，收集千人千面所需要的数据，打通所有相关数据后，通过算法的能力，实现对用户偏好的挖掘，从而实现不同客户所得到的服务是专门量身定制的。就像一些新闻 APP 一样，当它发现你喜欢某一类新闻时，就不断地推送这类信息，吸引你不停地看，从而提升 APP 的使用时长。

总地来看，该阶段主要是企业在大数据背景下，开始基于海量数据积累，利用大数据、机器学习和深度学习等技术，进行数据的深度挖掘和分析，通过对多源、异构的全域数据的汇聚、打通，跨界考虑数据价值的应用，通过数据驱动业务发展，为业务应用提供数据服务，实现业务与数据的深度融合。

数据驱动阶段具有以下 5 个特征：

（1）企业战略方面

迈进 DT 时代，企业开始将数据作为企业的重要资产和生产资料。通过大数据技术对企业相关数据进行汇聚、打通和分析挖掘，为业务应用提供数据服务，通过数据驱动业务发展。

（2）数据形态方面

业务数据积累具备一定规模，对结构化数据、非结构化数据进行处理与应用。数据在组织形式上开始对业务涉及的相关数据进行汇聚、打通，开始根据需求进行数据清洗加工和标准化处理。

（3）数据场景方面

该阶段的数据应用场景主要以满足业务需求为主，主要是用数据提升现有业务能力，进行智能化升级。与上一个阶段数据主要服务于管理层不同，从该阶段开始，数据开始从管理层逐步转向具体的业务，业务开始认知到数据的价值，开始业务和数据的融合。

利用算法进行深入挖掘和分析，实现数据与业务的深度融合，为业务优化提供数据支撑，最为典型的就是个性化推荐、风控、精准营销等场景。

（4）数据应用工具方面

在该阶段，企业开始通过以 Hadoop/Spark 生态体系为代表的批计算、流计算、即席计算、在线计算等大数据处理技术及机器学习、深度学习算法进行数据汇聚和开发，并最终为现有的业务场景赋能，以驱动业务升级。

（5）组织架构方面

在该阶段，企业开始设立业务部门的数据团队，为业务场景的需求提供数据能力的支撑。一般会设置大数据工程师、算法工程师、数据科学家等职位，尝试通过大数据、人工智能等技术进行业务创新。

4.1.4 第四阶段：运营优化阶段

数据驱动阶段，在特定的场景下，数据已经与业务紧密结合，数据在业务运转过程中直接产生价值。但是，由于数据应用都是独立建设的，没有从全局考虑，企业在数据应用的过程中，经常会遇到标准口径不一致、内容重复建设，各业务数据无法融合产生更大的价值、企业数据价值无法被业务快速应用等问题。因此，企业开始考虑从全企业视角进行数据能力的输出，有些企业把这个定义为企业数据资产建设，以数据来驱动企业升级转型。

这个过程涉及汇聚各类企业数据资产、消除物理孤岛、通过Mapping能力将数据进行融合、消除逻辑孤岛，构建企业统一的数据资产，并进行数据治理，使数据资产符合生产要求，通过数据服务化的能力快速服务于业务。同时，过程中针对数据资产的使用和内容进行运营优化，以使得企业数据资产越用越有价值，真正成为企业的核心资产。我们把这种能力的建设定义为数据中台。

企业数据中台完成数据资产建设后，需要保障数据资产在日常生产过程中真实、稳定、准确、可用和高效，以实现数据资产价值最大化。而实现这一目标之前，企业首先要满足以下 5 个条件：

第一，能够追溯数据资产的形成过程，包括涵盖了哪些数据来源，经过了怎样的加工环节，涉及哪些业务环节和部门等；

第二，能及时获取到数据资产当前的状态，尤其是数据质量和安全情况，如更新频率、合规性、空值率等；

第三，能够知道数据资产被哪些业务调用了，以通过建立数据闭环了解和追溯数据资产所带来的业务价值；

第四，能够对整个数据中台从数据采集到数据应用的整个链路建立监控体系，便于及时发现和排除故障，保障数据资产的稳定性；

第五，建立丰富的数据内外部共享和服务渠道，实现数据价值的释放和交换。

只有同时满足上述五个条件时，企业才有足够的信息来源来支撑整个数据资产的运营及迭代优化。

为此，部分企业已经开始通过数据资产管理工具以及数据资产视图的建设来应对上述问题，同时从组织架构层面成立单独的数据资产管理委员会来统筹数据资产的管理工作，包括牵头制定数据资产的管理政策、拟定数据资产运营规则并监督各部门执行，同时负责整个数据资产平台的运营、组织和协调工作。从而最终实现数据资产在企业内外部高效、稳定地流转并持续为业务带来价值。

总体而言，该阶段主要是企业在大数据和人工智能等相关技术的基础之上，逐步完善，构建一套完善的、体系化的数据处理及服务流程，建立一套源源不断地把数据变成资产并服务于业务的一种可持续让企业数据用起来的机制，构建数据应用闭环，通过运营优化持续发挥数据业务价值。

运营优化阶段具有以下 5 个特征：

（1）企业战略方面

在该阶段，企业开始建设数据中台，数据中台定位是为企业未来五到十年发展提供数据能力支撑，在 DT 时代对企业进行智能化升级。注重数据资源使用的合理性和效率，并通过对数据资产及服务的不断运营，建立了从数据资产化到资产业务化的可持续数据应用的高效闭环，为企业源源不断输出数据智能的能力。

（2）数据形态方面

在该阶段，企业数据伴随数据驱动的业务快速发展，数据量快速增长，通过建立企业体系化、标准化的数据采集、存储、打通、应用流程，实现了企业数据的全面资产化。在数据质量方面，通过建立体系化的数据汇聚、加工及应用流程，并逐渐通过运营手段完善数据管理制度和规范，保障数据资产的高效输出和循环落地机制，形成数据资产管理闭环。

（3）数据场景方面

在该阶段，数据应用通过统一的数据资产体系，提供统一、标准化的数据服务能力，为企业各类快速变化的业务应用提供数据服务支撑，包括原有业务的优化以及业务创新。其服务可以通过数据中台自助式完成，缩短企业数据到业务的路径。

（4）数据应用工具方面

在该阶段，企业在数据应用工具方面除了通过 API 或可视化的形态服务于业务场景之外，开始为企业数据资产的运营和管理者提供专业化的数据资产管理工具，以便对数据资产进行统一管理和维护，并通过构建数据运营指标对数据的价值、质量、安全和标准建设情况进行度量，为数据治理、奖惩考核等机制提供相应的能力支撑，真正形成一套让企业数据持续用起来的机制。

（5）组织架构方面

在该阶段，企业组织架构中开始在管理层设置数据管理委员会、CDO 等来负责数据机制的建设和管理，开始为未来数据智能驱动的企业战略升级提供支撑，将数据变成企业的一种独特资产。

同时也会成立专门的数据资产运营部门，一方面保障数据资产应用的合理性和效率，另一方面构建企业数据资产对内和对外服务的通道，将更多的数据服务消费者引入到平台当中。

4.2 企业数据中台建设的应用场景

数据中台并没有行业限制，我们认为所有行业都需要数据中台，只是不同行业，不同阶段的企业所需要的数据应用能力不同，对数据的依赖度也不同。

建设数据中台实际上需要对数据价值有一定的认知，这样才能更好地实现。当行业中的其他企业在用数据的能力服务客户时，别人可以精准定位、精准服务，如果你不具备这种能力，竞争失败是必然的。在 IT 时代，走在行业前沿的企业，信息化能力都很强。在 DT 时代，数据中台建设已经是每个行业头部客户的必然选择，它是企业智能化升级的基础设施，也是支持企业快速发展，与对手拉开差距的内功修炼，这种内功的修炼不是一朝一夕可以追赶的，是否实施关乎企业发展战略，其迫切性和成本投入也取决于企业对数据价值的认知程度。

4.2.1 不同行业的数据中台应用需求

不同行业的不同企业在不同阶段，其数据应用的需求也是不一样的，数据中台的建设是一个持续完善的过程。在这个过程中，不同阶段支撑的场景数据也需要不断迭代。那么，不同行业对数据中台所支撑应用的主要需求有哪些可以参考？笔者通过对多个行业的多个不同企业的调研和访谈，大致总结以下几个行业所处的阶段以及各行业对于数据中台的共性需求，如表 4-2 所示。

表 4-2　各行业的数据中台需求特征

行业	数据应用能力成熟度 & 对数据中台的诉求
大金融（银行、保险、证券、互金等）	**数据应用能力成熟度：处于数据驱动向运营优化过渡阶段** 对数据中台的诉求： ❑ 业务强依赖于数据，是数据使用最深的行业，对中台是真实的强需求 ❑ 基本都有自己的数仓和垂直数据应用，也有较完善的技术团队 ❑ 希望自主可控，对中台服务商要求较高
公共安全	**数据应用能力成熟度：处于决策支撑向数据驱动过渡阶段** 对数据中台的诉求： ❑ 业务对数据有强需求，数据中台、数据治理也都提上日程 ❑ 对业务的专业性要求高，对中台服务商资质要求较高
零售	**数据应用能力成熟度：处于统计分析向决策支撑过渡阶段** 对数据中台的诉求： ❑ 一般都是多端多渠道，包含门店、App、小程序、服务号、电商等渠道 ❑ 对多渠道的数据整合运营有强需求，需要数据中台的能力支撑 ❑ 大多看中短期收益，不注重建设完整的数据中台能力

（续）

行业	数据应用能力成熟度 & 对数据中台的诉求
地产	**数据应用能力成熟度：处于决策支撑向数据驱动过渡阶段** 对数据中台的诉求： ❑ 业务迫切：市场从黄金期进入白银期，增量市场有限 ❑ 数据整合需求：多业态发展，需要数据整合能力 ❑信息化基础：地产企业信息化基础一般，需借助外部开发力量 ❑业务配合：业务部门强话语权，数据中台需加强技术部门话语权
工业制造	**数据应用能力成熟度：处于决策支撑阶段** 对数据中台的诉求： ❑ 数据基础：物联网、5G 等普及，工业制造数据有了完整采集的基础 ❑ 场景清晰：效率提升、工艺优化、质量监督等场景清晰 ❑ 采集困难：大部分工控软件不开放数据，且对行业的专业知识要求高
政府	**数据应用能力成熟度：处于决策支撑向数据驱动过渡阶段** 对数据中台的诉求： ❑ 数据丰富：掌握最好、最全的数据，智慧城市的推进，带来更丰富的数据 ❑ 类目繁杂：来源各种部门、企业，历史包袱比较重，冷启动艰难 ❑ 项目规模大：一般只有大的中台服务商才能承建
央企	**数据应用能力成熟度：处于决策支撑向数据驱动过渡阶段** 对数据中台的诉求： ❑ 业务多元化：集团形态业务版块多元，数据跨业态 ❑ 信息化基础好：规模较大且业务复杂，信息化基础好，建设数据中台起点高 ❑ 有样板案例：龙头型央企已经开始着手建设

企业是否适合上中台，与企业数字化程度相关，这将跟企业的资源投入、人员能力、投入产出比有直接关系。

4.2.2　什么样的企业适合建设数据中台

具备以下特点的公司可以加速考虑建立数据中台：

❏ 企业最好有一定的信息化基础，沉淀了数据，实现了业务数据化过程；

❏ 企业业务复杂，有丰富的数据维度和多个业务场景，特别是多业态型集团企业；

❏ 企业有数字化转型、精细化经营的需求。

下面通过几个简单的例子来具体了解什么样的企业适合上数据中台。

（1）企业A

主要通过App运营专业类内容，收取广告费，提供免费的Wi-Fi服务吸引顾客，随着DAU的增加，需要给用户提供个性化内容。

大数据场景：目前比较合适的是启动一个内容推荐类的算法项目，但在可预见的将来，看不到更多的数据场景。

（2）企业B

主要通过线下门店和互联网的方式销售水果，目前门店数量已超过1000家。需要用大数据来精细化运营用户和商品，目前已经搭建了大数据平台，构建了数仓。

大数据场景：可视化报表（已有）、商品猜你喜欢、个性化营销信息推送、商品库存优化、卡券核销风控等。比较适合启动一个数据中台项目。

（3）企业C

主要通过线下售卖服装盈利，同时运营两个品牌：MINI 1和MINI 2。两个品牌的CRM分别由不同供应商提供，为了更好地为会员提供服务，需要打通两个CRM中的用户数据。

大数据场景：无，属于业务中台范畴，需要构建统一的用户中心来为 CRM 提供数据。

（4）企业 D

多业态集团公司，旗下有图书零售板块，有金融保险业务，同时还有多个大型综合购物中心。各个业务板块都有自己的数仓和报表，现需要面向集团构建统一的数据管理平台或数据资产管理平台。

大数据场景：这属于典型的数据中台类型项目。

通过以上内容，相信大家对自己的企业是否需要建设数据中台有了初步的认识。当然，在实际判断中还需要更加谨慎，不要被厂商的一些概念迷惑。

4.3 中台手记（二）：打仗前手里得有一张"粮草"清单

3 月 6 日　周一　小雨　地点：CIO 办公室

姚冰、刘锋

今天是惊蛰，象征着春回大地，万物更新，项目也在年后紧锣密鼓地推进起来。

我找来了共事多年的得力干将——姚冰，和他一同商量"数据中台战略项目"的落地事宜。

姚冰，28岁，国内知名大学计算机专业毕业，来集团已经6年，痴迷于数据开发与数据应用研究，现负责新成立的大数据事业部的数据技术部门，这次集团的数字化转型工作，他将是非常重要的工作助手。

共事多年，一开始就开门见山地表明了想法：

"姚冰，公司准备启动数据中台战略项目，这可是你梦寐以求的好事情！"

"这个机会太好了，技术部门早就应该从后台走向前台，与业务部门融合，实现IT驱动业务发展的价值路径！"

"嗯，马总要求技术部门出一份集团数据中台战略项目规划，出规划之前必须做的一件事情就是对集团现有的数据情况，以及数据应用情况做一个调研，这个活就交给你了。

第一步，你可以把集团现在有哪些业务线，每个业务线有哪些数据，分别以什么形式存储以及数据的应用情况调研清楚；第二步，可以对照《数据中台：让数据用起来》这本书里提到的数据应用成熟度评估模型，对集团的数据应用成熟度做一个评估，一周后给一个报告。"

一周之后，姚冰快步走进我的办公室。

集团数据的基本情况他已经摸清楚了，对集团的数据应用成熟度也进行了评估，大概情况如下：

❑ 集团有地产、物业、零食、金融、文旅等多条业务线；

- 每条业务线单独开发应用，依赖关系非常复杂，有大量的重复建设，仅 CRM 系统就有 SAP、金蝶、用友等多家供应商；
- 除了结构化数据，还存在大量非结构化数据，比如物业中的报修语音等，数据应用的情况也很复杂；
- 业务数据没有打通，没有统一的口径和规范，这导致各业务线之间不能很好地共享和应用数据；

......

集团各业务线的数据情况如图 4-1 所示。

业务线	数据种类 该业务态下存在的数据种类，如客户数据、供应商数据、交易数据等	已累计数据量 已累计的记录数	数据更新周期 描述数据更新到数据仓库的周期，如实时更新或者每天更新、每周更新等	每周期更新数据量 更新的数据量级，最好能列举出新增、修改、删除	数据来源 该数据所属业务系统	数据源类型 数据库类型文件
酒店	交易数据	500,000,000	实时更新	(按每天计) 新增:200,000 修改:200　删除:10	酒店管理信息系统 (供应商:SAP)	Oracle
	......					
商业地产	客户到访信息	100,000,000	每天更新	新增:10,000 修改:1　删除:0	物业管理信息系统 (供应商:明源)	MySQL
	......					
零售	客户数据	3,000,000	每天更新	新增:10,000 修改:100　删除:100	零售管理系统 (供应商:金蝶)	Oracle
	供应商数据	5,000	每天更新	新增:20 修改:1　删除:2	供应商管理系统 (供应商:用友)	MySQL
	......					

图 4-1　SL 集团各业务线数据调研报表示例

另外，从数据应用成熟度评估模型（见表 4-1）来看，集团目前大概处于决策支持阶段到数据驱动阶段的过渡阶段。

看着姚冰的报告，我陷入了沉思……

数据汇聚联通：打破企业数据孤岛

要构建企业级的数据中台，第一步就是要让企业内部各个业务系统的数据实现互联互通，从物理上打破数据孤岛，这主要通过数据汇聚和交换的能力来实现。在面向具体场景时，可以根据数据类型将汇聚对象分为结构化和非结构化、大文件和小文件、离线与在线等几种，不同类型的数据对存储的要求不同。同时，与业务数据化的方式也有关系，有些场景需要通过线上或线下的方式来实现数据的汇聚。

在数据采集和汇聚过程中，需要特别注意的一点是数据的隐私和安全，数据采集和汇聚是最容易触碰法律红线的环节，因此在制订相应的方案时，一定要考虑当地安全法规的要求，避免侵犯用户的个人隐私，导致用户信息安全受损。

5.1　数据采集、汇聚的方法和工具

随着互联网、移动互联网、物联网等技术的兴起，企业的业务形态开始多元化，通过行为埋点、爬虫的方式来收集过程数据是企业非常重要的方法和手段。从空间维度来看，用户行为可以分为线上行为和线下行为两类，采集这两类行为所产生的数据所使用的方法是不一样的，而且方法也在随着技术的演进不断发展和变化。

1. 线上行为采集

线上行为的主要载体可以分为传统互联网和移动互联网两种，对应的形态有 PC 系统、PC 网页、H5、小程序、App、智能可穿戴设备等。在技术上，数据采集主要有客户端 SDK 埋点和服务端 SDK 埋点等方式。其中客户端 SDK 埋点主要是通过在终端设备内嵌入埋点功能模块，通过模块提供的能力采集客户端的用户行为，并上传回行为采集服务端。

（1）客户端埋点

常见的客户端埋点方式有三种：全埋点、可视化埋点和代码埋点。这三种方式的应用场景企业可根据自身需求进行选择。

❑ 全埋点：将终端设备上用户的所有操作和内容都记录并

保存下来，只需要对内嵌 SDK 做一些初始配置就可以实现收集全部行为的目的。这也经常被称为无痕埋点、无埋点等。

□ 可视化埋点：将终端设备上用户的一部分操作，通过服务端配置的方式有选择性地记录并保存。

□ 代码埋点：根据需求来定制每次的收集内容，需要对相应的终端模块进行升级。

针对这三种埋点方式，企业可以根据实际业务场景来判断和选择。它们的优劣势对比如下：

全埋点适合于终端设计标准化且有统一系统接口的情形，用户在终端上的操作，通过系统提供的事件捕获机制，在对象事件发生时调用埋点工具中的指定处理逻辑，对该事件相关的信息进行记录。这种方法的优点是不用频繁升级，一次性验证并发布后，就可以获取终端的全量行为数据。当突然发现需要对某个对象做分析时，可以直接从历史数据中找到所需的数据，不需要再次进行数据收集。缺点是数据存储、传输的成本会高一些，有些当前不用的数据也需要保留。

可视化埋点适合于需要考虑存储和带宽成本的情形，可通过后端配置来降低对象事件行为采集数量，实现机制和全埋点类似。其优点是发布后不需要频繁升级，成本比全埋点低，并且能够灵活配置；缺点是当需要对某一个对象进行分析，但发现其数据没有被采集时，需要重新配置并等数据采集完成再进行后续工作，容易影响业务进度。

代码埋点主要适合于终端设计非标准化、事件行为需要通过代码来控制的情形。其优点是灵活性强，针对复杂场景可以单独设计方案，对存储、带宽等可以做较多的优化；缺点是成本高，维护难度大，升级周期较长。

图 5-1 所示为某站点的网站行为埋点日志，该埋点日志中记录了数据的类型（logtype）、内容标题（title）、行为的上一级页面（pre）、用户的屏幕分辨率（scr）、用户标识（cna）、用户名（nick）等各类信息。在收集到这些数据后，后端运营就可以据此进行挖掘和分析，从而指导产品、运营的优化。例如，根据用户的屏幕分辨率数据，可以在产品布局上做更好的适配；通过行为的上一级页面，可以知道用户是从哪个页面进入当前页面的，进而优化用户行为路径等。

```
General
  Reaquest URL:https://[illegible]/v.gif logtype=1&title=%E6%B7%98%E5%AE%9D%E7%BD%91%20-%20%E6%B7%98%EF%BC%81%E6%88%91%E5%96%E6%AC%A2&pre
  =http%3A%2F%2Fwww.[illegible].com%2F&scr=1280*800&cna=DK7MD[illegible]z78A&spm-cnt=a21bo.2017.0.05af911d9Q2r07J&category=&uidaplus=&aplus&y
  unid=&8b0ba5djnsudhhwa3&asid=AQAAAA[illegible]AAAAD[illegible]pw==&sidx=51+8nTkRZB7mmNb[illegible]NizBPhv75fGk4IlEG+B85bunfbwjweBY+guQ
  poUPzBkAh0vYyTItnrG2Tzk[illegible]d0f1eWcfDwYBYRpmyKYR2I[illegible]Qs5vQTTieUQ=&p=1&o=mac&b=chrome76&s=1280*800$w=webkit&ism=mac&cache=cf
  2.17&lver=8.12.3&jsver=aplus_std&pver=0.7.4&thw=cn&aws=1&hng=CN%[illegible]57C156&tag=-1&lstag=-1&_slog=0

  Rsquest Method:GET
  Status Code: ● 200
```

图 5-1　埋点日志

（2）服务端埋点

除了前面介绍的客户端埋点，常见的线上埋点还有服务端埋点，通过在系统服务器端部署相应的数据采集模块，将这部分数据作为行为数据进行处理和分析。服务端埋点常见的形态有 HTTP 服务器中的 access_log，即所有的 Web 服务的日志数据。前面提到的客户端的三种埋点方式，常见的简化实现方案一般也会配合 HTTP 服务器中的 access_log 来落地，但有时为了更好地融合，会定制一些服务端的 SDK，用于捕获服务端系统中无法通过常规访问获取的数据信息，如内部处理耗时、包大小等数据。

服务端埋点的优点很明显，如果需要获取的用户行为通过服务端请求就可以采集到或者通过服务端内部的一些处理逻辑也能获取时，为了降低客户端的复杂度、避免一些信息安全的问题，常常会采用这种方式来收集用户行为数据。但其弊端也很明显，有些用户的行为不一定会发出访问服务端的请求，这种方式就无法采集这部分数据。因此，服务端埋点一般会和客户端埋点的结合使用，相互补充，以完成整个用户行为的采集。

2. 线下行为采集

线下行为数据主要通过一些硬件来采集，如常见的 Wi-Fi 探针、摄像头、传感器等。随着设备的升级，各种场景中对智能设备的应用也越来越多，安防、客户监测、考勤等都开始深入到生活中。常见的主要有 Wi-Fi 信号采集、信令数据采集、图像视频采集以及传感器探测等。

通过 Wi-Fi 信号采集周边移动设备是之前比较常用的方式，但由于有些不合规的使用涉及个人隐私，手机操作系统也针对这类现象做了一定的防采集处理，出于隐私保护、系统防护等原因，现在这种采集方式已经不怎么被使用。其主要原理是通过信号探测的协议，当热点附近的移动设备在探测 SSID 时，会建立网络连接，从网络协议中获取手机的网络设备号。

图像视频主要通过智能摄像头来采集，目标对象进入相应区域后摄像头可以识别相关信息，然后采集和保存图像并生成唯一标识，如 Face ID 用于信息的组织。

3. 互联网数据采集

网络爬虫又称为网页蜘蛛，是一种按照既定规则自动抓取互联网信息的程序或者脚本，常用来做网站的自动化测试和行为模拟。Google、搜狗、百度等提供的互联网信息检索能力，都是基于它们内部自建的网络爬虫，在遵守相关协议的情况下，不断爬取互联网上的新鲜网页信息，对内容进行处理后提供相应的检索服务。

当企业的内部信息不足时，可以考虑利用外部互联网的数据进行一些"化学反应"，将外部的数据与内部数据有效融合，从而让内部数据在应用上有更多价值。网络爬虫有多种实现方式，目前有较多的开源框架可以使用，如 Apache Nutch 2、WebMagic、Scrapy、PHPCrawl 等，可以快速根据自己的实际应用场景去构建数据抓取逻辑。当然，需要遵守相应的协议和法规，同时避免对目标网站造成过大的请求压力。

4. 内部数据汇聚

数据汇聚不同于数据采集，数据采集有一定的数据生产属性，将终端的用户行为信息通过特定的方法记录后，通过中间系统的流转写入目标存储中。当然，也能通过某种形式在某个数据源中落地，如数据库或日志文件等，然后通过数据汇聚的能力实现数据采集和存储。

从数据组织形式来分，数据主要分成三类：

❑ 结构化数据：规则、完整，能够通过二维逻辑来表现的数据，严格遵循数据格式与长度规范，常见的有数据库表、Excel 等二维表。

❑ 半结构化数据：数据规则、完整，同样严格遵循数据格式与长度规范，但无法通过二维关系来表现，常见如 JSON、XML 等形式表达的复杂结构。

❑ 非结构化数据：**数据结构不规则或不完整，不方便用二维逻辑表来表现，需要经过复杂的逻辑处理才能提取其中的信息内容，如办公文档、图片、图像和音视频等。**

从时效性和应用场景来分，数据汇聚可以分成离线和实时两类：

❑ 离线：**主要用于大批量数据的周期性迁移，对时效性要求不高，一般采用分布式批量数据同步的方式，通过连接读取数据，读取数据过程中可以有全量、增量的方式，经过统一处理后写入到目标存储。**

❑ 实时：**主要面向低时延的数据应用场景，一般通过增量日志或通知消息的方式实现，如通过读取数据库的操作日志（RedoLog、BinLog）来实现相应的实时处理，业界常见的 Canal、MaxWell、StreamSets、NiFi 等框架和组件都有较多的实际应用。**

在数据建设过程中有 ETL（Extract-Transform-Load，*抽取 – 转换 – 存储*）的操作，即在数据抽取过程中进行数据的加工转换，然后加载至存储中。但在大规模数据场景下，一般不建议采用 ETL 的方式，建议采用 ELT（Extract-Load-Transform，*抽取 – 存储 – 转换*）的模式，即将数据抽取后直接加载到存储中，再通过大数据和人工智能相关技术对数据进行清洗和处理。如果采用 ETL 的模式在传输过程中进行复杂的清洗，会因为数据体量过大和清洗逻辑的复杂性导致数据传输的效率大大降低。另一方面，ETL 模式在清洗过程中只提取有价值的信息进行存储，而是否有价值是基于当前对数据的认知来判断的，由于数据价值会随着我们对数据的认知以及数据智能相关技术的发展而不断被挖掘，因此 ETL 模式很容易出现一些有价值的数据被清洗掉，导致当某一天需要用这些数据时，又需要重新处理，甚至数据丢失无法找回。相比存储的成本，这种损失可能会更大。

在数据能力建设过程中，很多企业结合自身的场景和最佳实践也开源了一些优秀的汇聚工具，如 Sqoop、DataX、Canal 等，适用场景不同，也各有优缺点。

（1）Canal

Canal Server 模拟 MySQL Slave 的交互协议，伪装自己为 MySQL 的 Slave 向 Master 发送 dump 协议，Master 收到请求后开始推送 binary log，Canal 解析 byte 流产出解析后的增量数据。主要优点是流程架构非常清晰，部署和配置等相对简单，同时可以额外做一些配置管理、开发改造的工作。Canal 的主要缺点是 Server 中的 Instance 和 Client 之间是一对一的消费，不太适用于多消费和数据分发的场景。

（2）Sqoop

Sqoop 是目前市面上相对通用的一种解决方案，是在结构化数据和 HDFS 之间进行批量数据迁移的工具。整体框架以 Hadoop 为核心，底层使用 MapReduce 程序实现，MapReduce 天生的特性保证了并行化和高容错率，任务运行在 Hadoop 集群上，减少了服务器资源的使用情况。其主要优势是，在特定场景下，数据交换过程会有很大的性能提升。主要缺点是，处理过程定制程度较高，目前主要通过在命令行中配置参数来调整数据同步操作行为，在用户的一些自定义逻辑和数据同步链路监控方面比较薄弱。除此之外，任务运行完全依赖于 MapReduce，功能扩展性方面受到比较明显的约束和限制。

（3）DataX

DataX 是阿里巴巴开源的一套插件式离线数据交换工具，以实现各种异构数据源之间的高效数据交换为目标而设计，提供数据交换作业全链路的流量监控，将作业本身的状态、数据流量、数据速度、执行进度等信息进行展示，提供脏数据探测功能，支持传输过程中对传输报错（如类型转换错误）进行策略化处理。由于它是基于进程内读写直连的方式，高并发数据交换场景下对机器内存要求比较高。除此之外，DataX 不支持非结构化数据的同步，目前支持结构化数据源、半结构化数据源、非结构化数据源，但是非结构化数据源中需要存储的是一张逻辑意义上的二维表，例如 CSV 格式的文本信息，本质上还是结构化数据。

5.2　数据交换产品

从上文的介绍中可以了解到，这些工具都无法很好地满足企业复杂的数据交换场景。从数据类型来看，有结构化数据和非结构化数据；从实效性来看，有实时数据交换和离线数据交换。另外，数据交换应该是后续数据作业的起点，因此，相应的交换任务调度及状态要能够有效地与上下游形成依赖，借助统一调度的能力构建数据作业流。

数据交换中心的首要目的是屏蔽底层工具的复杂性，以可视化配置的方式提供给企业用户；其次需要考虑，为了解决数据孤岛，需要满足异构存储、异构数据类型的交换需求；同时，还要考虑不同时效要求下的数据互通。因此，数据交换平台需要屏蔽系统底层协议、传输安全、特性组件等信息，让开发人员在数据接入过程中无须关注数据格式转换、数据路由、数据丢失等，只需要关注与业务本身的数据交换部分。企业信息化建设的多种数据源类型，可以通过同步模块的数据源进行统一管理，方便用户快速通过可视化页面执行数据汇聚工作。

在构建数据交换中心的实践过程中，基于异构数据源、异构厂商集群、数据应用时效性和相关技术栈等因素考虑，采取了不同的同步策略：离线数据同步和实时数据同步。同时，在两种同步服务的产品形态上，可以采用相同的可视化同步配置策略，以降低用户操作成本。

1.数据源管理

数据源管理主要是管理数据所用的存储，用于平台在做数据交换时，可以方便地对外部存储进行相应的管理。数据源可以是已有系统存储业务数据的地方，作为数据中台的数据来源，也可以是数据应用场景，为应用场景提供结果数据存储的地方。

根据业务系统以及数据应用场景的不同，数据源也有不同的选择。例如，广告场景对时效性要求很高，相应的，对数据源读性能的要求就会很高，有些场景对于大批量数据的多维分析有需求，因此数据源需要支持大批量数据的多维分析能力。针对这些场景，涉及的数据源会有很多种，大致可以分成：

- 关系型数据库：如 Oracle、MySQL、SQL Server、Greenplum等。
- NoSQL 存储：如 HBase、Redis、Elasticsearch、Cassandra、MongoDB、Neo4J 等。
- 网络及 MQ：如 Kafka、HTTP 等。
- 文件系统：如 HDFS、FTP、OSS、CSV、TXT、Excel 等。

❑ 大 数 据 相 关 ： 如 Hive、Impala、Kudu、MaxCompute、 ADB、LibrA、ELK 等。

2. 离线数据交换

离线数据交换是针对数据时效要求低、吞吐量大的场景，解决大规模数据的批量迁移问题，其实现原理是将不同数据源的交换抽象为从源头数据源读取数据的读取插件，以及向目标端写入数据的写入插件，理论上可以支持任意类型数据源的数据交换工作。采用插件化方式构建，将数据源读取和写入抽象成读取插件、写入插件。

非结构化的数据也可以通过扩展插件方式进行交换，其场景主要是以文件或数据块的方式进行交换，因此只需要适配源或目的存储的相应插件及数据处理的机制，如文件传输，数据块保存为特定格式的文件，即可以满足相应的需求。

❑ 读取插件：数据采集模块，负责采集数据源的数据，将数据发送给数据交换核心模块。

❑ 写入插件：数据写入模块，不断从数据交换核心模块取数据，并将数据写入到目的端。

❑ 数据交换核心模块：用于连接读取插件和写入插件，作为两者的数据传输通道，并处理缓冲、流控、并发、数据转换等核心技术问题。

离线数据同步技术具有以下亮点：

（1）前置稽核

在源端数据同步开始前，可以进行数据质量规则校验，根据配置规则的阻塞、告警等策略控制数据同步是否运行。

（2）数据转换

数据转换是指将各类非标准数据转换成标准数据格式，并且将转换后的数据推送到大数据平台指定的位置或库表。在数据同步、传输过程中，存在用户对于数据传输进行定制化的场景，包括字段截取、替换、编码转换等操作，可以借助 ETL 的 T 过程（Transform）实现。

在配置数据同步作业的字段映射关系时，可以对每个字段定义转换（Transform）函数，例如字符串截取 dx_substr、字符串替换 dx_replace、字符串过滤 dx_filter，还支持用户用 Groovy 自定义转换逻辑。

（3）跨集群数据同步

由于采用插件化的设计思路，数据同步模块可支持不同集群间的数据同步。例如，从 A 集群上把数据同步到 B 集群上，只需要开发 A 集群的 Reader 和 B 集群的 Writer，便可以新建数据同步作业对数据进行跨集群迁移。

（4）全量同步

全量数据同步分为表全量同步和库全量同步（整库同步）两种方式。表全量同步每次读取表中全量数据并写入；库全量同步策略是把库中所有表进行数据同步，要求源端和目的端的表名称、结构相同，允许目标表不存在，不存在时自动创建目标表。

（5）增量同步

增量同步分为新增、覆盖和更新三种策略。新增策略主要通过在目的端创建新分区或者直接追加写数据实现。覆盖和更新策略在同步配置时选择唯一键，根据唯一键对比同步中的数据和目的端数据，结合增量策略来判断数据是覆盖还是更新。

3. 实时数据交换

实时数据交换主要负责把数据库、日志、爬虫等数据实时接入 Kafka、Hive、Oracle 等存储中，便于后续进行实时计算或供业务查询分析使用，整体技术架构如图 5-2 所示。

实时同步有两个核心服务：数据订阅服务（Client Server）、数据消费服务（Consumer Server）。

数据订阅服务主要包含数据的订阅和读取、任务实例的启停控制等功能，Client Server 采用插件式设计思路，可以支持扩展不同类型的数据订阅读取。

数据消费服务主要包含任务状态控制、数据解析、数据过滤、数据转换、数据写入等功能，通过 TCP 通信方式和数据订阅方式进行数据读取和传输，经过任务配置的过滤、转换等功能写入到目的端数据源中。数据消费服务也采用插件式设计思路，可以支持目的端扩展不同类型的数据源写入。

5.3　数据存储的选择

将各类数据汇聚后，首先面临的是存储压力，不同类型的数据内容、不同的数据汇聚方式及未来可能的使用场景，对存储的选择也会有较多的考虑。常见的问题有：

存储是选择关系型数据库还是大数据相关的技术（Hadoop 等）？

现有的存储与新存储之间的关系是什么？

抛开技术指标的维度对比，选择存储时还需要考虑以下几个方面：

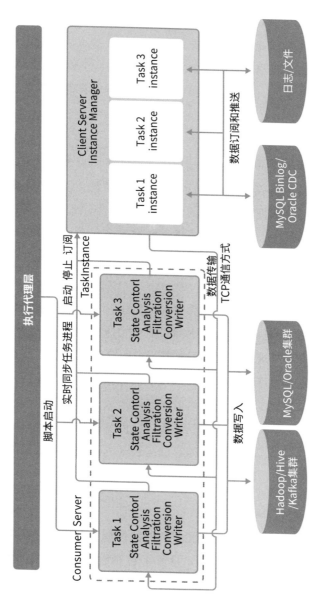

图 5-2 实时交换架构图

（1）数据规模

当前的数据规模以及未来的数据规模，这取决于对中台的定位及未来的发展预期，DT 时代企业的数据生产方式越来越丰富，数据量越来越大，选择成本可控且容易扩展的存储是当前比较常见的选择。

（2）数据生产方式

有些数据生产端没有存储，因此会通过实时推送的方式将生产数据按特定协议和方式进行推送，这类场景要求数据采集时的存储能够满足数据实时落地的需求。有些目标存储不具备这种高性能落地的能力，因此需要考虑在数据生产端和目标存储端中间加一个写性能较好的存储。

（3）数据应用方式

数据使用场景决定了数据存储的选型，如离线的数据分析适合非人机交互的场景，搜索则需要能够快速检查并支持一些关键字和权重处理。这些能力也需要有特定的存储来支撑。

针对这些复杂的场景，在大规模的数据处理下，任何一个以前认为可以忽视的小问题都可以被无限放大，因此像以前一样靠一种存储能力解决所有问题是不太可能的。在建设中台时，需要根据企业自身情况选择合适的存储组合来满足企业的数据战略和数据应用需求。

1. 在线与离线

在线存储是指存储设备和所存储的数据时刻保持"在线"状态，可供用户随意读取，满足计算平台对数据访问的速度要求，就像 PC 机中常用的磁盘存储模式一样。在线存储设备一般为磁盘、磁盘阵列、云存储等。

离线存储是为了对在线存储的数据进行备份，以防范可能发生的数据灾难。离线存储的数据不会经常被调用，一般也远离系统应用，"离线"生动地描述了这种存储方式。离线存储介质上的数据在读写时是顺序进行的。当需要读取数据时，需要把磁带卷到头，再进行定位。当需要对已写入的数据进行修改时，所有的数据都需要全部进行改写。因此，离线存储的访问速度慢、效率低。离线存储的典型产品是硬盘、磁带和光盘等。

2.OLTP 与 OLAP

OLTP 和 OLAP 是相对传统的术语，但是在大数据时代，它们又有新的使命。需要强调的是，OLTP 和 OLAP 并不是竞争或者互斥的关系，相反，它们相互协作，互利共赢，OLTP 用于存储和管理日常操作的数据，OLAP 用于分析这些数据，如图 5-3 所示。

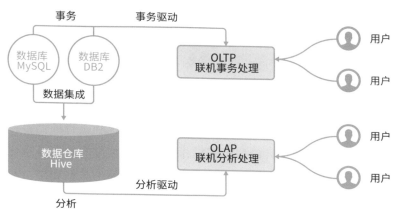

图 5-3　OLTP 与 OLAP 的关系

OLTP（On-Line Transaction Processing，联机事务处理）是专注于面向事务的任务的一类数据处理，通常涉及在数据库中插入、更新或删除少量数据，主要处理大量用户下的大量事务。一般都是高可用的在线系统，以小的事务以及小的查询为主，评估其系统的时候，一般看其每秒执行的事务及查询的数量。在这样的系统中，单个数据库每秒处理的事务往往超过几百甚至几千个，Select 语句的执行量每秒几千甚至几万个。典型的 OLTP 系统有电子商务系统、银行、证券等，如美国 eBay 的业务数据库就是很典型的 OLTP 数据库。

OLAP，也叫联机分析处理（On-Line Analytical Processing）系统，有的时候也叫 DSS（决策支持系统），就是我们说的数据仓库。常用于报表分析场景，相对于 OLTP，对准确性（如 id-mapping）、事务性和实时性要求较低。1993 年，E. F. Codd 认为 OLTP 已不能满足终端用户对数据库查询分析的需要，SQL 对大型数据库进行的简单查询也不能满足终端用户分析的要求。用户的决策分析需要对关系数据库进行大量计算才能得到结果，而查询的结果并不能满足决策者提出的需求。因此，他提出了多维数据库和多维分析的概念，即 OLAP。

OLAP 技术主要通过多维的方式来对数据进行分析、查询并生成报表，它不同于传统的 OLTP 处理应用。OLTP 应用主要是用来完成用户的事务处理，如民航订票系统和银行的储蓄系统等，通常要进行大量的更新操作，同时对响应的时间要求比较高。而 OLAP 系统的应用主要是对用户当前的数据和历史数据进行分析，帮助市场做决策，制定营销策略，主要用来执行大量的查询操作，对实时性要求低。表 5-1 对 OLTP 与 OLAP

进行了比较。

表 5-1　OLTP 与 OLAP 对比

	OLTP	OLAP
用户	面向操作人员，支持日常操作	面向决策人员，支持管理需求
功能	日常操作处理	分析决策
DB 设计	面向应用，事务驱动	面向主题，分析驱动
数据	当前的、最新的、细节的、二维的、分立的	历史的、聚集的、多维的、集成的、统一的
存取	可更新，读/写数十条记录	不可更新，但周期性刷新，读上百万条记录
工作单位	简单的事务	复杂的查询
DB 大小	100MB 到 GB 级	100GB 到 TB 级

3. 存储技术

为了应对数据处理的压力，过去十年间，数据处理技术领域有了很多的创新和发展。除了面向高并发、短事务的 OLTP 内存数据库外（Altibase、Timesten），其他的技术创新和产品都是面向数据分析的，而且是大规模数据分析，也可以说是大数据分析。有的采用 MPP（Massive Parallel Processing，大规模并行处理）架构的数据库集群，重点面向行业大数据，如 Greenplum、LibrA 等；有的采用 Shared Nothing 架构，通过列存储、粗粒度索引等多项大数据处理技术，再结合 MPP 架构高效的分布式计算模式，完成对分析类应用的支撑，运行环境多为低成本的 PC Server，具有高性能和高扩展性的特点；也有采用从 Hadoop 技术生态圈中衍生的相关的大数据技术，如 HBase 等。

（1）分布式系统

分布式系统包含多个自主的处理单元，通过计算机网络互连来协作完成分配的任务，其分而治之的策略能够更好地处理大规模数据分析问题。主要包含以下两类：

- ❑ 分布式文件系统：存储管理需要多种技术的协同工作，其中文件系统为其提供最底层存储能力的支持。分布式文件系统 HDFS 是一个高度容错性系统，被设计成适用于批量处理，能够提供高吞吐量的数据访问。
- ❑ 分布式键值系统：用于存储关系简单的半结构化数据。典型的分布式键值系统有 Amazon Dynamo，获得广泛应用的对象存储技术（Object Storage）也可以视为键值系统，其存储和管理的是对象而不是数据块。

（2）NoSQL 数据库

关系型数据库已经无法满足 Web 2.0 的需求。主要表现为：

- ❑ 无法满足海量数据的管理需求；
- ❑ 无法满足数据高并发的需求；
- ❑ 高可扩展性和高可用性的功能太低。

NoSQL 数据库的优势：可以支持超大规模数据存储，灵活的数据模型可以很好地支持 Web 2.0 应用，具有强大的横向扩展能力等，典型的 NoSQL 数据库包含以下几种：键值数据库、列族数据库、文档数据库和图形数据库，如 HBase、MongoDB 等。

（3）云数据库

云数据库是基于云计算技术的一种共享基础架构的方法，是部署和虚拟化在云计算环境中的数据库。云数据库并非一种全新的数据库技术，而只是以服务的方式提供数据库功能。云数据库所采用的数据模型可以是关系数据库所使用的关系模型（微软的

SQL Azure 云数据库都采用了关系模型）。同一个公司也可能提供采用不同数据模型的多种云数据库服务。

　　数据与数据之间天然存在着显性的和隐性的关系，大数据的极致魅力就在于通过对这些关系的识别和挖掘，创造前所未有的应用场景，带来预想不到的巨大价值。而要实现这一切，首先需要将数据进行物理层面的汇聚，让有价值的数据自动、快速地整合到统一的存储空间，为后面的数据开发、机器学习、数据分析打好坚实的基础。

　　数据汇聚是数据中台建设的第一个环节，其主要目的是打破企业数据的物理孤岛，形成统一的数据中心，为后续数据资产的价值挖掘提供原始材料。企业的每一个业务端都是一个数据触点，会产生大量的数据，这些数据的生产和采集过程需要符合数据安全、隐私保护的相关要求。同时，异构的数据源所采用的汇聚方法也有一定的差异，本章介绍了常见的数据汇聚的方法和工具，以及企业在使用这些方法和工具的过程中，如何将它们包装成一个简单易用的工具，以便于快速满足数据汇聚的需求。同时，本章还阐述了针对不同的数据汇聚场景，企业所需要考虑的存储选型。

数据开发：数据价值提炼工厂

　　汇聚联通到中台的数据，基本是按照数据的原始状态堆砌在一起的，是企业对过往所有 IT 信息化建设积累的成果的融合。数据开发是数据资产内容建设的主战场，是数据价值生产过程中的核心环节，可以支撑大批量数据的离线处理、实时处理和数据挖掘等。

　　业务沉淀的数据就像原始的矿石或商品的原材料，数据开发这个环节就像是"商品"生产的流水线，通过这条流水线将数据转换成数据资产，让数据能根据业务的需求转换成新的形态，将原本看起来没有价值的数据变成对业务有价值的资产，为前端业务源源不断提供所需要的"商品"。

数据开发涉及的产品能力主要包括三个部分，分别是离线开发、实时开发和算法开发，如图 6-1 所示。

图 6-1　数据开发的产品能力

□ 离线开发主要包括离线数据的加工、发布、运维管理，以及数据分析、数据探索、在线查询和即席分析相关的工作。

□ 实时开发主要涉及数据的实时接入和实时处理，简化流数据的加工处理过程。

□ 算法开发主要提供简单易用的可视化拖曳方式和 Notebook 方式来实现数据价值的深度挖掘。

常见的加工场景有离线和实时数仓建设、算法模型训练、数据化运营分析、数据探索等。在这个过程中，通过数据开发套件对大数据的存储和计算能力进行封装，通过产品化的方式让用户更容易地使用大数据。计算能力与上一章提到的存储能力是紧密联系的，数据规模不断增加，除了存储能力需要细分，计算能力也一样需要细分，因此在建设过程中，也需要对不同场景下的计算能力有一定了解。

6.1　数据计算能力的 4 种类型

笔者们将计算能力根据场景抽象分成四大类：批计算、流计算、在线查询和即席分析。不同场景配合不同的存储和计算框架来实现，以满足业务的复杂需求，如图 6-2 所示。

批计算	流计算	在线查询	即席分析
海量数据	实时数据	毫秒级RT	秒级RT
批量计算	毫秒级RT	高QPS	内存计算

图 6-2　数据计算能力的 4 种类型

（1）批计算

主要用于批量数据的高延时处理场景，如离线数仓的加工、大规模数据的清洗和挖掘等。目前大多是利用 MapReduce、Hive、Spark 等计算框架进行处理，其特点是数据吞吐量大、延时高，适合人机交互少的场景。

（2）流计算

也叫实时流计算，对于数据的加工处理和应用有较强的实效性要求，常见于监控告警场景，例如实时分析网络事件，当有异常事件发生时能够及时介入处理。例如，阿里巴巴"双 11"的可视化大屏上的数据展现是根据浏览、交易数据经过实时计算后展现在可视化大屏上的一种应用。这类场景目前应用较多的计算框架主要有 Flink、Spark Streaming 和 Storm 等。

（3）在线查询

主要用于数据结果的在线查询、条件过滤和筛选等，如数据检索、条件过滤等。根据不同的场景也会有多种选择，如营销场景对响应延时要求高的，一般会采集缓存型的存储计算，如 Redis、Tair 等；对响应延时要求正常的，可以选择 HBase 和 MySQL 等；需要进行条件过滤、检索的，可以选择 Elasticsearch 等。企业一般对在线查询的需求比较旺盛，因此可能会有多套在线计算的能力提供服务。

（4）即席分析

主要用于分析型场景和经验统计。一般而言，企业 80% 的数据处理需求是在线查询和即席分析。针对不同维度的分析，有多种方式可以提供，提前固定计算的维度、根据需求任意维度的交叉分析（ad-hoc）等都是常见的场景。目前也有很多相应的产品、框架来支撑这方面的应用，如 Kylin、Impala、ClickHouse、Hawk 等。

6.1.1 批计算

随着数据量的不断增加，原有的计算框架已经无法支撑 TB、PB 甚至 EB 级规模的数据处理，在这种大数据场景下，提供成本低廉且可水平扩容的计算能力，采用分而治之的方法是必然的。Google 的三篇论文开启了大数据处理的序章，其中 MapReduce 被各大公司作为数据处理的主要方案。传统的数据处理方式通常是将数据导入至专门的数据分析工具中，这样会面临两个问题：

❑ 源数据非常大时，往往数据的移动就要花费较长时间。

❑ 传统的数据处理工具往往是单机的，或系统架构无法快速扩容，面对海量数据时，数据处理的时间也是一个很大的问题。

MapReduce 是一种分布式编程模型，采用"分而治之"的思想，将一个大规模数据集分解为多个小规模数据，然后分发给集群中多个节点共同完成计算。这样可以有效降低每一部分的运算复杂度，达到提高运算效率的目的。

MapReduce 模型将计算分为两个阶段：Map 阶段和 Reduce 阶段，图 6-3 为 MapReduce 模型的数据流图。Hadoop 将 MapReduce 的输入数据划分为等长的数据块，称为输入分片（Input Split），为每一个分片构建一个 Map 任务，并且由该任务来运行用户自定义的 Map 函数，以处理分片中的每条记录。Map 任务输出时要按照 Reduce 任务的数量进行分区，即为每一个 Reduce 任务新建一个分区，同时对每个分区进行排序。Reduce 任务启动后，会向所有 Map 任务拉取数据并在 Reduce 端合并，Map 任务和 Reduce 任务之间的数据流称为混洗（Shuffle）。最后由用户自定义的 Reduce 函数处理，其输出通常存储在 HDFS 上，以实现可靠存储。

MapReduce 由于设计上的一些限制，导致处理性能较慢，针对这个问题，业界也有很多优化方案及替代产品，但真正发展起来的，目前主要有 Spark。Spark 也是一个批量计算框架，它将数据抽象成 RDD、DataFrame，这是一种分布式的内存抽象，允许在大型集群上执行基于内存的计算，大大减少了迭代计算所需的开销。相比 MapReduce，Spark 在以下几方面具有优势：

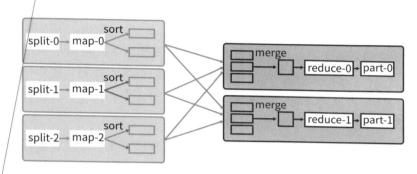

图 6-3 MapReduce 机制示意图

❑ 数据处理技术：Spark 将执行模型抽象为通用的有向无环图（DAG）执行计划，这可以将多个 Stage 串联或者并行执行，而无须将 Stage 的中间结果输出到 HDFS 中。

❑ 数据格式和内存布局：Spark RDD 能支持粗粒度写操作，而对于读操作，RDD 可以精确到每条记录，这使得 RDD 可以用来作为分布式索引。

❑ 执行策略：MapReduce 在数据 Shuffle 之前花费了大量的时间来排序，Spark 支持基于 Hash 的分布式聚合，调度中采用更为通用的任务执行 DAG，每一轮的输出结果都可以缓存在内存中。

6.1.2 流计算

批计算已经能满足多数大数据计算场景，然而要更快速、高效地获取数据中的价值，批计算已经无法满足需求。此时，一些优秀的实时处理框架，如 Storm、Flink、Spark Streaming 等逐渐发展起来，被广泛使用。

流计算的常见应用场景如下：

- ❑ 流式 ETL：集成流计算现有的诸多数据通道和 SQL 灵活的加工能力，对流式数据进行实时清洗、归并、结构化处理。同时，对离线数仓进行有效补充和优化，为数据的实时传输提供可计算通道。

- ❑ 流式报表：实时采集、加工流式数据，实时监控和展现业务和客户的各类指标，让数据化运营实时化。

- ❑ 监控预警：对系统和用户的行为进行实时检测和分析，实时监测和发现危险行为。

- ❑ 在线系统：实时计算各类数据指标，并利用实时结果及时调整在线系统的相关策略，在内容投放、无线智能推送等领域有大量的应用。

6.1.3 在线查询

在线查询需要处理大规模的数据结果集，同时又需要提供一些快速计算的能力，如条件过滤筛选、在线检索等能力，快速从大规模结果中筛选和检索出结果信息，并且支持高并发、低延迟的快速响应。这种能力批计算、流计算都不具备，因此需要提供在线查询的能力，常见的在线计算框架有 Elasticsearch、Redis等，其主要应用场景是 OLTP 类的简单的增、删、改、查、全文检索等相关操作。

在线查询的常见应用场景如下：

❏ 画像服务：根据对象标识提供具体的查询服务，如通过 Redis 可以提供低延迟、高并发的查询服务能力；通过 HBase 可以提供大规模数据的查询服务能力，征信查询就是类似的服务。

❏ 搜索的应用场景：提供搜索引擎的能力，为用户提供模糊匹配、意图识别检索等能力，快速检索需要的内容，如常见的文档搜索、商品搜索等。

❏ 圈人场景：通过一些特定的条件规则，可以快速筛选出业务所需要的群体，为后续的运营、营销等工作的开展提供支撑。

6.1.4 即席分析

即席分析是指面对大规模的数据集，如何快速进行数据的多维交叉分析，其大部分是聚合型操作，如 group by、sum、avg、count 等。批计算有足够的灵活性，但耗时比较久，一些传统的关系型数据库以及数仓架构，在一定维度的场景下可以满足响应要求，但数据量受限。在数据应用中，分析类应用的占比一直不低，因此一些优秀的处理框架（如 Impala、Kylin、ClickHouse 和 AnalyticDB 等即席计算框架）逐渐发展起来。针对即席分析的复杂场景，通过对时间、空间的权衡，即席分析常见的实现方式有两种：

❏ ROLAP：以关系数据库为核心，以关系型结构进行多维数据的表示和存储，结合星型模式和雪花模式实现。

❑ MOLAP：基于多维数据组织的实现，以多维数据组织为核心，形成"立方块"的结构，通过对"立方块"进行各类处理来产生多维数据报表。

即席分析的常见应用场景如下：

❑ 交互式数据分析：企业运营人员在日常工作中经常需要通过 SQL 从各个维度对当前业务进行分析，提供分析结果以便开展后续工作。离线计算的场景等待时间较久，用户体验不好，即席分析可以比较好地规避这个问题。

❑ 群体对比分析场景：在业务中经常会有 A/B 测试场景，针对不同的群体，从各个维度对比分析也是即席分析经常支撑的场景。

批计算、流计算、在线查询、即席分析的区别见表 6-1。

表 6-1　批计算 vs 流计算 vs 在线查询 vs 即席分析

计算能力	数据来源类型	数据处理方式	底层框架	时延性
批计算	历史已存在数据	批处理	MapReduce Spark	要求不高
流计算	源源不断的流式数据	微批处理 & 逐条处理	Storm Flink Spark Streaming	毫秒/秒级延迟
在线查询	历史已存在的数据	逐条处理/检索过滤	Elasticsearch Redis	毫秒
即席分析	历史已存在的数据	批处理/聚合	Impala Kylin ClickHouse AnalyticDB	毫秒/秒级延迟

6.2　离线开发

离线开发套件封装了大数据相关的技术，包括数据加工、数据分析、在线查询、即席分析等能力，同时也将任务的调度、发布、运维、监控、告警等进行整合，让开发者可以直接通过浏览器访问，不再需要安装任何服务，也不用关心底层技术的实现，只需专注于业务的开发，帮助企业快速构建数据服务，赋能业务。

将数据汇聚到中台后需要对其进行进一步加工处理，一般来说，企业有 60% ～ 80% 的场景需要用到离线批处理的能力，这个过程就像一条数据的生产流水线，将采集和汇聚起来的原始数据，通过离线加工的各个环节和相应的数据处理模型，形成有价值的数据资产。在这个过程中，离线开发套件需要一些核心的功能（如作业调度的策略机制、对于数据生产时效的基线控制、企业当前信息化架构下各类异构数据源的适配、数据权限的管控等）来保障数据加工的过程易用可控。

1. 作业调度

在数据开发过程中，经常需要配置作业的上游依赖作业，这样作业之间便会组成一个有向无环图（DAG，Directed Acyclic Graph），同时会配置作业的开始调度时间。例如，对于图 6-4 中的 B 作业来说，其父作业分别是为 A 和 C，调度开始时间设置为 05:00。

❑ 依赖调度：所有父作业运行完成后，当前作业才能开始运行。图 6-4 中的作业 B，只有父作业 A 和 C 运行完成后，才能开始被调度。

❑ 时间调度：可指定作业的调度开始时间。图 6-4 中的作业 B，只有到达 05:00 后才能开始被调度。

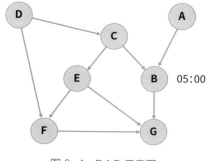

图 6-4　DAG 示意图

　　如果一个节点既有父作业又有调度时间约束，那么在调度过程中只有同时满足两种约束条件时，才能开始被调度。

2. 基线控制

　　在大数据离线计算中，由于作业执行时间较长，经常会遇到急着用数据却发现数据还没出来的情形。重新跑需要几个小时，时间已然来不及。因此本书提出一种基线控制方法，用于统一管理数据处理作业的完成时间、优先级、告警策略，保障数据加工按时完成。调度模块会根据最先到达、最短执行时间原则，动态调整资源分配及作业的优先级，让资源利用效率最大化。

　　同时采用算法对作业完成时间进行智能预测。根据预测，当作业无法正常产出且动态调整无法完成时，调度中心会及时通过监控告警通知运维值班人员提前介入处理，为大数据作业执行留出充裕的时间。

3. 异构存储

　　当前，企业内部的计算存储引擎呈现多元化趋势。例如，国内某大型企业同时使用 Oracle、IQ、HANA、Hadoop、LibrA 等多种数据库，涉及关系型 DB、MPP、大数据数仓等多种不同类型。离线开发中心针对每种类型的计算引擎会开发不同的组件，例如，针对 Oracle 开发 Oracle 插件，针对 Hadoop 体系分别开发出 Hive、Spark、MapReduce 等插件。用户只需要新建各种类型作业，例如 Oracle、IQ、HANA、Hive、Spark、LibrA 等，在执行时自动根据作业的类型寻找相应插件来运行作业。

4. 代码校验

在离线任务的开发过程中，会涉及各种各样的任务类型。对于常见的 SQL 任务类型，SQL 检查器会做好严格的管控，做到事前发现问题，避免代码在周期调度过程中或运行完成后才发现问题。校验分为语法校验和规则校验。

- ❑ 语法校验是对 SQL 的语法进行校验。不同类型的 SQL 语法是不一样的，如常用的 Hive、Spark、Phoenix 等；相同类型而不同版本的 SQL 语法也不一样，如 Spark 1.x、Spark 2.x 等。
- ❑ 规则校验是指 SQL 检查器根据规则库提供的规则，对 SQL 进行规则校验。校验的规则是可以动态添加和扩展维护的，比如可以包含代码规范校验、代码质量校验、代码安全校验等。

5. 多环境级联

可以通过环境级联的方式灵活支持企业的各类环境需求，方便对资源、权限进行控制和隔离。例如在新建项目时，企业可根据自身需求配置各种环境和级联方式，每个环境拥有独立的

Hive 数据库、Yarn 调度队列，甚至不同的 Hadoop 集群。常见环境如下：

❏ 单一环境：只有一个生产环境，内部管理简单。

❏ 经典环境：开发环境中存放脱敏数据、供开发测试使用，上生产走发布流程，用于真实数据生产。

❏ 复杂环境：企业有外部人员和内部人员时，会给外部人员提供一个脱敏管控的环境，外部人员开发完的数据模型经过测试后发布到内部开发环境，由内部员工检查确认及内部测试验证流程，完成确认后发布。在内部生产、内部开发、外部开发等环境中，数据样本也会根据面向的群体不同，进行不同等级的加密和脱敏处理。

在新建项目时，一般会创建开发和生产两个环境，开发环境用于用户开发、任务调试，生产环境即线上环境，系统默认会按天进行周期调度以执行任务。生产环境不允许用户直接操作任务、资源和函数，必须在开发环境下进行新建、修改或删除，在经过提交、创建发布包、同意发布三个操作后，才可同步到生产环境。

6. 推荐依赖

随着业务的不断深入，企业对工作流和作业与业务结合的理解越来越深，数据开发人员需要开发的作业会不断累加，峰值时，一个工作流下会挂成千上万个作业。这会让工作流任务的人工维护非常艰难。如何从上千个作业中找到需要依赖的上游作业？如何保证选定了上游作业后，不会因形成环路而导致调度失败？这时候就需要一把利器，能自动推荐上游作业，既能保证准

确找到需要定位的上游作业，又能保证不会形成环路。可以看图
6-5 所示的节点依赖。

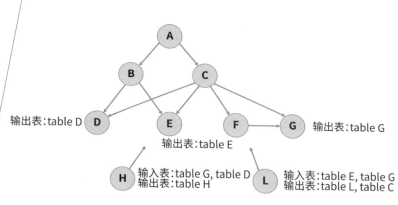

图 6-5 依赖推荐

已知 A、B、C、D、E、F、G 及依赖关系，现开发了两个
新的任务 H 和 L，需要对 H、L 设置上游依赖信息。智能推荐依
赖的工作原理具体如下：

❏ 获取推荐依赖的核心原理在于上下游作业输入和输出的
表级血缘依赖图；

❏ 通过血缘分析当前作业的输入和输出，找到合适的上游
作业；

❏ 对合适的作业进行环路检测，剔除存在闭环的作业；

❏ 返回合适的节点列表。

通过图 6-5 中的关系，可以智能推荐出 H 节点的上游作业为
D、G，L 的上游节点为 E、G。

7. 数据权限

由于企业内部计算引擎的多样化，数据权限的管理会面临如下问题：

1）部分引擎拥有独立的权限管理系统（例如 Oracle、IQ、HANA、LibrA），导致权限申请需要到每一种引擎上单独操作，让使用变得复杂。

同一种计算引擎，不同厂商的权限系统有多种。例如，Hadoop 自身无数据权限系统，由不同厂商各自去实现，目前主要有两种策略：

❑ RBAC（Role-Based Access Control，基于角色的访问控制）：比如 Cloudera 用的是 Sentry，华为的 FusionInsight 也是类似的机制。

❑ PBAC（Policy-Based Access Control，基于策略的访问控制）：比如 Hortonworks 用的 Ranger。

2）数据权限是由大数据集群或数据库运维人员管理的，开发人员无法直接操作或者接触，所有的权限申请都需要运维人员开通，造成运维人员负担过重。在实际开发中，一般需要运维人员把整个库的权限授权给某个开发负责人，然后库里面的表、字段、函数的权限管理由开发负责人负责就行。

3）缺乏一套能同时支持多种计算引擎的权限申请、审批、管理系统。本书提出的数据权限管理目标就是构建统一的权限管理系统来支持多种引擎，可以直接在此系统上进行各种引擎的权限申请、审批和管理，无须接触底层引擎的权限管理系统。在适配不同引擎时，仍旧采用插件化的设计思路，针对每种权限管理系统开发一种插件，并支持用户通过二次开发来扩展插件。

数据权限管理中心提供界面化操作。数据申请方直接在页面上进行各种权限的申请，数据管理方在界面上审核权限，执行同意或拒绝操作。同时，所有权限的申请、审批都会有记录，便于进行权限审计。在统一数据权限服务中，会对接底层的各种权限管理系统，例如 Sentry、Ranger、Oracle，同时对数据权限管理中心提供服务，执行权限的申请、授权、撤销等操作。

6.3 实时开发

随着数据的应用场景越来越丰富，企业对于数据价值反馈到业务中的时效性要求也越来越高，很早就有人提出过一个概念：数据的价值在于数据的在线化。实时开发套件是对流计算能力的产品封装。实时计算起源于对数据加工时效性的严苛需求：数据的业务价值随着时间的流逝会迅速降低，因此在数据产生后必须尽快对其进行计算和处理。通常而言，实时计算具备以下三大特点：

- ❑ 实时且无界（unbounded）的数据流：实时计算面对的计算是实时的、流式的，流数据是按照时间发生的顺序被实时计算订阅和消费的。并且，由于数据产生的持续性，数据流将长久且持续地集成到实时计算系统中。
- ❑ 持续且高效的计算：实时计算是一种"事件触发"的计算模式，触发源就是上述的无界流式数据。一旦有新的流数据进入实时计算，实时计算立刻发起并进行一次计算任务，因此整个实时计算是持续进行的高效计算。
- ❑ 流式且实时的数据集成：流数据触发一次实时计算的计

算结果，可以被直接写入目的存储中，例如，将计算后的报表数据直接写入 MySQL 进行报表展示。因此，流数据的计算结果可以类似流式数据一样持续写入目的存储中。

基于 Storm、Spark Streaming、Apache Flink 构建的一站式、高性能实时大数据处理能力，广泛适用于实时 ETL、实时报表、监控预警、在线系统等多种场景。让用户彻底规避繁重的底层流式处理逻辑开发工作，助力企业向实时大数据计算升级转型。实时开发涉及的核心功能点包括元数据管理、SQL 驱动式开发、组件化配置以及多计算引擎。

1. 元数据管理

与流计算搭配的消息中间件中的数据往往是没有格式约束的，导致后面进行实时计算时无法直接将消息流映射为结果化对象来进行 SQL 加工。元数据管理可以将 Topic 中相应的元数据信息统一维护到元数据注册中心，将数据和元数据进行解耦，Topic 中只需要存入数据即可。在进行流计算时，实时开发会根据 Topic 自动寻找对应的元数据信息进而形成 DataStream，以便进行后续的实时计算。实际场景中，巨量的数据加工对存储及网络带宽都会带来一定的压力，选择特殊存储格式和压缩尤为必要。因此，元数据管理还支持配置各种数据存储格式，例如 JSON、AVRO、Protobuf。

2. SQL 驱动

可以将流计算当作动态数据表中的持续查询，同时动态变动的视图也可以看作变动的数据流。鉴于 SQL 的普适性，流计算 SQL 化可以大大节省开发人员的工作量，提高开发效率。将变动的实时数据（如 Kafka 中不断推送的消息）、较少变动的维度表（如 HBase、kudu 表数据、csv 文件、MySQL 表）等加载到流中，注册为临时视图。同时，加工的中间结果也可以注册为视图，这样在视图上就可以做 SQL 化的转换处理，最后写入结果表中。

3. 组件化开发

为了更便捷地开发流计算任务，需要将流计算的输入源、转换逻辑、UDF 函数、结果的持久化等封装为组件。开发人员可以通过拖拽相关组件来进行简单的配置和 SQL 逻辑编写等，将任务具体化为流计算的加工拓扑图，由平台负责任务的调度、解析及运行。

在流计算中，基于窗口的计算往往需要基于时间维度划分计算窗口。而在实际业务场景中，eventTime 的数据来源各式各样，业务时间可能来自某些时间戳、字符类型的字段、多字段中日期与时间的组合，而时间格式也可能不同，因此统一 eventTime 尤为必要。简单选择或组合字段、日期格式后，由流计算平台做统一 eventTime 处理，以利于后续基于窗口的加工计算。

对数据流中的加工数据可以配置延迟告警信息。当数据积压超过阈值时，可发出延迟告警，同时会触发流计算的 backPressure 机制，使输入流的速度变慢，从而不至于使整个流计算任务意外终止。对流计算中各组件的吞吐、流速（读取、加工及写入的速率）等指标做统计分析，能帮助用户更加直观地分析计算瓶颈，进而准确地定位问题并进行优化。

6.4 算法开发

DT 时代的数据具有高维稀疏特征，对算法处理提出了更高的要求。面对百亿样本级别的数据量，传统的数据挖掘在辨识价值信息、挖掘数据关系和数据趋势方面捉襟见肘。此外，DT 时代的业务具有快速迭代、敏捷开发、灵活试错的特性，新的时代特征为数据智能化发展带来了新的挑战，具体表现在如下方面：

❑ 数据处理难度加大

❑ 业务处理要求变高

❑ 烟囱式的开发模型

❑ 散落各地的模型服务

❑ 模型研发环节繁多

❑ 冗余分散的基础设施

❑ 数据处理 / 特征工程

❑ 多角色企业研发团队

因此，一款能支撑多环境、多集群、多形态模型服务化能力的算法开发工具对企业创新业务、实现数据智能化起着至关重要的作用。

算法开发作为一站式的企业级机器学习工具，旨在快速赋予企业构建核心算法服务的能力，它集成了以批计算为核心的离线模型训练功能，以流计算为核心的在线机器学习，以及基于在线查询、即席分析的数据探索和统计分析能力。算法开发套件为算法人员提供可视化建模和 Notebook 建模两种建模方式，集成主流的机器学习、深度学习计算框架和丰富的标准化算法组件能力，在开展数据智能、数据科研、预测分析等方面能够帮助企业快速实现人工智能应用的构建与落地，整体架构如图 6-6 所示。

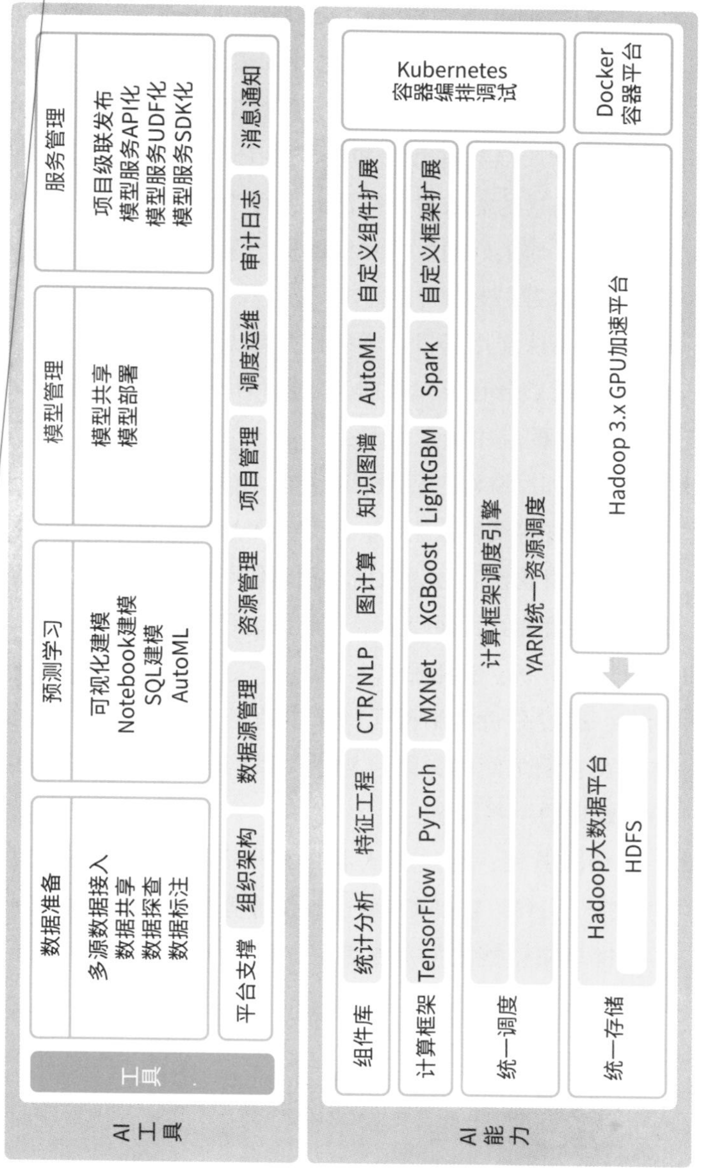

AI工具

工具

平台支撑　组织架构　数据源管理　资源管理　项目管理　调度运维　审计日志　消息通知

数据准备	预测学习	模型管理	服务管理
多源数据接入 数据共享 数据探查 数据标注	可视化建模 Notebook建模 SQL建模 AutoML	模型共享 模型部署	项目级联发布 模型服务API化 模型服务UDF化 模型服务SDK化

AI能力

组件库　统计分析　特征工程　CTR/NLP　图计算　知识图谱　AutoML　自定义组件扩展

计算框架　TensorFlow　PyTorch　MXNet　XGBoost　LightGBM　Spark　自定义框架扩展

统一调度　计算框架调度引擎　YARN统一资源调度　Hadoop 3.x GPU加速平台　Kubernetes 容器编排调试

统一存储　Hadoop大数据平台　HDFS　Docker 容器平台

图 6-6　算法开发套件架构图

面对前台的智能业务需求，传统的数据加工和分析难以满足，作为数据开发的重要工具，算法开发需要满足复杂的学习预测类智能需求，输出算法模型能力，将数据洞察升级为学习预测，驱动业务创新。当数据开发和资产加工无法满足数据挖掘、算法标签生产等场景的需求时，算法开发可为离线开发和实时开发提供算法模型。加工好的数据和标签资产又能被算法开发用于模型训练和学习预测，支持智能需求研发。

不同企业的算法应用场景也不一样，数据的差异性也决定了每个企业的算法效果会有很大差别，数据和特征决定了机器学习的上限。比较常见的应用场景如下：

❏ 金融风控和反欺诈：利用关联分析、标签传播、PageRank和社团发现等图算法组件，构建金融反欺诈核心能力，根据客户本身属性和行为数据识别虚假账号和欺诈行为，增强金融监管能力，保障金融业务稳定和安全。

❏ 文本挖掘分析：利用命名实体识别[⊖]、图挖掘等文本算法能力，通过分析非结构化的文本信息自动识别其中的实体以及它们之间的关系，构建关系网，可以深度分析以前未处理的一些线索。

❏ 广告精准营销：通过深入洞察客户需求、偏好和行为，利用特征分箱、LightGBM、PMI等算法组件构建的机器学习模型来智能挖掘潜在客户，实现可持续的精准营销计划和高质量曝光率，有效提升广告点击率。

⊖ 命名实体识别（Named Entity Recognition，NER）是自然语言处理的一项基本任务，指识别文本中具有特定意义的实体，对于文本信息的后结构化起着关键性作用。

❑ 个性化推荐：利用协同过滤、XGBoost 等推荐场景组件，通过分析海量用户行为数据构建多维用户画像，实现千人千面的推荐，提高转化率。

这些场景的落地通过算法开发工具可以大幅提升效率，当企业缺少算法工程师构建场景时，可以降低企业构建智能化场景的门槛，快速实现企业需求。

6.4.1 可视化建模

可视化建模面向算法工程师和数据分析人员，通过拖曳的可视化交互方式便捷编排算法实验，集数据处理、模型训练和评估、在线预测于一体，帮助开发者实现零代码的开发工作。为达到这一目标，功能设计需要考虑：

❑ 拖曳式实验流：通过可视化拖曳，自由编排数据集、模型以及机器学习/深度学习等算法组件，组成有向无环图。屏蔽了复杂的算法代码开发过程，极大降低了用户进行算法开发或数据分析的门槛，给用户提供"所见即所得"的交互体验，帮助用户在面对智能业务需求时快速响应、快速试错。

❑ 丰富算法组件：提供大量开箱即用的算法组件，支持用户完成数据处理、模型训练、模型评估和预测的实验流程设计和调试，覆盖主流算法应用场景。通过可视化配置算法参数，零基础算法背景的用户也能快速上手，训练出可用的算法模型。同时，对算法模块进行不同的参数设置，能让模型训练过程透明可控，分析结果更准确。

□ 实验周期调度：在实际智能业务场景中，经常需要根据每天产生的最新数据来定时运行实验和训练算法模型。根据不同的需求灵活安排调度实验，需要支持细粒度的调度周期，包含分钟、小时、天、周、月等级别。

□ 告警通知：算法模型训练时间往往较长，设置告警通知可以保证在第一时间得知实验运行和模型训练的结果。提供不同的告警方式（邮件、短信、钉钉等），可自定义告警规则和内容，灵活适配不同的用户习惯。

□ 多角色协同：算法开发是一个团队型工作，需要很多角色共同参与。从底层资源的运维到上层的项目管理，多人多角色分工协作的项目管理模式，可以让算法开发者专注算法建模任务，减轻烦琐的底层资源运维工作，同时保障人员权限隔离和数据安全。

6.4.2　Notebook 建模

Notebook 建模提供了一个集成的 Jupyter 工具，提供专业算法开发环境和主流算法框架，帮助算法工程师快速、轻松地通过代码开发来构建和训练机器学习模型。Notebook 建模环境的构建，需要考虑的功能点如下所示。

□ JupyterLab 在线编程：最主流的专业机器学习环境，轻便快捷，支持开发结果查看。JupyterLab 是一个交互式的开发环境，使用它，用户能够以灵活、集成可拓展的方式处理文档和活动。可开启终端，用于交互式代码运行，支持丰富的输出。它支持代码、Markdown 文档、JSON、

YML、CSV、各种格式的图片、Vega 文件等多种类文件，还支持多种插件，最大程度提升算法开发生产力。

❑ 支持通过 API 方式调用标准算法组件，内置大量优化的机器学习算法，高效处理海量数据，提高开发人员的开发效率。

❑ 支持多语言：包括 Scala、Python、R、Shell 等，同时可进行拓展。

❑ 高可用：支持共享存储，实现数据高可用和数据隔离；支持 Kubernetes 集群，保证服务的高可用和资源隔离。

6.4.3　数据集管理

数据集是算法建模过程不可或缺的原材料。由于企业业务场景的复杂性，算法开发过程需要管理并整合不同来源的数据，同时对数据集进行标注和可视化探查，使数据的使用更高效，简化建模流程。作为统一维护数据集的场所，数据集管理需要考虑的功能点如下所示。

（1）数据接入

支持多种类型的数据，主要可分为结构化数据和非结构化数据。提供多种数据接入方式，包括本地上传数据、HDFS 数据上传、Kafka 数据接入、数据源接入等，可对数据集进行统一管理，并直接在可视化构建实验流时使用。

（2）数据标注

高质量的数据是模型和算法突破瓶颈的关键因素。通常，数据标注越精准，算法模型训练的效果就越好。大部分算法在拥有足够多普通标注数据的情况下，能够将准确率提升到95%，但要从95%提升到99%甚至99.9%，就需要大量高质量的标注数据。通过对人工少量标注的样本进行建模训练，然后用训练出来的模型进行数据预标注，由人工判断标注是否准确，并反馈结果用于优化算法，直到机器标注的准确率达到要求。支持的数据标注类型包括图片、语音、文本、视频等，通过抽检、多重审核机制把控标注结果的准确性，提升数据输出质量。

（3）数据探查

数据探查是算法开发人员建模前必不可少的工作。通过数据探查可快速评判数据集的质量和可用性，并根据数据集展现的特点评估适用的模型范围。在数据探查时，不仅可对数据内容进行预览，还可以搭配丰富的统计分析组件对数据进行可视化展示，直观反映字段级的数据特征。

6.4.4　核心算法组件

为了提高可用性和降低使用门槛，主流机器学习平台都会提供内置的机器学习算法组件，覆盖从数据接入、数据预处理、特征工程、模型训练到评估和导出的完整算法建模过程，辅助用户高效完成复杂的业务建模。主要算法组件如图6-7所示。

（1）数据获取及存储

数据获取及存储组件主要用来从HDFS等存储平台中读取或保存数据和文件，是整个机器学习平台运行的基础。

（2）数据预处理

由于现实中的大多数数据都是不完整、不一致的脏数据，无法直接应用算法，或算法效果不尽人意，因此需要在算法建模和预测之前对数据进行简单处理。此外，机器学习平台往往很难支持全量数据分析，当需要处理或者分析大数据量时就需要借助抽样技术进行样本分析。为了解决上述问题，通常可以采用数据清理、数据集成、数据变换、数据归约以及数据采样等方法。因此数据预处理也是提高数据质量和算法效率的关键因素。常见的组件有随机采样、加权采样、分层采样、拆分、join、归一化、标准化、缺失值填充、类型转换等。

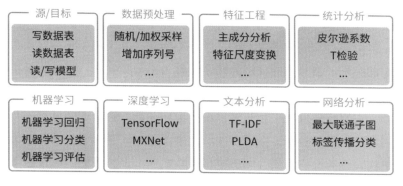

图 6-7　算法组件库一览

（3）特征工程

特征工程是指在算法开发过程中，利用特征选择、特征加工、特征降维等技术手段构建对结果具有显著影响或便于模型处理的特征。利用特征工程相关的组件可以快速构建特征体系、快速选择有效特征，进而大幅提高算法的质量，提升分析效率。常见的组件有主成分分析、特征尺度变换、特征离散、特征异常平滑、奇异值分解、one-hot 编码等。

（4）统计分析

主要用来探索和分析数据特征及其他相关数据的深层统计意义，涵盖相关性分析、分布、参数校验等功能。常见的组件有直方图、协方差、相关系数矩阵、正态检验、皮尔森系数、T 检验、百分位、洛伦兹曲线、经验概率密度图等。

（5）机器学习

机器学习是算法开发的核心模块之一，包含主流分类算法、回归算法和聚类算法，可以满足大多数算法需求。

① 分类

分类是监督学习领域的一个核心问题，分类用于推测输入数据的类别。当分类的类别为两个时称为二分类问题，当分类的类别为多个时称为多分类问题。分类预测在许多领域都有应用，例如，在银行领域用来预测客户是否逾期还款，在新闻领域用来预测新闻所属的类别，在医学领域用来预测病人是否患病等。以预测病人是否患病为例，将历史病人数据作为训练数据，通过数据预处理和特征工程组件将病人的相关体征与信息处理成输入的特征，并将是否患病作为标签列，就可以通过分类组件与机器学习预测组件对后续的病人是否患病进行预测。常见的组件有 GBDT 二分类、线性支持向量机、K 近邻、决策树分类、多层感知机分类、朴素贝叶斯分类、LightGBM 分类、随机森林分类、逻辑回归分类等。

② 回归

回归是监督学习领域的一个重要问题，用于预测输入变量和输出变量之间的关系。按输入变量与输出变量之间的关系类型来分，回归可以分为线性回归和非线性回归。许多领域的问题都可以转化为回归问题，例如股价预测、销量预测、营业额预测、房价预测等。以房价预测为例，将过去一段时间的数据作为训练数据，利用数据预处理和特征工程组件将影响房价的信息处理成输入的特征，并将房价作为标签列，就可以通过回归组件与机器学习预测组件对未来的房价进行预测。常见的组件有 GBDT 回归、随机森林回归、线性回归、LightGBM 回归等。

③ 聚类

聚类是无监督学习领域研究较多的问题，其目的是将数据分为多个簇，使得簇内的样本较为相似、簇与簇之间样本的差距较大。聚类在许多领域都有着广泛的应用，例如在电商领域用于发现兴趣相似的用户，进而给这类用户推荐相似的商品。通过数据预处理和特征工程组件将原始数据处理成输入的特征，就可以通过聚类组件对数据进行聚类。常见的组件有 kmeans、高斯混合聚类等。

（6）深度学习

支持主流的 Tensorflow、MXNet、Caffe、XGBoost、LightGBM 等深度学习框架，利用这些组件可以灵活、高效地构建深度学习应用。

（7）文本分析

主要包括文本相关的特征处理、模型构建等功能，专门用来实现文本分类、关键词抽取、摘要生成等文本相关应用。包括 PLDA、TF-IDF、Word2Vec、Doc2Vec、词频统计、去停用词、分词处理和关键词抽取等。

（8）网络分析

提供了基于图数据结构的分析组件，这些组件一般用于解决包含网状关系的业务场景，例如金融风控、社群发现、最短路径查找等。常见的组件有最大联通子图、标签传播分类、标签传播聚类、Modularity、树深度等。

（9）工具类

工具类组件是解决组件间数据格式不一致，以及满足其他额外数据处理需求的一系列组件，是对现有其他功能组件的补充。常见的组件有自定义 SQL、PySpark、表转文件、文件转表等，涵盖数据预处理、特征工程、机器学习、深度学习、文本处理、图像处理、视频处理、人脸识别、OCR 识别、车牌识别、知识图谱构建与推理等。

6.4.5 多算法框架

机器学习框架涵盖用于分类、回归、聚类、异常检测和数据准备的各种学习方法。深度学习利用多层神经网络被广泛应用到图像、文本、语音等场景中。机器学习 / 深度学习计算框架的出现降低了算法开发入门的门槛，让开发人员可以方便地利用内置的算法 SDK，大大减少算法模型的开发工作量。算法开发工具需要具备以下功能特性。

1. 多算法框架支持

支持主流深度学习、机器学习计算框架，包括 TensorFlow、PyTorch、CNTK、Chainer、PaddlePaddle、Spark、LightGBM、XGBoost、Angel、LightLDA 等。下面简单介绍三种常用的框架：

❑ TensorFlow：TensorFlow 是谷歌研发的用于研究和生产的开源机器学习库，提供了各种 API，可供初学者和专家在桌面、移动、网络和云端环境下进行开发，是目前最常用的深度学习框架。

❑ PyTorch：它是 Facebook 开源的一个深度学习框架，采用动态计算图架构，具有先进的设计理念、完整的生态和接口易用性，也是目前常用的深度学习框架之一。

❑ LightGBM：它是一个梯度 boosting 框架，使用基于学习算法的决策树。它有以下优势：训练速度快、内存占用低、准确率高、支持并行计算。

2.算法框架多版本支持

实现同一个框架不同版本统一运行，可对不同版本进行统一管理。同时支持机器学习 / 深度学习计算框架与大数据平台无缝打通，共享存储和计算资源。

多版本实现要支持两种技术：一是基于 Conda 的环境隔离，可以将不同版本的算法框架打包成不同的 Conda 环境，支持运行时加载，不侵入已有的机器环境；另外一个是基于 Docker 的隔离，将不同版本的算法框架打包成不同的镜像，运行时根据需要加载不同镜像执行，该方案隔离性更好，但会有虚拟化性能的损失。

数据开发是数据中台的核心能力之一，是数据资产内容建设的主战场，是数据价值生产的核心环节。一个成熟的数据中台，具备大批量数据的离线处理、实时流数据处理、非结构化数据处理和数据挖掘等能力。本章介绍了数据计算能力的 4 种类型，包括批计算、流计算、在线查询和即席分析，重点阐述了数据开发过程中的三种开发模式，包括离线开发、实时开发和算法开发。

6.5　中台手记（三）：选一个适合自己的技术平台真的很重要

3 月 12 日　周日　晴　　地点：老北京铜炉火锅店

这一周忙得焦头烂额，年初诸多项目启动，千头万绪，但是心里很清楚，"数据中台战略项目"是大数据事业部今年最重要也最值得去做的工作。

盘点了集团的数据状况之后，心里已经隐隐有了方向，各自为政的数据文化、分散割裂的业务系统、盘根错节的数据应用，不能仅依靠自身的力量，要借助外力来共同推动。合适的供应商伙伴和统一的技术平台工具，是 SL 目前最需要的，也是项目成败的关键因素。

今天周末，天气不错，约上姚冰，一起去爬山，然后在我俩都最爱的那家铜炉火锅店，一边喝点小酒，一边讨论接下来技术伙伴和平台选型的相关细节。

"姚冰，基于你的那份集团数据应用评估报告，当务之急是选择一个好伙伴和一套合适的系统，将集团纷繁复杂的数据汇聚、加工、管理并运营起来。"

对于伙伴的选择，姚冰认为首要条件是能提供有技术实力的大数据平台以及丰富的行业实践经验。这当然是无可厚非的，但是我又补充了一点，这也是一大加分项——具备"指导企业建立数据用起来机制"的一套数据中台建设方法论，譬如组织架构的设计、数据资产的管理与运营、数据安全的构建、数据人才的培养等。这对企业来说意义非凡，它能让企业的数据能力沉淀下来，成为最为宝贵的数据资产，进而成为企业创新源动力的核心引擎。

而对于系统的选择，至少需要具备这 3 个条件：

第一，支持足够丰富的存储形式，不仅仅是结构化的系统数据，还需要支持半结构化的日志和非结构化的视频；

第二，伸缩性足够好，至少能满足集团未来五年的数据增量需求；

第三，有一个良好的生态和足够多的工具支持。

"同时满足这三个条件的，开源的 Hadoop 是符合需求的，其他的系统也可以调研下，一周后汇报……"

话音刚落，姚冰就乐了："刘总，不用一周，最近正在查找相关资料，正如您所言，Hadoop 这套体系确实比较合适。"

目前国内外的商业公司使用大数据主要有两种方式：

第一种是自成体系的封闭系统，从分布式的存储到计算等一系列技术都自成一体，例如大数据技术的开创者 Google；

第二种是和开源的大数据技术生态一起发展，例如 Cloudera、开源项目 Hadoop 的很大一部分代码都是这家公司贡献的。

姚冰更倾向于选择开源生态，因为后续可以有更大的自主掌控权，而且生态周边遇到的问题共性比较多，加上商业公司的支持，未来的可维护性更好，同时生态周边的玩家更多，有大量的工具可以选择。

"不错，那相关的工具选择你有什么看法？"我继续深入。

姚冰娓娓道来："要做到将数据汇聚在一起，并且满足当前各个分散数据仓库的需求，需要的工具主要分为两大类：一类是数据采集交换类，一类是数据开发类。"

对于数据采集交换类的工具，主要有以下几种场景：

❑ 业务系统的数据库数据同步；

❑ 系统日志数据同步；

❑ 非结构化数据同步；

❑ 互联网公开数据爬取。

第一，数据库数据的同步。有很多工具供选择，例如开源的Sqoop、Oracle的收费软件Imformatica、阿里巴巴内部使用并开源的DataX等。

第二，系统日志的同步。开源的工具有Flume、logstash、fluentd等，商业公司的有阿里的loghub，以及日志易的日志采集汇聚等。

第三，非结构化数据同步。这种场景因为情况复杂多样，市面上没有专门的工具，部分功能是和其他功能集成在一起的，例如阿里云的数据同步工具有同步OSS数据到MaxCompute的功能，大多数企业最开始会使用一些基础技术如Lsyncd传输数据。

第四，互联网数据爬取。这方面的商业化工具其实是最多的，开源的有Nutch，已经非常成熟了。

对于数据开发类工具，技术层面主要分为离线或批量数据处理类、实时或流式数据处理类以及算法和人工智能类三大类技术栈。用于离线批量数据处理的工具和用于实时流式数据处理的工具，有的公司是通过一个产品来支持，有的公司分为两个产品；用于算法和人工智能的工具一般是单独一个产品。

市面上可见的数据开发类工具目前主要分为开源和商业化产品两大类，数据同步和数据开发的工具开始融合，作为一个整体进行输出。开源的数据开发类工具有基于 Hadoop 的 HUE、zeppelin、kettle，商业的有 IBM 的 InfoSphere DataStage，Cloudera 的 CDH 和 CDP，国内有阿里的 DataWorks，腾讯的 TBDS，网易的猛犸，数澜的数栖。另外，有些产品的源代码是开源的，但是商业维护是收费的，如 Talend 的 Data Integration。算法类工具开源的有 Jupyter，商业的有阿里云的 PAI、腾讯的智能钛、第四范式的 Sage AI 等。这些工具都能不同程度地兼容 Python、Spark MLlib、TensorFlow、MXNet 等各类算法库和算法框架。

"那你的结论是？"

"我觉得可以尽量选择一些基于开源生态并且兼容性好的商业化工具，这样既能用上大数据技术，而且不会对公司已有的信息系统形成技术入侵，也不会改变原有的技术栈。"

"那就是说，不会再出现以往上新系统，老系统都需要推倒重来的情况了？"这点尤其重要，这意味着公司可以以一个较低的成本和门槛落地数据中台。

"对，这类工具有完美的底层适配能力，完全可以基于公司已有系统进行搭建，而且未来面对特殊的需求时能够很好地扩展，在紧急情况下也能得到专业的服务。"

姚冰说出了自己的判断，与我心中的想法不谋而合。

|第7章| C H A P T E R 7

数据体系建设

　　数据中台建设、管理、应用的核心是数据，那么数据中台中的数据采用的是什么体系结构？使用的是什么建设方法？本章就来对数据体系建设进行说明。

　　随着信息化、互联网、物联网、智能化的发展，数据积累越来越多。都知道数据是企业的资产，但杂乱的数据是无法产生业务价值的。本章将介绍数据的分层，以及每一层的建设规范、建设方法、采用的模型，让读者不仅对中台数据体系有一个总体了解，并且可以在实际工作中利用本章介绍的方法建设自己的数据体系。

7.1　数据体系规划

数据中台是企业数据汇聚地，企业的一切数据都汇聚到数据中台，企业业务所需的数据总能在数据中台找到。但数据中台中的数据并不是简单地堆积，各种系统产生的原始数据堆积在一起导致使用成本非常高，这类数据只能在某些数据技术基础非常好的部门使用，而且会经常出现命名不一、口径不一的问题，从而导致整个企业数据无法真正用起来。数据中台数据体系是在全域原始数据的基础上，进行标准定义及分层建模，数据体系建设最终呈现的结果是一套完整、规范、准确的数据体系，可以方便支撑数据应用。

中台数据体系应具备以下特征：

❑ 覆盖全域数据：数据集中建设，覆盖所有业务过程数据，业务在中台数据体系中总能找到需要的数据。

❑ 结构层次清晰：纵向的数据分层，横向主题域、业务过程划分，让整个层次结构清晰易理解。

❑ 数据准确一致：定义一致性指标、统一命名、统一业务含义、统一计算口径，并有专业团队负责建模，保证数据的准确一致。

❑ 性能提升：统一的规划设计，选用合理的数据模型，清晰地定义并统一规范，并且考虑使用场景，使整体性能更好。

❑ 降低成本：数据体系的建设使得数据能被业务共享，这避免了大量烟囱式的重复建设，节约了计算、存储和人力成本。

❑ 方便易用：易用的总体原则是越往后越能方便地直接使用数据，把一些复杂的处理尽可能前置，必要时做适当的冗余处理。比如在数据的使用中，可以通过维度冗余和事实冗余来提前进行相关处理，以避免使用时才计算，通过公共计算下沉、明细与汇总共存等为业务提供灵活性。统一数据体系的建设让整个企业的业务都有机会使用数据。

为了使数据体系在建设时具备以上特征，需要一个体系化的数据层次架构，这个层次架构定义了数据分层及每一层的模型建设规范。数据体系架构是一套指导规范，实施过程中应严格按照架构执行。下面以某地产公司为例，来分析适合绝大多数企业的数据中台数据体系架构，如图 7-1 所示。

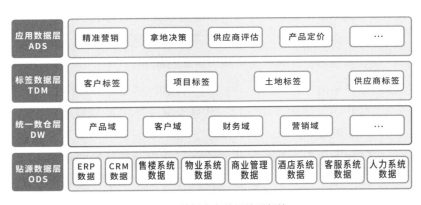

图 7-1　数据中台数据体系架构

图 7-1 中涉及了以下四个数据分层：

❑ 贴源数据层 ODS（Operational Data Store，又称操作数据

层）：对各业务系统数据进行采集、汇聚，尽可能保留原始业务流程数据，与业务系统基本保持一致，仅做简单整合、非结构化数据结构化处理或者增加标识数据日期描述信息，不做深度清洗加工。

- 统一数仓层 DW（Data Warehouse）：又细分为明细数据层 DWD（Data Warehouse Detail）和汇总数据层 DWS（Data Warehouse Summary），与传统数据仓库功能基本一致，对全历史业务过程数据进行建模存储。对来源于业务系统的数据进行重新组织。业务系统是按照业务流程方便操作的方式来组织数据的，而统一数仓层从业务易理解的视角来重新组织，定义一致的指标、维度，各业务板块、业务域按照统一规范独立建设，从而形成统一规范的标准业务数据体系。

- 标签数据层 TDM（Tag Data Model）：面向对象建模，对跨业务板块、跨数据域的特定对象数据进行整合，通过 ID-Mapping 把各个业务板块、各个业务过程中的同一对象的数据打通，形成对象的全域标签体系，方便深度分析、挖掘、应用。

- 应用数据层 ADS（Application Data Store）：按照业务的需要从统一数仓层、标签数据层抽取数据，并面向业务的特殊需要加工业务特定数据，以满足业务及性能需求，向特定应用组装应用数据。

另外，建设过程中数据的读取也有严格的规范要求。按照规范，贴源数据层直接从业务系统或日志系统中获取数据。贴源数据层的数据只被统一数仓层使用，统一数仓层数据只被标签层和应用层使用。贴源数据层、统一数仓层只保存历史数据以及被标签层、应用层引用，不直接支撑业务，所有业务使用的数据均来源于标签层和应用层。

在实际建设过程中，由于业务使用数据都非常紧急以及统一数仓层建设跟不上业务的需要，所以标签层、应用层也可以直接引用贴源数据层数据，这种不规范操作有可能导致出现数据口径不一致的情况。待统一数仓层建设完毕，要切换回统一数仓层来支撑标签层或者应用层。

由于贴源数据层仅做业务数据的同步与存储，应用数据层面向特定业务组装数据，这两层没有太多的建模规范，故只做简单介绍。下面会重点介绍统一数仓层与标签数据层的建设，尤其是标签数据层，因为它是更能体现大数据能力的一层。

7.2 贴源数据层建设——全域数据统一存储

贴源数据层会对企业各业务系统数据进行汇聚整合，保留企业全量业务原始数据，并作为统一数仓层建设的数据源。贴源数据层数据不仅是业务数据库中产生的数据，跟企业相关的所有数据都应该汇聚到贴源数据层，包括业务系统数据、业务运行的日志数据、机器运转产生的日志数据、网络爬虫或者其他方式获取的外部数据。

7.2.1 相关概念

贴源数据层也称操作数据层，是数据体系架构中最接近数据源的一层，是全企业业务数据的集中存储处，除了对非结构化数据进行结构化处理以及对相同数据进行整合外，并不对业务数据做过多的清洗加工，尽可能保留数据的原始状态。贴源数据层建设的目标就是把企业的全域原始数据都汇聚到数据中台，从而能在数据中台查询到所有的企业数据，为后面的统一数仓层、标签数据层、应用数据层建设做准备。

　　数据中台的贴源数据层数据获取方式与传统数仓的 ETL（Extract-Transform-Load）过程类似，但也有不同。传统数仓的 ETL 过程是在抽取（Extract）和装载（Load）的过程中进行清洗转换（Transform）操作，装载到数仓的是被清洗转换后的数据。这样的方式如果转换规则复杂，就会导致在 ETL 过程中消耗大量的计算资源，另外如果转换有错误，由于没有保留原始数据，则会导致在数仓层面无法追溯问题。进入大数据时代，由于存储成本降低和数据量增大，导致 ETL 过程中的复杂处理非常耗时，因此建议采用 ELT（Extract-Load-Transform）方式，即将所有原始数据都抽取到数据中台的贴源数据层，在数据中台内部再利用大数据底层平台的计算能力进行转换操作。这样既可让数据的抽取过程尽可能简单，又保留了所有的原始数据，以便于问题的追溯，还能充分利用大数据的计算能力。图 7-2 所示为数据中台数据抽取并进行转换的过程。

　　虽然也把贴源数据层称为 ODS 层，但是它与 ODS 系统还是有所区别的。贴源数据层仅做多源数据的汇聚、整合，并不具备传统意义上的 ODS 系统的功能，ODS 系统的数据交换、实时性、报表等功能需要通过数据中台其他功能模块实现。

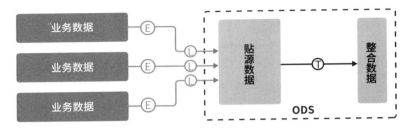

图 7-2　数据中台数据抽取转换过程

按照数据结构类型的不同，贴源数据可以分为三类：

❑ 结构化数据：主要是关系型数据库中的数据，直接从业务系统 DB 抽取到贴源数据层。

❑ 半结构化数据：一般是纯文本数据，以各种日志数据为主，半结构化数据保留贴源数据的同时也做结构化处理，为后续使用做准备。

❑ 非结构化数据：主要是图片、音频、视频，一般保留在文件系统中，由于这类数据量一般比较庞大，而且没有太多挖掘分析价值，所以贴源数据层不保留原始文件，只保留对原始数据文件的描述，比如地址、名称、类型、分辨率等。

7.2.2　贴源数据表设计

贴源数据层中的数据表与对应的业务系统数据表原则上保持一致，数据结构上几乎不做修改，所以参考业务系统数据表结构来设计贴源数据层表结构即可，结构设计上没有太多的规范要求。考虑到业务系统数据的多样性，贴源数据层数据表的设计要遵循一定的规范。

贴源数据层数据表设计规范如下：

❑ 贴源数据层表的命名采用前缀 + 业务系统表名的方式。比如，ODS_ 系统简称 _ 业务系统表名，这样既可以最大限度保持与业务系统命名一致，又可以有清晰的层次，还可以区分来源。

❑ 贴源数据层表的字段名与业务系统字段名保持一致，在 ODS 层不做字段命名归一。字段类型也尽可能保持一致，如果数据中台没有与业务系统对应的数据类型则用一个可以兼容的数据类型。比如，**业务系统的数据类型是 float，数据中台的存储系统没有 float 类型，则可以用 double 代替。**

❑ 对于一些数据量较大的业务数据表，如果采用增量同步的方式，则要同时建立增量表和全量表，增量表利用后缀标识。比如，ODS_ 系统简称 _ 业务系统表名 _delta，**汇聚到增量表的数据通过数据加工任务合并生成全量表数据。**

❑ 对于日志、文件等半结构化数据，不仅要存储原始数据，为了方便后续的使用还要对数据做结构化处理，并存储结构化之后的数据。原始数据可以按行存储在文本类型的大字段中，然后再通过解析任务把数据解析到结构化数据表中。

通过以上建设规范，可保障企业所有业务数据按照一致的存储方式存储到数据中台。

7.2.3 贴源数据表实现

贴源数据层一般采用数据同步工具实现数据的同步落地。具体的实现步骤如下：

1）确定业务系统源表与贴源数据层目标表；

2）配置数据字段映射关系，目标表可能会增加采集日期、分区、原系统标识等必要信息，业务相关内容不做转换；

3）如果是增量同步或者有条件地同步部分数据，则配置数据同步条件；

4）清理目标表对应数据；

5）启动同步任务，往贴源数据层目标表导入数据；

6）验证任务是否可以正确运行，并且采集到准确数据；

7）发布采集任务，加入生产调度，并配置相关限速、容错、质量监控、告警机制。

7.3 统一数仓层建设——标准化的数据底座

贴源数据层只对企业各个来源的数据做汇聚、整合，并没有做过多的加工处理，数据基本还是原始结构。且业务系统更多是按照流程组织数据，为保证流程的完整、方便，没有按照业务的本质来组织数据，贴源数据并不方便业务理解，更不适合做分析、挖掘。

统一数仓层站在业务的视角，不考虑业务系统流程，从业务完整性的角度重新组织数据。统一数仓层的目标是建设一套覆盖全域、全历史的企业数据体系，利用这套数据体系可以还原企业任意时刻的业务运转状态。只要能达到这个目标，利用范式建模、维度建模、实体建模中任意一种建模方法都是可以的，这里主要介绍维度建模，因为它更适合大数据时代数据量巨大的特点。

维度建模是实现统一数仓层建设目标的一种推荐建模方式，它用事实表、维度表来组织数据，这种技术已经有近 30 年的历史，经过大量案例考验，证明这套简单的模型技术满足建模需求。维度建模具备以下特点：

❑ 模型简单易理解：仅有维度、事实两种类型数据，站在业务的角度组织数据。

❑ 性能好：维度建模使用的是可预测的标准框架，允许数据库系统和最终用户通过查询工具在数据方面生成强大的假设条件，这些数据主要在表现和性能方面起作用。

❑ 可扩展性好：具有非常好的可扩展性，以便容纳不可预知的新数据源和新的设计决策。可以在不改变模型粒度的情况下，很方便地增加新的分析维度和事实，不需要重载数据，也不需要为了适应新的改变而重新编码。良好的可扩展性意味着以前的所有应用都可以继续运行，并不会产生不同的结果。

❑ 数据冗余：由于在构建事实表星型模式之前需要进行大量的数据预处理，因此会导致大量的数据处理工作。而且，当业务发生变化，需要重新进行维度的定义时，往往需要重新进行维度数据的预处理。而在这些预处理过程中，往往会导致大量的数据冗余。

大数据时代，数据是资产，数据应该在业务中发挥更大作用，而易理解、易用、性能好、扩展性好的模型技术能让数据更方便参与业务。随着技术的发展，存储、计算成本的降低，经常会以存储换取性能和易用性。综上考虑，笔者推荐使用维度建模。

7.3.1 相关概念

统一数仓层建设过程以维度建模为理论基础，构建总线矩阵，划分业务板块，定义数据域、业务过程、维度、原子指标、修饰类型、修饰词、时间周期、派生指标，进而确定维度表、事实表的模型设计。统一数仓层建设过程如图 7-3 所示。

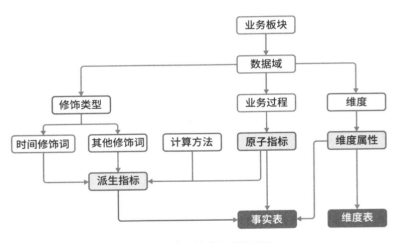

图 7-3　统一数仓层建设过程

另外，准确定义术语非常关键，有时候描述不清楚复杂流程和场景的根本原因是没有厘清其中的一些概念。本节介绍维度建模设计的核心概念，后续的建模工作都是围绕这些概念展开的，了解这些概念有助于理解整个模型技术。

- ❑ 业务板块：根据业务的属性划分出的相对独立的业务板块，业务板块是一种大的划分，各业务板块中的业务重叠度极低，数据独立建设，比如地产板块、金融板块、医疗板块等。

- ❑ 模型设计：以建模理论为基础，基于维度建模总线架构，构建一致性的维度和事实，同时设计出一套表命名规范。

- ❑ 数据域：数据域是统一数仓层的顶层划分，是一个较高层次的数据归类标准，是对企业业务过程进行抽象、提炼、组合的集合，面向业务分析，一个数据域对应一个宏观分析领域，比如采购域、供应链域、HR 域等。数据域是抽象、提炼出来的，并且不轻易变动，既能涵盖当前所有业务需求，又能在新业务进入时无影响地将其分配到已有的数据域中，只有当所有分类都不合适时才会扩展新的数据域。数据域是有效归纳、组织业务过程的方式，同时方便定位指标 / 度量。

- ❑ 业务过程：业务过程是一种企业的业务活动事件，且是企业经营过程中不可拆分的行为事件，比如下订单、银行转账、账号注册都是业务过程。业务过程产生度量，并且会被转换为最终的事实表中的事实。业务过程一般与事实表一一对应，也有一对多或者多对一的特殊情况，比如累计快照事实表就会把多个业务过程产生的事实在一张表中表达。

- ❑ 修饰词：修饰词指除统计维度以外的对指标进行限定抽

象的业务场景词语，修饰词隶属于一个修饰类型。比如，在日志域的访问终端类型下，有修饰词 PC、无线端。修饰类型的出现是为了方便管理、使用修饰词。

- 原子指标：原子指标是针对某一业务事件行为的度量，是一种不可拆分的指标，具有明确业务含义，比如支付金额。原子指标有确定的字段名称、数据类型、算法说明、所属数据域和业务过程。原子指标名称一般采用"动作 + 度量"方式命名，比如支付金额、注册用户数。

- 派生指标：派生指标可以理解为对原子指标业务统计范围的圈定，比如最近 1 天北京买家支付金额（"最近 1 天"是时间周期，"北京"是修饰词，修饰词"买家"是维度）。派生指标 =1 个原子指标 + 多个修饰词 + 时间修饰词。

- 计算方法：指标的数学计算方式，比如汇总、平均、最大、最小等。

- 维度表：维度是观察事物的角度，提供某一业务过程事件所涉及的用于过滤及分类事实的描述性属性，用于描述与"谁、什么、哪里、何时、为什么、如何"（5W1H）有关的事件。比如"早上小王在小卖部花费 5 元钱购买了一个面包"，以购买为业务过程进行分析，可从这段信息中提取三个维度，即时间维度（早上）、地点维度（小卖部）和商品维度（面包）。维度表是统一设计的，在整个数据仓库中共享，所有数据域、业务过程都需要用到维度，都可以在公共维度表中获取相关维度属性。

- 事实表：事实是观察事物得到的事实数据，事实涉及来自业务过程事件的度量，基本都是以数量值表示，比如一次购买行为就可以理解为是一个事实，5 元就是事实信息。在确定数据域与业务过程后，就可以根据业务过程涉及的维度、度量及粒度，设计相关的事实表。事实表不跨数据域，根据需要，一个事实表可能对应同数据域下一个或者多个业务过程。事实表又分为明细事实表和汇总事实表。明细事实表记录事务层面的事实，保存的是原子数据，数据的粒度通常是每个事务一条记录，明细事实表数据被插入，数据就不再进行更改，其更新方式为增量更新。汇总事实表是把明细事实聚合形成的事实表，包括以具有规律性的、可预见的时间间隔来记录事实的周期快照事实表和以不确定的周期来记录事实的累计快照事实表。

□ 粒度：粒度是指统一数仓层数据的细化或综合程度，对各事实表行实际代表的内容给出明确的说明，用于确定某一事实表中的行表示什么。确定维度或者事实之前必须声明粒度，因为每个维度和事实都必须与定义的粒度保持一致。原子粒度是最低级别的粒度，是对业务过程最详细的刻画，原子粒度事实必须保留。

□ 一致性指标定义：指标归属到具体数据域，定义指标的含义、命名、类型、计算方法，确保指标的全局一致性。

7.3.2　数据域划分

数据域是指面向业务或数据进行本质分析，归纳总结出来的数据集合。为保障整个体系的生命力，数据域需要抽象提炼，并且长期维护和更新，但不轻易变动。在划分数据域时，既能涵盖当前所有的业务需求，又能在新业务进入时无影响地将其插进已有的数据域中或者扩展新的数据域。具体数据域划分过程如下：

第一阶段：数据调研。

- ❑ 业务调研：确定项目要涵盖的业务领域和业务线，以及各个业务线可以细分成哪几个业务模块，各业务模块具体的业务流程是怎样的，通过跟业务专家访谈或进行资料文档收集，梳理主要业务流程、业务边界、专业术语等。

- ❑ 数据调研：调研全部数据目录信息，梳理数据流与业务过程关联关系。

第二阶段：业务分类。

- ❑ 业务过程提取：根据调研结果抽取出全部业务过程。

- ❑ 业务过程拆分：将组合型的业务过程拆分成一个个不可分割的行为事件，如下单、支付、收货、退款。

- ❑ 业务过程分类：按照业务分类规则，将相似特征的业务过程分为一类，且每一个业务过程只能唯一归属于一类。

第三阶段：数据域定义。

- ❑ 业务分类确认：对业务分类结果再次确认，避免分类范围中出现业务特征明显与其他业务过程无关的情况。

- ❑ 数据域定义：根据业务分类的规律总结出划分业务范围的标准定义。

- ❑ 数据域命名：为每个数据域起一个专属名称，并附上英文全称和简称。

第四阶段：总线矩阵构建。

❑ 关系梳理：明确每个数据域下有哪些业务过程，并梳理出业务过程与哪些维度相关。

❑ 矩阵构建：定义一张二维矩阵，将数据域下的业务过程与维度信息如实记录下来。

数据域和业务过程示例如图 7-4 所示。

会员域	业务过程:会员的注册、登录、退出、冻结、注销等业务过程
商品域	业务过程:商品的发布、上架、下架、属性变更操作等业务过程
日志域	业务过程:商品曝光、浏览、收藏、点击、滑动、按压、搜索等业务过程
交易域	业务过程:下单、支付、发货、确认收货、退货等业务过程
积分域	业务过程:积分的获取、消费、汇入、失效等业务过程
活动域	业务过程:活动设置、发布、开始、结束、预警等业务过程
互动域	业务过程:评论、回复、关注、订阅、取消关注等业务过程

图 7-4　数据域划分示例

7.3.3　指标设计

指标就是在企业业务运转过程中产生的度量事实，一致性指标设计是为了在企业内外部使指标的命名、计算方法、业务理解达到一致，避免不同部门同一个指标的数据对不上或者对同一个指标的数据理解不一致。

一致性指标的定义为，描述原子指标、修饰词、时间周期和派生指标的含义、类型、命名、算法，被用于模型设计，是建模的基础。派生指标的生成过程如图 7-5 所示。

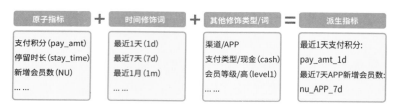

图 7-5　派生指标生成过程示例

　　一致性指标设计是事实表模型设计的来源，有了一致性的指标定义，在设计事实表模型时引用定义好的一致性指标，可达到指标的一致性与标志性。

7.3.4　维度表设计

　　维度是维度建模的基础和灵魂，维度表设计得好坏直接决定了维度建模的好坏。维度表包含了事实表所记录的业务过程度量的上下文和环境，它们除了记录 5W 等信息外，通常还包含了很多描述属性字段。每个维度表都包含单一的主键列。维度设计的核心是确定维度属性，维度属性是查询约束条件（SQL where 条件）、分组（SQL group 语句）与报表标签生成的基本来源。维度表通常有多列或者说多个属性。维度表通常比较宽，是扁平型非规范表，包含大量细粒度的文本属性。实际应用中，包含几十甚至上百个属性的维度并不少见。维度表应该尽可能包括一些有意义的文字性描述，以方便下游用户使用。维度属性尽可能丰富。维度属性设计中会有一些反规范化设计，把相关维度的属性也合并到主维度属性中，达到易用、少关联的效果。

　　维度表设计主要包括选择维度、确定主维表、梳理关联维表、定义维度属性等过程。

1）选择维度：维度作为维度建模的核心，在企业级数据仓库中必须保证维度的唯一性。维度一般用于查询约束条件、分组、排序的关键属性，维度既可以从报表需求中分析获取，也可以从与业务人员的交谈中发现。

2）确定主维表：主维表一般直接从业务系统同步而来，是分析事实时所需环境描述的最基础、最频繁的维度属性集合。比如用户维表从业务系统的用户基本信息表中产出。

3）梳理关联维表：数据仓库是业务源系统的数据整合，不同业务系统或者同一业务系统中的表间存在关联性。根据对业务的梳理，确定哪些表和主维表存在关联关系，并选择其中的某些表用于生成维度属性。如商品与类目、SPU、卖家、店铺等维度存在关联关系。

4）定义维度属性：从主维表或关联维表中选择维度属性或生成新的维度属性，过程中尽量生成更丰富、更通用的维度属性，并维护和描述维度属性的层次及关联关系。如商品维表，商品属于类目，类目属于行业。

7.3.5　事实表设计

事实表是统一数仓层建设的主要产出物，统一数仓层绝大部分表都是事实表。一般来说事实表由两部分组成：一部分是由主键和外键组成的键值部分，另一部分是用来描述业务过程的事实度量。事实表的键值部分确定了事实表的粒度，事实表通过粒度和事实度量来描述业务过程。事实表的外键总是对应某个维度表的主键，实际建设和试用过程中，为了提升事实表的易用性和性能，不仅会存储维度主键，还会把关键的维度属性存储在实施表中。这样事实表就包含表达粒度的键值部分、事实度量及退化的维度属性。一切数据应用和分析都是围绕事实表来展开的，稳定的数据模型能大幅提高数据复用性。

在 Kimball 的维度建模理论中主要定义了事务事实表、周期快照事实表、累积快照事实表三种类型的事实表。

- ❑ 事务事实表：事务事实表描述业务过程事务层面的事实，每条记录代表一个事务事件，保留事务事件活动的原始内容。事务事实表中的数据在事务事件发生后记录，一般记录后数据就不再进行更改，其更新方式为增量更新。事务事实表相对其他事实表保存的数据粒度更细，可以通过事务事实表对事务行为进行详细分析。

- ❑ 周期快照事实表：周期快照事实表以具有规律性、可预见的时间间隔产生快照来记录事实，每行代表某个时间周期的一条记录，记录的事实是时间周期内的聚集事实值或状态度量。周期快照事实表的内容一般在所表达的时间周期结束后才会产生，一般记录后数据就不再更改，其更新方式为增量更新。周期快照事实表一般是建立在事务事实表之上的聚集，维度比事务事实表少，粒度比事务事实表粗，但是由于对事实进行了多种形式的加工从而产生了新的事实，故一般事实会比事务事实表多。

- ❑ 累计快照事实表：累积快照事实表覆盖一个事务从开始到结束之间所有的关键事件，覆盖事务的整个生命周期，通常具有多个日期字段来记录关键事件时间点。周期快速事实表涉及的多个事件中任意一个的产生都要做记录，由于周期快照事实表涉及的多个事件的首次加载和后续更新时间是不确定的，因此在首次加载后允许对记录进行更新，一般采用全量刷新的方式更新。

累计快照事实表一般用于追踪某个业务的全生命周期及状态转换，比如交易业务，涉及下单、支付、发货、确认收货，这些相关事件在不同的事务事实表中，通过事务事实表很难看到不同事件之间的转化及状态变化，通过累计快照事实表可把相关事件串起来放在一条记录中，这样就很容易解决了。

不管哪种类型的事实表，设计方法都类似，事实表设计可以遵循以下步骤：

第一步：确定业务过程。

企业业务是由一个个业务过程组成的，事实表就是为了记录这些业务过程产生的事实，以便还原任意时刻的业务运转状态。所以设计事实表，第一步就是确定实施所要表达的是哪一个或者几个业务过程。笔者理解业务过程是企业活动事件，比如注册、登录、下单、投诉等都是业务过程，最基本的是每一个业务过程对应一张事实表，这样最容易理解。但是实际开发过程中，业务过程和事实表会存在多对多的关系。

第二步：定义粒度。

不管事实表对应一个还是多个业务过程，粒度必须是确定的，每个事实表都有且只能有唯一的粒度，粒度是事实表的每一行所表示的业务含义，是事实的细节级别。在实际设计过程中，粒度与主键等价，粒度更偏向业务，而主键是站在技术角度说的。虽然粒度在最终的事实表中很难被体现，但是定义粒度是必不可少的步骤，这样可避免整个事实表的业务含义模糊。

第三步：确定维度。

定义粒度之后，事实表每一行的业务含义就确定了。那么业务人员会站在哪些角度来描述事实度量？这就要确定维度了，常见的维度有时间、区域、客户、产品、员工等。维度依附于粒度，是粒度的环境描述。

第四步：确定事实。

事实就是事实表度量的内容，也就是业务过程产生的事实度量的计算结果，比如注册量、登录次数、交易金额、退款量等。事实表的所有事实度量都与事实表所表达的业务过程相关，所有事实必须满足第二步所定义的粒度。

第五步：冗余维度属性。

事实表的设计要综合考虑数据来源和使用需求，在满足业务事实记录的同时也要满足使用的便利性和性能要求。大数据时代，事实表记录数动辄亿级，甚至数十亿、数百亿，维表也有可能达到亿级甚至更多。利用标准维度模型会经常出现维表与事实表关联的情况，这种对亿级表的关联计算，在性能上是灾难性的。为了满足业务需求，降低资源消耗，建议适当冗余维度属性数据到事实表，直接利用事实表就可以完成绝大部分业务的使用需求，这样下游使用时可减少大表关联，提升效率。所以大数据时代，适当进行维度冗余是可取的。

注意：维度属性冗余与模型的稳定性是有矛盾的，因为维度的属性是有可能改变的，如果属性已经冗余到事实表中，那么维度属性就与事实一起被记录到事实表中。如果后续维度属性值改变，由于事实表已经生成，事实表的内容基本不会再做改变，这样就会出现已记录的维度属性与真实的维度属性不一致，导致数据错误的情况。属性的冗余是一种优化建议，冗余带来的收益与弊端要综合考虑。

7.3.6 模型落地实现

经过以上数据域的划分、指标的定义、维表设计、事实表设计，就完成了整个统一数仓层的设计工作。接下来要在数据开发平台结合数据平台工具，进行统一数仓层的物理层面的建设。模型结构与内容已经确定，仅仅需要代码和运维层面的实施。

落地实施的具体步骤如下：

1）按照命名规范创建表，包括维表和事实表；

2）开发生成维表和事实表的数据的逻辑代码；

3）进行代码逻辑测试，验证数据加工逻辑的正确性；

4）代码发布，加入生产调度，并配置相应的质量监控和报警机制；

5）持续任务运维监控。

7.4 标签数据层建设——数据价值魅力所在

统一数仓层是按照数仓的维度规范建模，对业务数据进行了重新组织标准化。但是同一个对象的各种信息分散在不同的数据域并且有不同的数据粒度。比如客户数据，基本信息在客户域按照客户粒度组织，交易信息在交易域按照订单粒度组织，社交信息在社交域按照关系对粒度组织，这导致很难了解一个客户的全面信息，要通过各种关联计算才能满足业务的需要，数据使用成本较高。而获取、分析客户的全面数据，是多个业务的共同需求，这可以通过建设标签数据层来满足。大数据的典型应用基本都是通过建立标签体系来支撑的，大数据的核心价值和魅力通过标签数据的多样应用得到充分体现。

7.4.1 相关概念

标签数据层是面向对象建模，把一个对象各种标识打通归一，把跨业务板块、数据域的对象数据在同一个粒度基础上组织起来打到对象上。标签数据层建设，一方面让数据变得可阅读、易理解，方便业务使用；另一方面通过标签类目体系将标签组织排布，以一种适用性更好的组织方式来匹配未来变化的业务场景需求。

标签归属到一个对象，标签按照产生和计算方式不同可分为属性标签、统计标签、算法标签。对象本身的性质就是属性标签。对象在业务过程事件中产生原子指标，原子指标与修饰词、计算方法可以组装出统计标签。对象在多个业务过程的规律特征通过一定的计算方法可以计算出算法标签。另外对象在特定的业务过程会与其他对象关联，关联对象的属性也可以作为标签打在主对象上。对象的属性标签、统计标签、算法标签与对象标签类目、对象标识组装起来就生成对象标签表。对于对象标签表来说一切都是标签，并没有严格的维度与事实的区分，笔者称对象标签表为标签融合表。

图 7-6 所示为标签融合表的建设过程，其中涉及很多名词，

业务过程、原子指标、修饰类型、修饰词、计算方法等在统一数
仓层已经做了介绍，这里主要介绍新出现的对象、对象标识、标
签、标签类目、属性标签、统计标签、算法标签、标签融合表等
名词。

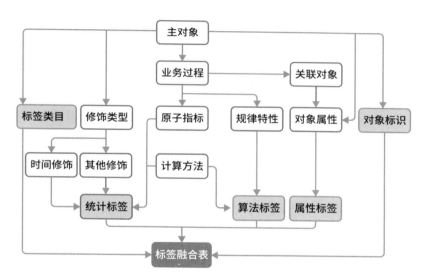

图 7-6　标签融合表建设过程

- □ 对象：是客观世界中研究目标的抽象，可以是现实存在
  的，也可以是虚拟的，是具备独立特征的个体，比如自
  然人、产品、账户等。
- □ 对象标识：对象的标识符用以标识一个对象，一般是各
  种 ID，比如手机号、身份证、登录账号。
- □ 标签：利用原始数据，通过一定的加工逻辑产出，能够
  为业务所直接使用的可阅读、易理解、有业务价值的

数据。

☐ 标签类目：是标签的分类组织方式，是标签信息的一种结构化描述，目的是管理、查找标签，一般采用多级类目。

☐ 属性标签：属性是对实体基本性质的刻画，属性的变化非常缓慢，有些甚至永远固定，属性是一类实体区别于另一类实体的差异所在。属性标签是根据人类对实体的长期认知得出的，比如性别、年龄、体重。

☐ 统计标签：统计标签是特定场景下，维度和度量的组合。构建出实体所在场景的维度、度量矩阵，就可以根据经验和实际业务需要组装统计标签，比如日均登录次数、最近 30 天交易额。

☐ 算法标签：算法标签是不可以直接获取的，需要通过复杂逻辑分析推理得出，是通过分析对象在多个场景下发生多个事件的规律性得出的相关结论，比如信用指数、购买能力、品牌偏好。

☐ 标签融合表：以对象为核心把属性标签、统计标签、算法标签组装起来得到的表，是标签数据层落地的产出物。标签融合表设计要考虑标签的类目结构进行合理组织。

7.4.2　确定对象

进行标签建设，首先要清楚对哪类对象建设标签，也就是确定对象。对象是客观世界中研究目标的抽象，有实体的对象，也有虚拟的对象。在企业经营过程中可以抽象出非常多的对象，这些对象在不同业务场景下交叉产生联系，是企业的重要资产，需要全面刻画了解。

经过对多个行业、多个标签体系建设经验的总结，可把对象分为"人""物""关系"三大类。其中"人"包括自然人、自然人群体、法人、法人群体等，例如消费者、消费者协会、电商企业、电商企业联合会，这类是可以主动发起行为的主体。"物"包括物品、物体、物品集合等，例如商品、仓库等，是行为中的被施与对象。关系指的是人、物、人和物、人和人、物和物在某时某刻发生的某种行为、关联、关系，包括行为关系、归属关系、思维关系等各种强弱关系，例如购物、运货、聊天、监管等。因此可以采用这种对象识别方法，将现实世界中的一切事物、关系通过这种方式一一对应到相应的对象分类中。

三种对象是不一样的，"人"往往具有主动性和智慧，能主动参与社会活动，主动发挥推动作用，往往是关系的发出者。"物"往往是被动的，包括原料、设备、建筑物、简单操作的工具或功能集合等，是关系的接收者。当常规意义上的设备具有了充分的人工智能，变成了机器人，那么它就属于"人"这一类对象。"人"和"物"是实体类的对象，即看得到、摸得着的对象，而"关系"属于一种虚拟对象，是对两两实物实体间的联系的定义。因为关系很重要，企业大多数情况下反而是在对关系进行定义、反复发生、记录、分析、优化，因此需要"关系"这种对象存在，对关系进行属性描述和研究。关系按照产生的动因不同，又分为事实关系和归属关系，事实关系会产生可量化的事实度量，归属关系只是一种归属属性。

明确了对象的定义和分类，就可以根据业务的需要确定要对哪些对象建立标签体系。企业的对象非常多，不会对所有对象都建立标签体系，一般都是选择典型的对象建立标签体系，比如客户、员工、产品、设备等。一种对象标签体系的建设并不会影响另一种对象标签体系的建设，可以根据资源和业务紧急度，合理安排标签体系建设的前后关系。

7.4.3 对象 ID 打通

在确认对象后，由于存在同一个对象在多个不同业务中的标识 ID 不同的情况，因此需要将同一个具体对象的不同 ID 标识打通，以便所有业务数据都能在该对象上打通，完成对该对象的全面数据的刻画。比如一个自然人，他本身由身份证进行唯一识别，但是他看病时用的是医保账号进行挂号缴费；缴纳水电煤费用时，又有不同的水表账号、电表账号、天然气账号；购买了手机又有手机的设备账号；上网购物会有电商账号，上网聊天会有聊天应用账号……通过不同账号，又记录了各自账号下的大量行为记录，如果需要对一个对象进行全面的数据收集、完整刻画、辨别真伪，就需要将多方数据进行融合打通。要完成对象的 ID 打通，一般会给每个对象设置一个超级 ID，比如 SUPER-ID 作为唯一识别该对象的标识码，业务系统中不同的对象标识 ID 都通过一定的算法规则与这个 SUPER-ID 打通，进而完成对象所有业务标识 ID 的打通。

ID 打通，首先必须有 ID-ID 之间的两两映射打通关系，通过 ID-ID 之间两两映射关系表，将多种 ID 之间的关联打通。比如手机号、身份证号码可以打通，手机号、邮箱账号可以打通，这样通过手机号就可以把身份证号码和邮箱账号也打通了。完全孤立的 ID 是无法进行打通的。通过 ID-ID 间的两两映射，打通整个 ID 关系，看似简单，实则计算复杂，计算量非常大。想象一下，假如某种对象有数亿个个体，每个个体又有数十种不同的 ID 标识，任意两种 ID 之间都可能有打通关系，想要完成这类对象的所有个体 ID 打通需要数亿亿次的计算，一般的机器甚至大数据集群都无法完成。大数据领域中的 ID-Mapping 技术就是用机器学习算法来取代野蛮计算，解决对象数据打通的问题。基于输入的 ID 关系对，利用机器学习算法做稳定性和收敛性计算，输出关系稳定的 ID 关系对，并生成一个 SUPER-ID 作为唯一识别该对象的标识码。

另外要说明的是，通过算法打通对象的不同 ID 标识，两两 ID 之间的打通关系有一定的误差，通过置信度来描述这个误差，置信度越高则误差越小，反之则越大。不同业务根据业务自身的需要，选择不同的置信度，比如要做财务统计，就要 100% 置信度才行，但是如果是做营销推广，可能 80% 的置信度就可以了。

一般来说，ID 打通是标签体系建设的前提，没有 ID 打通就无法收集到一个对象的全面信息，也就无法对这个对象进行全面标签化刻画。

7.4.4 标签类目设计

企业业务需要使用的标签项一般都会非常之多，当标签项超过 50 个时，业务人员要使用或查找标签就开始变得麻烦，管理标签也会变得困难。因此笔者借鉴了图书管理学中的经典方法：海量图书需要有专门的图书分类体系对书本进行编号并按照编号分柜排放，阅读者在查阅图书时只需要按编号索引即可快速找到自己所需图书，图书管理员也可以方便、有效地理清所有图书状况。笔者也通过建立对象标签类目体系来对对象的标签进行分类管理。

构建标签类目体系首先需要确定根目录。根目录就是上文提到的对象，因此有三大类根目录：人、物、关系。根目录就像树根一样直接确定这是一棵什么树。如果根目录是人，即这个标签类目体系就是人的标签类目体系，每个根目录都有一个识别列来唯一识别具体对象。人这种大类下包括自然人和企业法人两种亚根，同时自然人群体或企业法人群体也可以认为属于人的对象范畴内，也是亚根。自然人实例可以有消费者（人）、员工（人）、加盟商（人）等，因此可以形成消费者（人）的标签类目体系、员工（人）的标签类目体系、加盟商（人）的标签类目体系。同样法人也可以细分为实体公司（人）、营销公司（人）、运输公司（人）等。自然人群体可以细分为消费者协会（人）、卖家联盟（人）、直播圈（人）等。法人群体可以细分为电商协会（人）、国际品牌公司联盟（人）等。从最大的"人"根目录、到"自然人/法人/自然人群体/法人群体"亚根，再到实例"用户/员工/加盟商"，都属于根目录的范畴。

根据类似的方式，也可以将物细分为"物品""物体""物品集合""物体集合"等亚类，各亚类下也可以细分根；关系也可以细分"关系记录""关系集合"。电商行业中的物品可以细分为"商品"或"服务"等，进而构建商品标签类目体系、服务标签类目体系。各亚根示例在图 7-7 所示虚框中的下半部分，上半部分为标签示例。

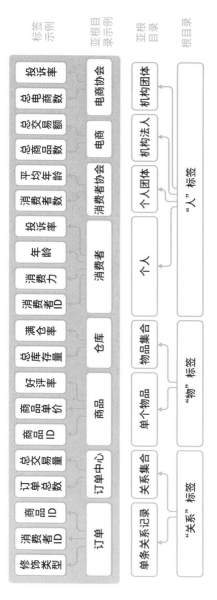

图 7-7　标签对象示例

对根目录展开，可以构建多级类目结构：针对"人""物""关系"的标签集都可以分别构建出多级的标签类目体系。

标签类目体系是对业务所需标签采用类目体系的方法进行设计、归属、分类。类目体系本身是对某一类目标物进行分类、架构组织，分类通常使用一级类目、二级类目、三级类目等作为分类名，将 item 分入合适的类目中，每个具体的 item 都是叶节点。某大型互联网集团构建的商品类目体系，是对海量商品进行行业类目梳理的经典成功案例，其对所售商品先进行一级分类，分为美妆、女装、母婴、数码、鞋包等；美妆一级分类下有基础护理、彩妆、美发、美体等二级分类；基础护理二级分类下又细分为卸妆、洁面、化妆水、乳液面霜等三级分类，卸妆三级分类下再下挂具体的卸妆油、卸妆液等具体商家商品。

根目录下可以设置类目结构，类目结构可以用树状结构来比拟，根上长出的第一级分支，称为一级类目；从第一级分支中长出的第二级分支，称为二级类目；从第二级分支中长出的第三级分支，称为三级类目。一般类目结构设为三级分层结构即可。没有下一级分类的类目叫叶类目，挂在叶类目上的具体叶子就是标签。没有上一级类目的叫一级类目，有下一级类目的类目则该级类目是下一级类目的父类目，有上一级类目的类目则该级类目是上一级类目的子类目，如图 7-8 所示。

类目体系的层级构建尽量以用户最容易理解的分类方式展开，因为类目体系存在的核心意义即为帮用户快速查找、管理数据 / 标签。

数据类目体系建议按照数据采集、存储、管理等系统原有的业务体系进行划分，因为对于数据开发者或数据库管理员来说，按照数据产生、存储等技术方式组织的数据查找方式是最容易理解的，这样划分可以让他们在合适的类目下快速找到所需数据。

图 7-8　类目树状结构

标签类目体系则建议按照数据理解、使用、价值等数据应用的角度进行划分，因为标签类目体系的作用是供业务方、产品经理等数据使用者理解、查找、探索业务上所需指标，这是体现数据价值的地方，而这样的划分方式对业务方、产品经理等非技术人员是非常友好的。

没有完全严格、统一的类目体系结构来满足所有客户业务场景的需求，不变的原则是需要按照客户真实业务需求来构建类目结构。

图 7-9 所示为某银行构建的客户标签类目体系，其中客户是根目录，会由 custom_id 来进行唯一识别，根目录下有"基本特

征""资产特征""行为特征""偏好特征""价值特征""风险特征"
"营销特征"等一级类目。"基本特征"一级类目下又分"ID信
息""人口统计""地址信息""职业信息"等二级类目。"地址信息"
二级类目下再细分为"账单地址""家庭地址""工作地址""手机
地址"等三级类目。"账单地址"三级类目下挂有"账单详细地
址""账单地址邮编""账单地址所在省"等标签。

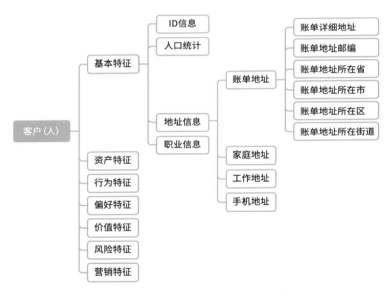

图 7-9 某银行客户标签类目体系示例

将以上各项内容,即人的标签类目体系、物的标签类目体
系、关系的标签类目体系汇总后,可以得到一家企业的标签类
目体系结构图。以一家服务企业的标签类目体系为例,汇总后
包含加盟商(人)的标签类目体系、员工(人)的标签类目体

系、消费者（人）的标签类目体系、门店（物）的标签类目体系、仓库（物）的标签类目体系、商品（物）的标签类目体系、交易记录（关系）的标签类目体系、库存记录（关系）的标签类目体系、要货记录（关系）的标签类目体系、销量趋势（关系）的标签类目体系、库存预警（关系）的标签类目体系、订货辅助（关系）的标签类目体系。人 / 物标签类目体系中的标签除了人 / 物基本固有属性信息外，也包括各种关系中转化而来的标签。关系的标签类目体系中，包括从业务流程中抽象出的关系，也包括从新建的数据应用或数据业务中抽象出的关系，如图 7-10 所示。

图 7-10　某服装企业标签对象

通常说的标签体系，一般是指一类对象的标签类目 + 标签。对象标签体系设计的核心是标签类目设计，标签类目设计完成，整个标签体系的框架就有了，接下来要做的就是往每个叶类目下填充有业务价值并且可以加工出来的标签，进而完成整个标签体系的设计。标签类目体系也与标签实现的物理存储相关，这一点会在 7.4.6 节介绍。

7.4.5 标签设计

通过标签类目设计，已经有了某类对象的标签体系框架，只是还没有具体的标签内容。标签设计就是设计合适的标签并将其挂载到标签类目。前面介绍标签按照产生和计算方式的不同可以分为属性标签、统计标签、算法标签，每一类标签深挖下去，都可以有无数个。这里探讨什么样的标签才是需要的、有什么原则以及注意事项。

标签本质上是一种对客观世界中实体对象的度量或描述，是经过缜密的逻辑分析和处理后的产物，用以引导发挥数据应用价值。数据必须转化成能帮助业务提升的标签才具有价值，否则就是数据负累。因此大数据业内一直尝试探索的最核心环节就是数据的商业变现，或者叫数据到商机价值之间的桥梁通道建设。

标签即业务需求的数据呈现，商业价值核心承载在标签上，再配以相应的工程化能力，将标签快速、稳定、便捷地输送到业务以供使用，即完成了数据服务过程。

将数据提炼转化为标签的过程就叫标签化，也就是标签设计过程。一个好的标签设计，等于已经完成了好的数据服务 50% 的工作，标签设计考验的是理解、抽象、提炼、提升业务场景的数据能力。标签设计要充分考虑两大前提条件，如图 7-11 所示。

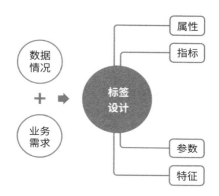

图 7-11　标签设计的两大前提

1）标签必须是业务上需要的，能体现业务价值，帮助业务人员做出业务判断或者能创造性的地唤醒新业务场景的数据项，在业务中往往会称其为属性、特征、指标、参数等。

2）必须要探查清楚根据业务需求提炼、整理出的标签是否具有数据可行性，是否有原始数据可以用于加工成标签，不能天马行空，没有落地点。

在分析业务需求，设计出初始业务所需标签的基础上，要进行数据可行性分析，剔除没有数据支撑的标签，这是一个筛减调整的过程。数据可行性的判断需要了解数据源有哪些，了解数据普查信息及数据字典信息，充分利用数据设计丰富的标签以保障标签的落地可行性。

了解了标签设计的两个前提条件，就可以着手设计满足条件的标签了。标签的设计是业务需求与经验结合的结晶，是一个漫长的持续迭代的过程，没有一个具体的步骤可以快速构建。提到标签，有一些容易混淆的概念，比如标签类目和标签、标签与标签值。标签设计的内容不仅包括标签名，还要有归属标签类目、计算逻辑、取值范围、安全等级等。另外标签设计也有一些必须关注的事项。厘清标签设计容易混淆的一些概念、设计所包含的内容及注意事项，有助于设计出更规范化、体系化、可扩展的标签体系。

1. 标签根目录、标签类目、标签和标签值

标签根目录指的是标签的对象，往往是一种较为模糊、宽泛、简单的名词或动词，例如购房者、旅游酒店、报修。按照之前提到的大数据思维，世上的一切事物都可以归类为人、物、场景三类对象，因此一个用来指向某个对象的词（名词指向人、物，动词指向场景）都不应该是标签，往往是根目录。在物理层面可以和某张大宽表中的主键对应，这张大宽表是对该主键对象的详细刻画和数据记录。

对对象的拆分及对象的角度、层面或过程，一般是类目，例如基本信息、地理位置、社交关系、功能效用、从属关系、准备、过程、结果等，也往往由名词构成。在物理层面可以和某张具体表对应，多张这样的具体表按照共同的主键关联在一起就可以形成该主键对象的大宽表。

对对象具体属性、特征、信息、内容的字段级刻画，是标签，例如购房者姓名、购房者电话、旅游酒店地址、报修工单号、报修时间，往往由前后两个名词构成，前一次名词作为定语修饰后一个名词。在物理层面可以和某张具体表中的字段对应，因此最近 1 天报修工单量、最近 3 天报修工单量、最近 7 天报修工单量，这些时间维度不同、统计方式和统计对象相同的标签，

属于 3 个标签，因为它的底层由 3 个字段一一对应。

对对象属性、特征、信息、内容的具体取值，是标签值，例如张三、李四是购房者名称这个标签的标签值，男、女是性别这个标签的标签值，往往由形容词、名词、数字组成。在物理层面可以和某张具体表中的字段值字典对应，标签值有些是可枚举的离散值，有些是不可枚举的连续值。要特别注意的是，往常习惯给别人打标签、贴标签的动作，其实不是在设计标签，而是在设计标签值。例如对某个人的定义"女、20～30 岁、白领、活泼开朗"，分别是性别、年龄段、职业、性格标签的具体标签值。

在标签设计实际过程中，经常会碰到的问题是，同一个标签是否能够多挂，即一个标签是否会属于多个叶子类目。在标签体系方法论中，没有严格规定允许还是不允许多挂，方法论的最核心思维是必须结合企业自身需要来设计组织标签类目体系。因此一家企业如果按照自身需要用严格不冗余的做法来组织安排标签分类的话，就不能多挂。如果企业没有严格要求，为了最大限度帮助业务同事用数据的方式理解事物，或在所需场景中找到所需数据，或根据现有数据激发新场景思考设计，则在必要时可以多挂，但这并不意味着所有可以多挂的标签都要多挂，因为那样会引起冗余问题。一般情况下，如果是个别标签具备多种类目归属，是可以多挂的；但是如果是一整片大批量标签都有多重属性，建议单独成立一个类目。总而言之，视企业具体情况而定，做好平衡即可。

2. 标签设计内容

标签的标签，即元标签的设计内容主要包括标签类目、标签名、标签加工类型、标签逻辑、值字典、取值类型、示例、更新周期、安全等级、表名、字段名、负责人、完成时间等。其中"标签类目、标签名、标签加工类型、标签逻辑、值字典、取值类型、示例、更新周期、安全等级"偏向业务方向，主要登记与业务所需相关的指标；"表名、字段名、负责人、完成时间"偏向技术方向，主要登记的技术开发实施过程相关的指标。标签设计文档的截图如 7-12 所示。

3.标签设计注意事项

1）某具体对象某标签的标签值，只允许有一条记录，即对应在数据表里，是一个字段取值。例如人的某个标签的标签值，在用户表里就一个值一条记录，不存在多条记录，人有"性别"这个标签，每个人的"性别"取值就一个，要么男，要么女，要么未知，不存在男、女两条取值记录。

性别标签容易理解，再举一个复杂一些的例子——"同住时长"标签。该标签可能是人的标签，也有可能是同住关系的标签。如果"同住时长"是人的标签，那么标签取值类型应该是 K-V 型，记录的是历次同住人同住时长，标签值如"张三：2 年；李四：1 年"。不允许出现两条标签取值的记录，如"2 年"和"1 年"，因为标签和标签之间是相互独立的，不存在一个标签必须依赖另一个标签才能使用的情况，因此不能说"同住时长"必须和"同住人"标签联合起来用。从这里也可以看出标签处理和 SQL 处理的区别。当然如果"同住时长"是同住关系的标签，那么每一次的同住关系记录，就会有一个"同住时长"的标签，这时候同住时长可以是数值型的标签。

一级分类	二级分类	三级分类	标签名	标签逻辑	值字典	取值类型
企业关系	合作关系	已有合作企业	合作企业名称	和某企业存在已有合作关系的企业名称	企业名称，如：杭州数澜科技有限公司	文本型
			合作企业数量	历史最近一个月/15天/7天合作企业数量	数值，单位（家）	数值型
			合作类型	已有合作关系类型	1：上游合作（采购）；2：下游合作（销售）；3：联合合作	离散性
			合作密切度	模型计算得到的已有合作关系的密切程度	0-100	数值型
			合作企业综合信用评分	已有合作关系的企业综合信用评分	0-100	数值型
			合作次数	历史最近一个月/15天/7天合作次数总和	数值，单位（次）	数值型
			合作金额	历史最近一个月/15天/7天合作金额综合	数值，单位（元）	数值型
			合作商品种类	历史最近一个月/15天/7天交易商品种类数	数值，单位（种）	数值型
			合作商品总量	历史最近一个月/15天/7天交易商品总数量	数值，单位（个）	数值型
		潜在合作企业	潜在合作企业类型	模型计算和某企业潜在存在合作关系的企业名称	企业名称，如：杭州数澜科技有限公司	文本型
			潜在合作推荐度	模型计算潜在存在合作关系的类型	1：上游合作（采购）；2：下游合作（销售）；3：联合合作	离散性
			潜在合作推荐次数	模型计算的潜在推荐程度	0-100	数值型
			已有竞争企业名称	历史数据推荐次数	0-100	数值型
	竞争关系	已有竞争企业	已有竞争企业数量	和某企业存在直接竞争关系的企业名称，直接竞争：同时出现在同一家客户的供应商中	企业名称，如：杭州数澜科技有限公司	文本型
			已有竞争企业相似度	历史最近一个月/15天竞争企业总数量	数值，单位（家）	数值型
			已有竞争企业行业排名	模型计算得到的竞争企业和该企业的相似度	0-100	数值型
			直接竞争激烈程度	竞争企业在该行业内的综合能力得分排名	数值	数值型
		潜在竞争企业	潜在竞争企业名称	模型计算得到行业内竞争在该行业中的直接竞争激烈程度评分	0-100	数值型
			潜在竞争企业数量	模型计算得到和某企业在竞争关系中存在潜在竞争关系的企业名称，潜在竞争：同一组分析品类	企业名称，如：杭州数澜科技有限公司	文本型
			潜在竞争企业相似度	模型计算得到潜在竞争企业和企业的相似度	0-100	数值型
			潜在竞争企业行业排名	潜在竞争企业和该企业的相似度	数值	数值型
			潜在竞争激烈程度	潜在竞争企业在该行业内的综合能力分得分排名	0-100	数值型
			子公司名称	模型计算得到某企业的竞争在竞争激烈度中的竞争激烈程度评分	0-100	数值型
	关联关系	子公司	子公司数量	某企业下辖子公司名称	企业名称，如：杭州数澜科技有限公司	文本型
			子公司密切度	模型计算得到子公司数量	数值，单位（家）	数值型
			子公司桥接结点	某企业与子公司关系的密切程度	0-100	数值型
		母公司	母公司名称	某企业所属某关联关系公司名称或关系部门	企业名称，如：杭州数澜科技有限公司	文本型
			母公司密切度	模型计算得到的某企业与母公司的密切程度	0-100	数值型
			母公司桥接结点	某企业与母公司间关联人或关系部门	关联人名名称或关系部门	文本型
		兄弟公司	兄弟公司名称	某企业的兄弟公司名称	企业名称，如：杭州数澜科技有限公司	文本型
			兄弟公司密切度	模型计算得到的某企业与兄弟公司的密切程度	0-100	数值型
			兄弟公司桥接结点	某企业与兄弟公司间关联人或关系部门	关联人名或关系部门	文本型

图 7-12　标签设计文档截图

2）对于人－物－关系各对象标签间的转化，大家可能会认为身份证号、证件号是"用户"的标签，但实际上身份证号、证件号是"物"的标签，要变成"用户"标签，需要转化成"拥有的身份证号"这个标签。同时，由于一个人可能拥有多个证件（身份证、护照、军官证、驾驶证等），因此"拥有的各证件号"就需要是 K-V 型，通过 key 来识别证件类型，其标签值应为"身份证：330110********0001；护照：110*******001"，而不能直接存证件号码，否则通过"拥有的证件号"取到的号码数值没法区分是什么证件的号码。当然还有一种处理方式是拆成多个标签，如"拥有的护照号""拥有的军官证号""拥有的驾驶证号"。

从以上实例中可以发现，不管是物的标签还是关系的标签，都可以按需转化成人的标签，同理也可以实现其他对象类型间的标签转化。

经过以上原则方法，可以设计出符合企业业务需要的标签体系。由于企业的业务在不断变化，数据在不断变化，业务对标签的诉求以及标签的加工方式也在不断变化。所以标签体系建设不是一蹴而就的，而应是一个动态调整的过程。不断更新迭代标签体系，才能更好地支撑业务，更能体现数据价值。

7.4.6　标签融合表设计

对象的标签体系是对象有价值数据的全域标签，跨业务板块、跨主题，包括属性标签、统计标签、算法标签，比如性别、到达次数、消费额、品牌偏好都是标签。特定对象的标签体系是面向对象组织数据，对于标签表来说并没有维度和事实的区分，所以标签表又称为标签融合表。那么在大数据平台中标签融合表该如何设计呢?

一般标签融合表有两种组织方式:

1)纵表:类似 K-V 表,每行表示对象的一个标签,通常的表结构如下:

ID	标签名	标签值

2)横表:就是普通的二维表,每行表示一个对象,包含对象的多个标签,表结构如下:

ID	标签 1	标签 2	标签 3	...

通过以上表结构,对纵表和横表做个对比:

1)模型稳定性:纵表模型比较稳定,要增加新的标签时增加记录即可而无须修改模型结构;横表模型不稳定,只要增加或者修改标签元数据,都会涉及模型的修改。

2)易用性:横表就是普通的二维表,比较容易理解,另外现在市面上大部分数据处理技术都是面向二维表的,横表易用性较高。纵表类似 K-V 表,只适合做单值的查询,对于复杂计算都不方便,易用性较差。

3)性能:纵表每增加一个标签,就要所有对象都增加一条记录,假如有 1 亿个对象,每个对象有 1000 个标签,那么用纵表将是有 1000 亿条记录的标签表,这个数据量对于任何一个平台来说处理都是非常难的。而横表增加标签仅增加列,不管有多少标签,行数都是跟对象数相同的,性能相对较好。

大数据时代,用户或者设备动辄数以亿计,性能是不得不考虑的因素,而且方便易用的数据服务是数据中台建设的主要目标，模型的不稳定可以通过平台技术来屏蔽。推荐使用横表的方式设计标签融合表，以满足性能和易用性的要求。

横表作为标签融合表落地的设计方式，标签数据该如何组装呢？是用一张表还是多张表？由于标签众多，一般不会用一张标签融合表来存储所有标签，而是通过多张融合表来存储标签。融合表与标签类目对应，尽可能把相同类目的信息挂载在同一张表中，图 7-13 所示为标签类目与融合表的对应关系。另外要考虑标签数量的均衡性，不要有些表有数百个标签，有些表只有几个标签。标签融合表中的标签数量尽量均衡，如果某个类目下标签太多，考虑在下一级类目建表。在考虑了标签类目、标签数的均衡性的基础上，再结合标签本身，就完成了标签融合表的设计。

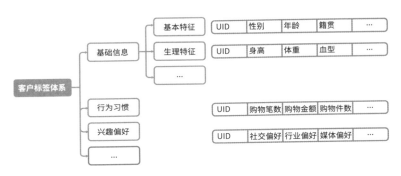

图 7-13　标签类目与融合表对应关系

注：如果一张融合表中大部分标签的产出时间较早，某个标签产出时间特别晚，也要考虑要不要把产出晚的标签移出该表或者做特殊处理。

7.4.7　标签融合表实现

经过对象的确定、对象 ID 打通、标签类目设计、标签设计、标签融合表设计，就完成了标签数据层一个对象的模型设计工作。标签融合表的实现就是利用数据中台的数据开发能力开发代码，加工设计好的标签融合表数据。标签融合表开发实施与统一数仓层类似，在数据中台的开发平台进行代码和运维的实施。

落地实施的具体步骤如下：

1）按照设计和命名规范创建标签表。

2）开发生成标签数据的逻辑代码。

3）进行代码逻辑测试，验证数据加工逻辑是否正确。

4）代码发布，加入生产调度，并配置相应的质量监控和报警机制。

5）持续进行任务运维监控。

7.5　应用数据层建设——灵活支撑业务需求

统一数仓层和标签数据层数据相对稳定，然而最终用户的需求和使用方式是千变万化的，统一数仓层和标签数据层无法灵活适应各类用户的使用需求。另外最终用户使用数据也需要灵活性和高性能，而这与规范是矛盾的，因为按规范进行建设就会把数据按照各种域、业务过程、维度、粒度等拆分，使用的时候需要各种连接，这样就无法满足对灵活、高性能的要求。为了解决规范稳定与灵活、高性能之间的矛盾，要增加应用数据层。

7.5.1　相关概念

应用数据层是按照业务使用的需要，组织已经加工好的数据以及一些面向业务的特定个性化指标加工，以满足最终业务应用的场景。应用数据层一般也是采用维度建模的方法，但是为了满足业务的个性需求以及性能的要求，会有一些反规范化的操作，所以应用数据层并没有非常规范的建设标准。

应用数据层类似于传统的数据集市，但是比数据集市更轻量化、更灵活，用于解决特定的业务问题。应用数据层整体而言是构建在统一数仓层与标签数据层之上的简单数据组装层，不像数据集市那样要为某个特定的业务独立构建，应用数据层的构建和完善是从企业级多个类似业务场景来考虑的，同时它又具备数据集市灵活响应业务需求的特点。

7.5.2 应用数据表设计

应用数据层是在统一数仓层、标签数据层都已经建设好的基础上，面向特定业务需求而准备的个性数据组装层，除了特殊的业务个性标签需要单独加工外，其他尽可能复用统一数仓层和标签数据层的建设成果。

应用数据层的建设是强业务驱动的，业务部门需要参与到应用数据层的建设中来。推荐的工作方式是，业务部门的业务专家把业务需求告知数据部门的数据工程师，然后在建模过程中深入沟通，这样最终形成的应用数据层的表设计才能既满足业务需求又符合整体的规范。因此应用数据层的特点就是考虑使用场景，其有以下几种结构：

1）应用场景是多维的即席分析，一般为了减少连接、提升性能，会采用大宽表的形式组织。

2）如果是特定指标的查询，可以采用 K-V 表形式组织，涉及此类表的时候需要深入了解具体的查询场景，例如是否有模糊查询，以便于选择最适合的数据结构。

3）有些场景下一次要查询多种信息，也可能会用复杂数据结构组织。

7.5.3　应用数据表实现

应用数据层建设步骤如下：

1）调研业务应用对数据内容、使用方式、性能的要求，需要明确业务应用需要哪些数据，数据是怎么交互的，对于请求的响应速度和吞吐量等有什么期望。这个时候需要参与沟通的可能不仅仅是业务部门的业务专家，业务系统的研发人员也需要参与讨论。

2）盘点现有统一数仓层、标签数据层数据是否满足业务数据需求，如果满足则直接跳到第 3 步；如果有个性化指标需求，统一数仓层、标签数据层数据无法满足，则进行个性化数据加工。

3）组装应用层数据。组装考虑性能和使用方式，比如应用层是多维的自由聚合分析，那就把统一数仓层、标签数据层以及个性化加工的指标组装成大宽表；如果是特定指标的查询，可以考虑组装成 K-V 结构数据。

7.5.4　应用数据场景化支撑

随着数据技术的发展，数据应用场景已经不限于做 BI 分析出报表，而是在更广的业务领域发挥价值，比如根据客户兴趣做推荐、根据客户的历史行为做搜索优化，也有可能快速获取客户信息服务业务。这些不同的使用场景，对数据的组织方式和底层的存储计算技术的要求是不同的，应用层的模型设计要考虑业务需要和技术环境。

应用数据层加工的结果数据集，要根据不同的使用场景，同步到不同的存储介质，以达到业务对不同吞吐量和响应时间的需要，如图 7-14 所示。

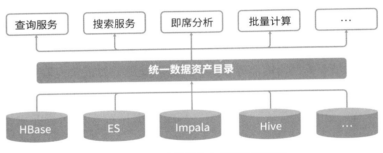

图 7-14　一套数据多套存储计算环境

比如交叉分析和特定指标查询，所有数据都是数据工程师、算法工程师在数据平台中加工而成的，一般采用分布式离线加工，加工的结果存放在分布式文件中。但是交叉分析和指标查询都需要毫秒级的快速响应，大数据存储层计算环境无法满足这样的低延迟要求，这就需要把加工好的数据同步到可以满足的环境介质中。这里交叉分析一般同步到具备高吞吐、低延迟的即席分析环境，比如 Greenplum、Impala；指标查询一般同步到 K-V 数据库，比如 HBase。这样就达到一套数据多套存储，以满足业务对于性能的要求。

　　本章用简短的篇幅，结合笔者自身的体会介绍了数据中台最核心的数据内容体系结构和相应的建设方法。本章只是概要介绍，关于模型建设的详细步骤方法，请参考 Ralph Kimball 和 Margy Ross 的《数据仓库工具集》或阿里巴巴的《大数据之路》等书。

7.6　中台手记（四）：即将开启的数据淘金之旅

　　7 月 16 日　　周一　　晴　　地点：集团大会议室

赵伟

　　今天天气很闷热，窗外的知了在声声地叫着夏天。

　　时间过得真快，好在数据中台项目正在按计划全速推进中：

　　4 月，经过多轮招标，集团选择了业内小有名气的数据中台服务商作为项目合作伙伴。

　　5 月，率先从商业地产切入，开始部署数据中台基础平台产品。

6月，技术平台部署完成，接下来进入最重要的数据资产建设阶段。

今天，由大数据事业部牵头，还特意召开了一个项目阶段验收会，一方面对于数据平台部署上线进行项目验收；另一方面，也是最重要，让部门另一位数据专家赵伟向现场十多位业务相关负责人汇报下一阶段数据资产建设工作的思考和规划，希望能在内部达成进一步的思想共识。

赵伟，国内某知名大学的信息管理专业高材生，刚来集团半年，曾经在顶尖企业做过数据分析师、咨询总监等工作，现在负责新成立的大数据事业部的数据管理团队。

和姚冰不同，赵伟永远都是冷静而理性的，泰山压顶而不形于色，这也是我非常欣赏他的地方。

"要打破组织墙和数据岛，不仅仅是上一个技术平台，最重要的是要基于平台，建设集团的数据体系，形成一个统一的规范，而保障规范可执行落地的方法，还需要有相关的组织、流程和工具支持。

"数据中台强调数据的持续可用，为了保障这一点，需要构建一个统一的数据体系，包括数据仓库各层的建设，尤其关注统一数仓层的建设。同时数据中台方案还强调数据模型的建设和标签体系建设，这两个方面其实也是保证数据持续可用的重要环节。因此在数据体系的建设过程中，资源轻重缓急的安排，是有一定的步骤和方法的。"

赵伟还举了个例子："以集团的商业地产业务为例，其关键数据需求之一是对到访某个商场的客户进行画像分析和洞察，如果以这个业务需求作为数据资产建设的业务价值的出发点，则需要通过以下几个步骤来展开资产建设工作。"

（按照他的介绍）第一步，需要设计一套满足此需求的客户标签，如图 7-15 所示。

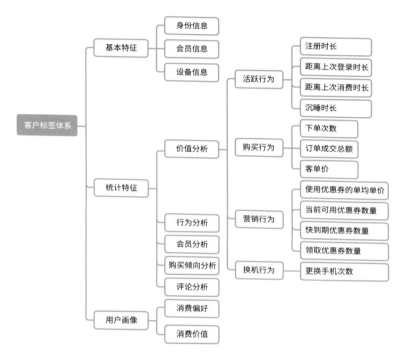

图 7-15 客户标签体系

第二步，调研商业地产中客户数据的来源，一类是交易数据，一般包含的字段如图 7-16 所示；一类是评价类数据，如图 7-17 所示。

同时，如果能将集团内部各业务线的数据拉通，那将会获得更丰富的客户画像，譬如商业与住宅地产的用户数据打通，那将可以从不同的角度得到用户更丰富的信息，这对后续的个性化推荐和智能服务是很有帮助的。

```
order_id INT UNSIGNED NOT NULL AUTO_INCREMENT COMMENT '订单ID',
order_sn BIGINT UNSIGNED NOT NULL COMMENT '订单编号 yyyymmddnnnnnnnn',
customer_id INT UNSIGNED NOT NULL COMMENT '下单人ID',
province SMALLINT NOT NULL COMMENT '省',
city SMALLINT NOT NULL COMMENT '市',
district SMALLINT NOT NULL COMMENT '区',
address VARCHAR(100) NOT NULL COMMENT '地址',
payment_method TINYINT NOT NULL COMMENT '支付方式:1现金,2余额,3网银,4支付宝,5微
信',
order_money DECIMAL(8,2) NOT NULL COMMENT '订单金额',
district_money DECIMAL(8,2) NOT NULL DEFAULT 0.00 COMMENT '优惠金额',
shipping_money DECIMAL(8,2) NOT NULL DEFAULT 0.00 COMMENT '运费金额',
payment_money DECIMAL(8,2) NOT NULL DEFAULT 0.00 COMMENT '支付金额',
create_time TIMESTAMP NOT NULL DEFAULT CURRENT_TIMESTAMP COMMENT '下单时间',
pay_time DATETIME COMMENT '支付时间',
order_status TINYINT NOT NULL DEFAULT 0 COMMENT '订单状态',
order_point INT UNSIGNED NOT NULL DEFAULT 0 COMMENT '订单积分',
invoice_time VARCHAR(100) COMMENT '发票抬头',
modified_time TIMESTAMP NOT NULL DEFAULT CURRENT_TIMESTAMP ON UPDATE
CURRENT_TIMESTAMP COMMENT '最后修改时间',
```

图 7-16　交易数据字段示例

"住宅版块的用户数据是绝对不能随便开放的!"住宅地产的掌门人林总打断了赵伟的分享。

数据共享问题是项目落地过程中打破组织墙必然会面临的问题,因此在会上一定要把原则性态度表达出来。

于是我立刻接过他们的话说:"数据是咱们业务部门的生命线,这点我很理解,不过数据要融通汇聚才能获得更大的价值,而数据共享是必要前提。"

"试想一下,如果你曾在 SL 特色小镇度过假,当你再走进 SL 售楼处时,置业顾问马上会识别出是文旅的客户,并为你提供个性化的购房推荐;如果你租过 SL 的长租公寓,踏进 SL 商场时,服务人员会微笑地告诉你,作为优质客户,今天你消费将获得额外的优

惠……在 SL 进驻的 40 多个国内城市，不远的将来，会给客户提供这样的平台和场景。希望所有在 SL 业务场景里消费的客户，消费得更舒心、更满意，而这一切，都需要建立在多业态数据打通、整合，并匹配利用的基础之上……"

图 7-17 评价数据示例

"今年集团已经启动了全面数据化转型和大数据战略，全集团数据的融通汇聚是大趋势，类似数据共享的问题，数据中台战略小组会专门组织会议与各部门商讨，打消各部门各业务线的顾虑，希望大家能多多理解和支持……"

会议室又恢复了平静，赵伟的汇报继续。

经过前期的数据采集，下一步就是数据资产的构建了，PPT 上出现了一张图，如图 7-18 所示。

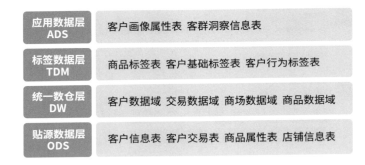

图 7-18　SL 集团商业地产数据体系架构

"经过数据采集，形成了商业地产板块的数据体系；然后，通过调研客户的到访，交易、停车等业务过程并进行分析，将数据仓库统一数仓层划分为客户数据域、交易数据域、商场数据域和商品数据域，这部分数据会随着业务需求的增加而日渐丰富，到后期就可以达到高度复用的理想状况。"

在统一数仓层之上的，是由其加工而来的数据标签层和数据应用层，譬如加工成对客户特征进行完整描述的数据结构，最终这些数据能直接输出给具体的应用，如客户画像、客群洞察……

赵伟的汇报逻辑清晰，案例翔实，很有说服力。现场十多位业务部门负责人对数据中台的项目很认可。很欣喜，遇到了赵伟这位如此得力的干将。

第 8 章 | CHAPTER 8

数据资产管理

　　随着大数据时代的到来，人们已经认识到数据是一种无形的宝贵资产。谷歌、Facebook、阿里巴巴、腾讯等企业的市值能够高达数千亿美元，除了其独特的商业模式和市场地位，市场还格外看重其拥有的海量用户数据里所蕴含的巨大价值。对于数据的拥有者和管理者来说，通过对数据的合理管理和有效应用，能盘活并充分释放数据的巨大价值。但如果他们不能对数据进行有效管理，数据就用不起来，或者即便用起来也用不好，在这种情况下，堆积如山的无序数据给企业带来的是高昂的成本，数据就成为一项棘手的"负债"。从这个角度来说，是否具备数据资产管理能力已经成为衡量一家企业能否成功的重要因素。

本章将首先从数据资产的定义和特征出发，循序渐进地介绍数据资产的管理现状和挑战、数据资产管理的目标、数据资产管理与数据中台的关系、数据治理的概念以及数据治理与数据资产管理的关系，其中重点讲解数据资产管理的 11 个职能，最后阐述如何进行数据资产管理效果的评估，以及数据资产管理的 7 个成功要素。

8.1 数据资产的定义和 3 个特征

在讲数据资产管理之前，首先需要厘清数据资产和数据资产管理的概念，区分数据和数据资产的区别。

中国信通院联合多家企业于 2019 年 6 月发布了《数据资产管理实践白皮书 4.0》[⊖]，其中将"数据资产"定义为："由企业拥有或控制的，能够为企业带来未来经济利益的，以物理或者电子的方式记录的数据资源，如文件资料、电子数据等。"

从这个定义可以看出，数据资产的 3 个特征为：

1）"企业拥有或控制"。这个特征指明数据是有其主体的，同时也说明数据资源既可能来源于企业内部的信息系统或者日常经营活动的沉淀，也可能是企业通过外部的交换、购买等手段获取的。

2）"能带来未来经济利益"。这个特征清楚表明，在企业中，并非所有的数据都构成数据资产，数据资产是能够为企业产生价值的数据资源。

3）"数据资源"。这个特征表明数据资产的存在形态，是以物理或者电子方式记录下来的数据。

⊖ http://www.caict.ac.cn/kxyj/qwfb/bps/201906/P020190604471240563279.pdf

《数据资产管理实践白皮书 4.0》中对"数据资产管理"的定义为:"规划、控制和提供数据及信息资产的一组业务职能,包括开发、执行和监督有关数据的计划、政策、方案、项目、流程、方法和程序,从而控制、保护、交付和提高数据资产的价值。"

从这个定义可以看出,数据资产管理是通过一系列手段,以控制、保护、交付和提高数据资产的价值为目的的。

笔者们认同《数据资产管理实践白皮书 4.0》中对数据资产和数据资产管理的这两个定义,因此本书沿用这两个定义。

8.2　数据资产管理现状和挑战

在过去,国内大部分领先企业都陆续建设了 ERP 系统、人力资源系统、供应链管理系统、物流系统、电子商务系统、集成门户、协同办公、决策支持系统等各类信息化系统,这些系统在支撑企业经营活动的同时,也带来了数据量的高速膨胀。随着数据积累逐渐增多,大部分企业在数据管理方面也遇到了诸多挑战。

❏ 缺乏统一的数据视图:数据资源分布在企业的多个业务系统中,分布在线上和线下,甚至分布在企业的外部。由于缺乏统一的数据视图,数据的管理人员和使用人员无法准确快速地找到自己需要的数据。数据管理人员也无法从宏观层面掌握自己拥有哪些数据资产,拥有多少数据资产,这些数据资产分布在哪里,以及变化情况怎样等。

❏ 数据基础薄弱:大部分企业的数据基础还很薄弱,存在数据标准混乱、数据质量参差不齐、各业务系统之间数据孤岛化严重、没有进行数据资产的萃取等现象,阻碍了数据的有效应用。

❑ 数据应用不足：受限于数据基础薄弱和应用能力不足，多数企业的数据应用刚刚起步，主要在精准营销、舆情感知和风险控制等有限场景中进行了一些探索，数据应用的深度不够，应用空间亟待开拓。

❑ 数据价值难估：企业难以对数据对业务的贡献进行评估，从而难以像运营有形资产一样运营数据。产生这个问题的原因有两个：一是没有建立起合理的数据价值评估模型；二是数据价值与企业的商业模式密不可分，在不同应用场景下，同一项数据资产的价值可能截然不同。

❑ 缺乏安全的数据环境：数据的价值越来越得到全社会的广泛认可，但随之而来的是针对数据的犯罪活动日渐猖獗，数据泄露、个人隐私受到侵害等现象层出不穷。很多数据犯罪是由安全管理制度不完善、缺乏相应的数据安全管控措施导致的。

❑ 数据管理浮于表面：没有建立一套数据驱动的组织管理制度和流程，没有建设先进的数据管理平台工具，导致数据管理工作很难落地。

这些问题已经严重影响到数据价值的发挥，导致企业的数据越积越多，逐渐成为企业的负担，大数据管理部门也成为企业的成本中心，而不是创新中心和利润部门。

8.3 数据资产管理的 4 个目标

数据资产管理是数据中台面向企业提供数据能力的一个窗

口，数据资产中心将企业的数据资产统一管理起来，实现数据资产的可见、可懂、可用和可运营。

❑ 可见：通过对数据资产的全面盘点，形成数据资产地图。针对数据生产者、管理者、使用者等不同的角色，用数据资产目录的方式共享数据资产，用户可以快速、精确地查找到自己关心的数据资产。

❑ 可懂：通过元数据管理，完善对数据资产的描述。同时在数据资产的建设过程中，注重数据资产业务含义的提炼，将数据加工和组织成人人可懂的、无歧义的数据资产。具体来说，在数据中台之上，需要将数据资产进行标签化。标签是面向业务视角的数据组织方式。

❑ 可用：通过统一数据标准、提升数据质量和数据安全性等措施，增强数据的可信度，让数据科学家和数据分析人员没有后顾之忧，放心使用数据资产，降低因为数据不可用、不可信而带来的沟通成本和管理成本。

❑ 可运营：数据资产运营的最终目的是让数据价值越滚越大，因此数据资产运营要始终围绕资产价值来开展。通过建立一套符合数据驱动的组织管理制度流程和价值评估体系，改进数据资产建设过程，提升数据资产管理的水平，提升数据资产的价值。

8.4　数据资产管理在数据中台架构中的位置

数据资产管理在数据中台架构中处于中间位置，介于数据开发和数据应用之间，处于承上启下的重要地位（如图 8-1 所示）。

数据资产管理对上支持以价值挖掘和业务赋能为导向的数据应用
开发，对下依托大数据平台实现数据全生命周期的管理，并对企
业数据资产的价值、质量进行评估，促进企业数据资产不断自我
完善，持续向业务输出动力。

图 8-1　数据资产管理的位置

数据资产体系是通过数据开发得到的宝贵成果。通过良好的
数据资产管理，一方面可以保证数据资产的质量，提升数据资产
的可信度；另一方面，组织良好的数据资产，既能为各类角色的
用户提供数据资产的直观视图，方便用户查看和使用，又能源源
不断地输出数据资产服务能力，持续赋能业务场景。

8.5　数据治理

数据治理这个概念最早是在 20 世纪 90 年代提出的，率先大
规模开展数据治理工作的是强监管要求下的银行业。虽然这个概
念提出的时间并不长，但其实隐含数据治理内涵的社会活动，从
很早就已经开始进行，秦灭六国，始皇帝统一度量衡，"车同轨，

书同文"可以被认为是最早的数据标准化工作。

自从 21 世纪进入大数据时代以来，随着数据量的爆发，如何用好这些海量数据，是人们面临的一个巨大挑战，相应地，数据治理也被放在了一个前所未有的重要位置上。数据治理之所以如此重要，是因为如果数据没有得到良好的治理，就没有办法相信手中的数据是可靠的，没有办法很好地使用数据，发挥不出数据本身的巨大价值。只有建立了适合企业的数据治理体系，从多个维度保证数据的质量，才能够真正有效地挖掘组织的数据价值，提升竞争力，将数据作为组织决策的依据以及创新的源泉。

8.5.1 数据治理的 6 个目标

从根本上说，数据治理的目标是保障数据资产的质量，促进数据资产的价值创造。这个根本目标可以分解成以下 6 项：

- ❑ 提升数据质量，帮助做出基于数据的更高效、更准确的决策；
- ❑ 构建统一的、可执行的数据标准；
- ❑ 良好地响应数据生产者、消费者、数据处理技术人员等数据利益相关者的需求，如保护好客户（数据生产者）的数据隐私和数据安全；
- ❑ 培训组织内所有的管理层和员工，让大家采用共同的解决数据问题的办法；
- ❑ 实现可重复的数据管理流程，并确保流程透明；
- ❑ 实现数据的可持续运营、数据资产的增值。

可以使用 8.5.3 节阐述的 DCMM 数据管理能力成熟度评估模型，对数据治理的目标达成程度进行科学评估，找出差距，制订持续可行的推进方案，逐步达成目标。

8.5.2　数据治理的 6 个原则

数据治理的原则可以总结为以下 6 条。

❑ 标准化原则：**数据标准化是实现高价值数据、支撑以数据为基础的相关业务的先决条件。**组织必须制定可参考、可落地的标准。当发生争议的时候，有权威的标准可供仲裁参考。

❑ 透明原则：除了一些需要保密的安全措施之外，数据治理相关的文件、数据问题的发现等，都应该是公开透明的，相关人员应该清楚正在发生的事情，以及事情发生后应如何按照原则处理。

❑ 数据的认责与问责：数据治理必须解决无人问责的问题，比如将很多岗位列为负责人，最终却没有人真正负责。数据的认责是数据治理的先决条件，数据的问责和考核制度是确保数据治理工作真正落地的制度保障。

❑ 平衡原则：在大数据时代，时时刻刻都在涌现海量数据。在进行数据治理工作的过程中，必须在代价和收益之间取得平衡。往往没有必要追求百分之百的数据质量，而对于历史遗留数据，数据标准也不可能对其进行完全约束。很多时候，对于企业来说，数据可商用是平衡原则的重要参考。

❑ 变更原则：随着市场和业务的不断发展，数据标准、元
数据、数据质量等要求并不是一成不变的，既要控制数
据的变更流程，也要主动适应这些变化，推动标准更新。

❑ 持续改进原则：业务在不断变化，数据在持续产生，数
据治理非朝夕之功，需要持续推动，不断改进，形成长
效机制。

8.5.3 数据治理的理论体系

数据治理的理论在业界并没有一个统一的标准，不同的组织
根据自身的理论研究和实践经验，提出了各有侧重的理论体系。
国际上比较有名、接受度较高的理论体系的提出者有：DAMA
（Data Management Association，国际数据管理协会）、CMMI
（Capability Maturity Model Integration，软件能力成熟度模型集
成）研究所、DGI（The Data Governance Institute，国际数据治理
研究所）、IBM（International Business Machines Corporation，国
际商用机器公司）数据治理委员会和 Gartner（高德纳）公司。其
中，以 DAMA 提出的数据治理理论体系最被广泛接受。

DAMA 从数据治理生命周期角度对数据资产的管理行使权
力和控制的活动（规划、监控和执行）进行了重点研究。定义了
数据治理、数据架构管理、数据开发、数据操作管理、数据安全
管理、参考数据和主数据管理、数据仓库和商务智能管理、文档
和内容管理、元数据管理、数据质量管理这 10 个领域，以及目
标和原则、活动、主要交付物、角色和职责、技术、实践和方
法、组织和文化这 7 个环境因素，为数据管理提供了完整的结

构体系。截至本书写作时，DAMA 理论体系已经更新到第 2 版，国内相关的翻译工作也正在进行。

CMMI 研究所推出的 DMM（Data Management Maturity，数据管理成熟度模型），帮助企业组织改善他们整个业务领域的数据管理实践。DMM 模型由五大核心过程域和一套支撑流程组成，五大核心过程域包括：数据管理战略、数据治理、平台和架构、数据运营、数据质量。DMM 可为公司组织提供一套最佳实践标准，制订让数据管理战略与单个商业目标相一致的路线图。

在我国，由工业和信息化部下属的电子工业标准化研究院牵头，联合多家高校和著名企业提出的 DCMM（Data Management Capability Maturity Assessment Model，数据管理能力成熟度评估模型），正在被越来越多的企业和政府机构所接受，作为指导数据治理工作的重要理论依据。DCMM 充分结合大数据特点和国内数据治理现状，形成数据战略、数据治理、数据架构、数据标准、数据质量、数据安全、数据应用、数据生命周期 8 个核心领域及 28 个过程域，重点关注数据的管理过程和方法。相较于国外的 DAMA 等理论体系，DCMM 体系的特点是更加符合中国的数据治理现状，如在体系中增加了数据战略、数据标准等核心领域。

DCMM 在数据管理的 8 个核心领域中，将数据管理的成熟度划分成 5 个等级。

❑ 初始级：数据管理主要在项目级体现，没有统一的管理流程，主要是被动式管理。

❑ 受管理级：组织已经意识到数据是资产，根据管理策略的要求制定了管理流程，指定了相关人员进行初步管理。

❑ 稳健级：数据已被当作实现组织绩效目标的重要资产，

在组织层面制定了系列的标准化管理流程，促进数据管理的规范化。

- 量化管理级：数据被认为是获取竞争优势的重要资源，数据管理的效率可以量化分析和监控。
- 优化级：数据被认为是组织生存和发展的基础，相关管理流程能实时优化，能在行业内进行最佳实践分享。

DCMM 可以帮助组织发现自身数据管理存在的问题，以及与标杆行业最佳实践的差距，识别自身优势和劣势，帮助组织提出数据管理能力提升路线图。DCMM 可以为组织带来的收益如下：

- 规范数据管理方面的职能域划分；
- 提出数据管理参考内容、流程和工具集；
- 获得数据管理现状、识别差距并提出未来发展方向；
- 建立数据管理相关能力域的最佳实践；
- 持续提升数据管理能力。

本书写作过程中所参考的主要是 DCMM 理论体系[⊖]，同时也参考了 DAMA 体系[⊖]的部分内容。

8.5.4　数据治理的 3 个发展趋势

1. 从质量管理到质量与服务并重

在传统的关系型数据库时代，开展数据治理更多的是为了解决数据质量问题，提升数据决策水平。而在大数据时代，除了保

⊖ http://c.gb688.cn/bzgk/gb/showGb?type=online&hcno=B282A7BD34CAA6E2D742E0CAB7587DBC

⊖ 《DAMA 数据管理知识体系指南》，清华大学出版社，2012。

证数据质量之外，对数据治理也提出了更高的要求，数据必须更好地适应不确定性的需求，即插即用，服务不断变化的业务创新，发挥数据更大的价值。在这种要求下，可以通过数据资产管理，在传统的数据治理能力之外，提供数据资产视图能力、数据检索能力、数据共享能力、数据价值运营能力等，实现数据的可见、可懂、可用、可运营，并不断增值。数据管理部门也有机会从一个纯粹的成本中心逐渐转变成企业的创新中心和高利润部门。

2. 人工智能大幅提升数据治理效率

高质量的大数据作为 AI 的原料，不断地训练出表现越来越出色的 AI 模型。而反过来，AI 也可以反哺大数据的处理能力，帮助人类大幅度提升大数据处理效率。目前很多企业和大数据服务提供商都在探索用机器学习的方式帮助组织增强数据治理能力。通过应用机器学习技术，来识别哪些数据可能有问题，哪些数据是用户的隐私数据。一旦数据特征被确认，就会自动给它们打上标签，从而使用这种自动化的机制来完成一部分数据治理工作。比如当碰到某类有特殊标记的数据时，就会有相应的流程启动。而解决这类问题的传统机制往往需要人工操作，费时费力，在大数据时代，这样的人力成本投入已经不再现实，机器学习可以将这一整串流程完全自动化，且准确率达到较高的水平。

在数据安全管理方面，人工智能的介入将帮助组织发现更多可疑的数据窃取、数据泄露的潜在风险，识别潜在的系统攻击，帮助组织建立健全的数据安全管理措施，填补技术上的漏洞。

3. 以元数据为核心的分布式数据治理

随着云计算、边缘计算的兴起，未来的数据治理必须满足分布式的要求，因为数据治理总是随数据存储的位置而进行。而实现这些，需要数据治理围绕元数据展开，无论数据分散在何处，都可以在数据保留在原地的情况下，通过元数据把它们关联在一起，因此元数据将成为未来数据治理的基础和核心。

8.6　数据资产管理与数据治理的关系

数据治理（Data Governance，DG）是指对数据资产管理行使权力和控制的活动集合（规划、监督和执行）。传统的数据治理内容通常包含数据标准管理、元数据管理、数据质量管理、数据安全管理、数据生命周期管理等内容。

而 8.1 节中沿用的中国信通院对数据资产管理的定义是："规划、控制和提供数据及信息资产的一组业务职能，包括开发、执行和监督有关数据的计划、政策、方案、项目、流程、方法和程序，从而控制、保护、交付和提高数据资产的价值。"

从上面两段描述中可以看出，数据治理和数据资产管理的定义有异曲同工之处，它们围绕的对象都是数据资产。而中国信通院在《数据资产管理实践白皮书 4.0》中阐述的数据资产管理的八大职能中，数据标准管理、元数据管理、数据质量管理和数据安全管理等同时也属于传统数据治理的必要工作内容。数据资产管理在传统数据治理的基础上，加入了数据价值管理、数据共享管理等内容。

从 8.5.4 节中可以看出，数据治理的目标正从"以质量管理为主"过渡到"质量管理与服务并重"。基于上面的论述，笔者们认为，数据资产管理就是传统的数据治理的升级版，可以认为是数据治理 2.0。**数据资产管理与数据治理之间的关系可以用图 8-2 来表示。**

图 8-2　数据治理与数据资产管理的关系

在本书中，不再另用一章来阐述数据治理，而是将数据治理的内容包含在本章数据资产管理的内容中。本章余下部分，在阐述数据标准管理、数据质量管理等数据资产管理职能的时候，从用词中读者便可以看出，它们也是数据治理中的重要部分。

8.7　数据资产管理职能

《数据资产管理实践白皮书 4.0》中规定，数据资产管理的管理职能包括数据标准管理、数据模型管理、元数据管理、主数据管理、数据质量管理、数据安全管理、数据价值管理和数据共享管理共 8 个方面。在本书中，结合数据中台建设的特点，加入数据资产门户、生命周期管理、标签管理 3 个新的管理职能，一共形成 11 大数据资产管理职能域。本书对这些职能的阐述参考了《数据资产管理实践白皮书 4.0》中的部分阐述，但并没有完全照搬，而是结合数据中台本身的特点，加上笔者们的实践，在某些职能域中做了较大幅度的修改和扩充，使之更符合开展数据资产管理工作中的实际情况。下面分别对这 11 大职能域进行详细阐述。

8.7.1 数据标准管理

1. 数据标准概念

根据全国信息技术标准化技术委员会大数据标准工作组制定的大数据标准体系，大数据的标准体系框架共由 7 个类别的标准组成，分别为基础标准、数据标准、技术标准、平台和工具标准、管理标准、安全和隐私标准及行业应用标准。本节主要阐述其中的数据标准。

数据标准这个词，国内从 21 世纪初开始提出，最早是在银行业的数据治理中开始使用的。数据标准工作一直是数据治理中重要的基础性内容，但是对于数据标准，不同的人却有不同的看法：有人认为，数据标准极其重要，只要制定好了数据标准，所有数据相关的工作依标进行，数据治理大部分目标就水到渠成了；也有人认为，数据标准几乎没什么用，做了大量的梳理，建设了一整套全面的标准，最后还是束之高阁，被人遗忘，几乎没有发挥作用。

其实这两种看法都是片面的。实际上，数据标准工作是一项复杂且涉及面广的系统性、长期性的工作。它虽然不能快速发挥作用，迅速解决掉数据治理中的大部分问题，但也不是完全没有作用，最后只剩下一堆文档——如果数据标准工作的结果真是如此，那只能说明这项工作没有做好，没有落到实处。

首先要厘清数据标准的定义。对于何为数据标准，各相关组织并没有达成共识。结合各家对数据标准的阐述，从数据治理的角度出发，尝试着给数据标准下一个定义：数据标准是对数据的表达、格式及定义的一致约定，包含数据业务属性、技术属性和管理属性的统一定义；数据标准的目的是使组织内外部使用和交换的数据是一致的、准确的。

举例来说，对于一个企业来说，营销、财务、总经理办公室等不同的部门可能都会产出"利润率"这个指标，所以需要统一"利润率"这个指标标准，如果确实有多个不同口径的"利润率"需要同时存在，则必须用不同的限定词把它们区分开，如销售利润率、成本利润率、产值利润率、资本金利润率、人均利润率等。对于每一种指标，都必须明确阐述其唯一的业务含义，明确其计算公式、数据来源、限定范围（如时间范围、业务范围），并确保这种指标标准是可供业务部门和技术部门参考，有专人维护的。

2. 如何制定数据标准

数据标准来源非常丰富，有外部的监管要求、行业的通用标准、专家的实践经验，同时也必须考虑到企业内部数据的实际情况。通过资料收集、调研访谈、分析评估等工作流程，梳理其中的业务指标、数据项、代码等，最终形成并制定适用于组织的数据标准，并对标准进行发布和公示。数据标准的制定流程如

图 8-3 所示。

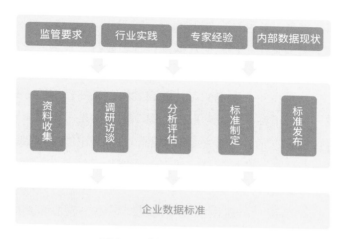

图 8-3　数据标准的制定流程

　　需要注意的是，由于组织内业务的复杂性，将收集到的所有参考标准都纳入数据标准管理中进行管理是没有必要的，数据治理的指导者必须清楚哪些标准才适用于当前组织内业务和数据的实际情况。

3. 数据标准分类

　　按照 DCMM 的分类，数据标准可分为以下几类：

- ❏ 业务术语标准
- ❏ 参考数据和主数据标准
- ❏ 数据元标准
- ❏ 指标数据标准

业务术语是被批准、管理的业务概念定义的描述，需要通过流程来定义组织如何创建、审批、修改和发布统一的业务术语，进而推动数据的共享和在组织内部的应用，如银行的业务术语贷款展期、收息、兑付等。

参考数据是用于将其他数据进行分类或目录整编的数据，可以简单理解为是数据字典，是数据可能的取值范围，比如我国的省份，它总是在一个固定的可选范围之内，又如性别的分类和取值范围、货币币种的分类和取值范围。主数据是组织中需要跨系统、跨部门共享的核心业务实体数据。主数据因为其重要价值，被喻为企业的黄金数据记录，如多个系统共享的客户、商品等核心业务实体数据。

数据元是用一组属性描述其定义、标识、表示和允许值的数据单元，是描述数据的最基本单元。数据元由 3 部分组成：对象类、特性、表示值域和数据类型的组合。数据元是一个相对抽象的概念，感兴趣的读者可以寻找相关的资料深入学习，如参考 DCMM 里数据元的相关内容。

指标数据是组织在经营分析过程中衡量某一个目标或事物的数据，一般由指标名称、指标解释、时间限定、其他条件限定、指标数值等组成，如企业的人均利润率、季度离职率等。

4. 数据标准化的难题

首先要明晰数据标准和数据标准化在概念上的区别。数据标准是一经制定发布后相对稳定的静态文件，而数据标准化是一项带有系统性、复杂性、困难性、长期性特征的动态管理工作，是对标准的某种程度上的落地。在数据标准管理中，通常数据标准相对好制定，而数据标准落地就困难多了。

国内的数据标准化工作已经发展了很多年,各个行业和组织都在建设自己的数据标准,但是很少听到哪个组织大张旗鼓地宣传自己的数据标准工作有多么出色,换句话说,做数据标准取得显著效果的案例并不多。为什么会出现这种情况?主要有两个原因。

一是制定的数据标准本身有问题。有些标准一味地追求先进,向行业领先者看齐,标准大而全,脱离实际的数据情况,导致很难落地。

二是在标准化推进过程中出了问题。这是笔者重点阐述的原因,主要有以下几种情况:

❑ 对建设数据标准的目的不明确。某些组织建设数据标准,其目的不是为了统一组织内部的数据口径,指导信息系统建设,提高数据质量,更可信地处理和交换数据,而是应付上级和监管机构的检查,因此他们需要的只是一堆标准文件和制度文件,根本就没有执行的计划。

❑ 过分依赖咨询公司。一些组织没有建设数据标准的能力,因此请咨询公司来帮忙规划和执行。一旦咨询公司撤离,组织依然缺乏将这些标准落地的能力和条件。

❑ 对数据标准化的难度估计不足。很多公司上来就说要做数据标准,却不知道数据标准的范围很大,很难以一个项目的方式都做完,而是一个持续推进的长期过程,结果是客户越做标准化,遇到的阻力越大,困难就更多,最后自己都没有信心了,转而把前期梳理的一堆成果束之高阁。这是最容易出现的问题。

❑ 缺乏落地的制度和流程规划。数据标准的落地,需要多个系统、部门的配合才能完成。如果只梳理出数据标准，但是没有规划具体的落地方案，缺乏技术、业务部门、系统开发商的支持，尤其是缺乏领导层的支持，是无论如何也不可能落地的。

❑ 组织管理水平不足。数据标准落地的长期性、复杂性、系统性的特点，决定了推动落地的组织机构的管理能力必须保持在很高的水平线上，且架构必须持续稳定，才能有序地不断推进。

以上这些原因，导致数据标准化工作很难开展，更难取得较好的成效。数据标准化难落地，是数据资产管理面临的现状，不容回避。

5. 如何应对这些难题

应对以上这些难题，最经济、最理想的模式当然是：首先建标准，再建应用系统、大数据平台、数据仓库、数据应用等。正因为其太过理想化，所以这种模式几乎是见不到的。因为一般的组织不大可能有这样的认识，很多时候大家都是先建设再治理。先把信息系统、数据中心建好，后面发现标准有问题、质量不高，再来建数据标准，但实际上这时候已经是在做一些亡羊补牢的事情，客户的投入肯定有一部分是被浪费掉的。但这往往不可避免。

要解决数据标准化的难题，需要从以下几个方面入手：

第一，制定可落地的执行方案。执行方案要侧重于可落地性，不能落地的方案最终只能被废弃。一个可落地的方案要有组织架构和人员分工，每个人负责什么，如何考核，怎么监管，都必须纳入执行方案中。

第二，正确认识数据标准建设的目，即是统一组织内的数据口径，指导信息系统建设，提高数据质量，更可信地处理和交换数据，而不是应付上级和监管机构的检查。这样可以避免数据标准制定出来，应付完监测后就被束之高阁的情况发生。后者显然只是一个短期的临时策略，难以产生长期的正面影响。

第三，正确认识咨询公司在数据资产管理工作前期的作用。咨询公司的定位应该是准确评估组织的数据管理水平，制订可以落地的方案，而不应一味地追求咨询输出物的技术含量。尽量聘请行业经验丰富、可靠的咨询公司帮助做数据资产管理前期的咨询工作。

第四，充分认识到数据标准化的难度。要取得管理决策层的支持，提升组织管理水平，做好长期推进的工作准备，建立起数据标准化的工作制度和流程，遇到问题通过正式的流程和沟通机制逐步解决。

第五，实际落地中，建立起科学可行的数据标准落地形式。在实践中，往往需要考虑如何把数据标准落地到已有的系统和大数据平台中。数据标准的落地通常有如下 3 种形式。

❑ 源系统改造：对源系统的改造是数据标准落地最直接的方式，有助于控制未来数据的质量，但工作量与难度都较高，现实中往往不会选择这种方式。例如，"客户编号"这个字段涉及多个系统，范围广，重要程度高，影响大，一旦修改该字段，相关的系统都需要修改。但是也不是完全不可行，可以借系统改造、重新上线的机会，对相关源系统的部分数据进行对标落地。

- ❏ 数据中心落地：根据数据标准要求建设数据中心（数据仓库或者数据中台），源系统数据与数据中心做好映射，保证传输到数据中心的数据为标准化后的数据。这种方式的可行性较高，是绝大多数组织的选择。

- ❏ 数据接口标准化：对已有的系统间的数据传输接口进行改造，让数据在系统间进行传输的时候，全部遵循数据标准。这也是一种可行的方法，但应用得并不多。因为对接口的改造是一个相当复杂的工作，会涉及系统底层代码的重构，而且可能给接口调用方带来不可预知的风险。

上面讨论了数据标准落地的 3 种形式。在数据标准落地的过程中，还需要做好如下这几件事。

- ❏ 事先确定好落地的范围：哪些数据标准需要落地，涉及哪些 IT 系统，都是需要事先考虑好的。

- ❏ 事先做好差异分析：现有的数据和数据标准之间，究竟存在哪些差异，这些差异有多大，做好差异性分析。

- ❏ 事先做好影响性分析：如果这些数据标准落地了，会对哪些相关下游系统产生什么样的影响，这些影响是否可控。元数据管理中的影响性分析可以帮助用户确定影响的范围。

- ❏ 具体执行落地方案：根据执行方案，进行数据标准落地执行。

- ❏ 事后评估：事后需要跟踪、评估数据落地的效果如何，哪些事做对了、做好了，可以借鉴和推广，哪些地方做得不足，如何改进。

8.7.2 数据模型管理

1. 数据模型管理现状

数据模型是指对现实世界数据特征的抽象，用于描述一组数据的概念和定义。数据模型从抽象层次上描述了数据的静态特征、动态行为和约束条件。企业在数据模型管理中遇到的问题包括：

- ❑ 生产库里面存在大量没有注释的字段和表，意思含糊不清，同名不同义、同义不同名、冗余字段、枚举值不一致等现象是普遍存在的，这些问题都会直接影响到用户对数据的识别。
- ❑ 模型变更前没有任何合理性判断。
- ❑ 模型修改过程中缺乏监管，有很多模型的变更虽然通过了评审，但是变更的过程是否按照原来的标准变更是不得而知的。
- ❑ 很多企业的数据模型是一个黑盒子，有的甚至根本就没有数据模型。

2. 数据模型管理内容

数据模型管理主要是为了解决架构设计和数据开发的不一致，而对数据开发中的表名、字段名等规范性进行约束。数据模型管理一般与数据标准相结合，通过模型管理维护各级模型的映射关系，通过关联数据标准来保证最终数据开发的规范性。理想的数据模型应该具有非冗余、稳定、一致和易用等特征。

《数据资产管理实践白皮书 4.0》中对数据模型管理内容方面的论述和介绍如下：

数据模型按不同的应用层次分成概念数据模型、逻辑数据模型、物理数据模型 3 种。

概念模型是一种面向用户、面向客观世界的模型，主要用来描述世界的概念化结构，与具体的数据库管理系统无关。

逻辑模型是一种以概念模型的框架为基础，根据业务条线、业务事项、业务流程、业务场景的需要，设计的面向业务实现的数据模型。逻辑模型可用于指导在不同的数据库管理系统中实现。逻辑数据模型包括网状数据模型、层次数据模型等。

物理模型是一种面向计算机物理表示的模型，描述了数据在存储介质上的组织结构。物理模型的设计应基于逻辑模型的成果，以保证实现业务需求。它不但与具体的数据库管理系统有关，而且还与操作系统和硬件有关，同时考虑系统性能的相关要求。

数据模型管理是指在信息系统设计时，参考业务模型，使用标准化用语、单词等数据要素来设计企业数据模型，并在信息系统建设和运行维护的过程中，严格按照数据模型管理制度，审核和管理新建数据模型，数据模型的标准化管理和统一管控，有利于指导企业数据整合，提高信息系统数据质量。数据模型管理包括对数据模型的设计、数据模型和数据标准词典的同步、数据模型审核发布、数据模型差异对比、版本管理等。数据模型管理的关键活动包括：

❑ 定义和分析企业数据需求；

❑ 定义标准化的业务用语、单词、域、编码等；

❑ 设计标准化数据模型，遵循数据设计规范；

❑ 制定数据模型管理办法和实施流程要求；

❑ 建设数据模型管理工具，统一管控企业数据模型。

数据模型是数据资产管理的基础，一个完整、可扩展、稳定的数据模型对于数据资产管理的成功起着重要的作用。通过数据模型管理可以清楚地表达企业内部各种业务主体之间的数据相关性，使不同部门的业务人员、应用开发人员和系统管理人员获得关于企业内部业务数据的统一完整视图。

8.7.3 元数据管理

1. 元数据的概念

元数据（Metadata）是一个相当抽象、不易理解的概念，所以重点先要把元数据是什么搞懂。本节共提出 3 个概念。

（1）元数据是描述数据的数据

这是元数据的标准定义，但这么说有些抽象，技术人员能听懂，倘若读者缺乏相应的技术背景，可能当场就懵了。产生这个问题的根源其实是一个知识的"诅咒"：知道某件事情，但向不了解的人描述时却很难讲清楚。

要破解这个"诅咒"，不妨借用一个比喻来描述元数据：元数据是数据的户口簿。想想一个人的户口簿是什么，是这个人的信息登记册：上面有他的姓名、年龄、性别、身份证号码、住址、原籍、何时从何地迁入等，除了这些基本的描述信息之外，还有他和家人的血缘关系，比如父子、兄妹等。所有这些信息加起来，就构成了对这个人的全面描述，而这些信息都可以称为这个人的元数据。

同样，如果要描述清楚一个现实中的数据，以某张表格为例，则需要知道表名、表别名、表的所有者、主键、索引、表中有哪些字段、这张表与其他表之间的关系等。所有的这些信息加起来，就是这张表的元数据。

（2）元数据管理是数据治理的核心和基础

为什么说元数据管理是数据治理的核心和基础？它的地位为何如此特殊？

想象一下，一位将军要去打仗，他要掌握的必不可少的信息是什么？对，是战场的地图。很难想象手里没有军事地图的将军能打胜仗。而元数据就相当于所有数据的一张地图。

通过这张关于数据的地图，可以知道：

- □ 有哪些种类的数据；
- □ 有哪些信息系统、哪些数据库、哪些表、哪些字段；
- □ 数据全量是多少，每日增量是多少；
- □ 数据分布在哪里；
- □ 数据之间有什么流向关系；

……

如果没有掌握这张地图，做数据治理就犹如盲人摸象。现在流行的数据资产管理、知识图谱等，其实也是建立在元数据之上的。所以说，元数据是一个组织内的数据地图，是数据治理的核心和基础。

（3）有没有描述元数据的数据

有。描述元数据的数据叫元模型（Metamodel）。元模型、元数据和数据三者之间的关系如图 8-4 所示。

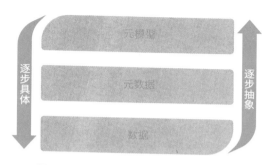

图 8-4 数据－元数据－元模型关系图

对于元模型的概念本书不做深入讨论，感兴趣的读者可以寻找相关的学习材料深入研究。

2. 元数据从何而来

在大数据平台中，元数据贯穿大数据平台数据流动的全过程，主要包括数据源元数据、数据加工处理过程元数据、指标层元数据、标签层元数据、服务层元数据、应用层元数据等。

业内通常把元数据分为以下类型。

- □ 技术元数据：库表结构、字段约束、数据模型、ETL 程序、SQL 程序等。
- □ 业务元数据：业务指标、业务代码、业务术语等。
- □ 管理元数据：数据所有者、数据质量定责、数据安全等级等。

元数据采集是指获取到分布在不同系统中的元数据，对元数据进行组织，然后将元数据写入数据库中的过程。

要获取到元数据，需要采取多种方式，在采集方式上，使用包括数据库直连、接口、日志文件等技术手段，对结构化数据的数据字典、非结构化数据的元数据信息、业务指标、代码、数据加工过程等元数据信息进行自动化和手动采集。

元数据采集完成后，会被组织成方便查看和分析的数据结构，通常被存储在关系型数据库中。

3.元数据的管理

元数据的管理包含元数据的增删改查、变更管理、对比分析、统计分析等。

- ❑ 元数据的增删改查。通过对不同的角色赋予相应的权限，实现元数据在组织范围内的信息共享。值得注意的是，对元数据的修改、删除、新增等操作，必须经过元数据管理员的审核流程。
- ❑ 元数据变更管理。对元数据的变更历史进行查询，对变更前后的版本进行比对等。
- ❑ 元数据对比分析。对相似的元数据进行比对。比如，对近似的两张表进行对比，发现它们之间的细微差异。
- ❑ 元数据统计分析。用于统计各类元数据的数量，如各类数据的种类、数量、数据量等，方便用户掌握元数据的汇总信息。

4.元数据的应用

那么有了元数据以后，能做什么呢？

（1）元数据浏览和检索

通过提供直观的可视化界面，让用户可以按不同类型对元数据进行浏览和检索。通过合理的权限分配，元数据浏览和检索可以大大提升信息在组织内的共享。

（2）数据血缘和影响性分析

数据血缘和影响性分析主要解决"数据之间有什么关系"的问题。因其重要价值，有的厂商会从元数据管理中将其单独提取出来，作为一个独立的重要功能。但是考虑到数据血缘和影响性分析其实是来自于元数据信息，所以还是放在元数据管理中来描述。

血缘分析指的是获取到数据的血缘关系，以历史事实的方式记录数据的来源、处理过程等。

以某张表的血缘关系为例，其血缘分析展示如图 8-5 所示。

数据血缘分析对于用户具有重要的价值，比如当在数据分析中发现问题数据的时候，可以依赖血缘关系，追根溯源，快速定位到问题数据的来源和加工流程，减少分析的时间和难度。

数据血缘分析的典型应用场景：某业务人员发现"本月客户增长情况"报表数据存在明显不合理的情况，于是向数据部门提出异议，技术人员通过元数据血缘分析发现，"本月客户增长情况"报表受到上游 DWD（Data Warehouse Detail，明细数据层）6 张不同的数据表的影响。通过这种方式，技术人员可以快速定位到问题的源头，低成本地解决问题。

除了血缘分析之外，还有影响性分析，它能分析出数据的下游流向。当系统进行升级改造的时候，如果修改了数据结构、ETL 程序等元数据信息，依赖数据的影响性分析，可以快速定位出元数据修改会影响到哪些下游系统，从而减少系统升级改造带来的风险。从上面的描述可以知道：数据影响性分析和血缘分析正好相反，血缘分析指向数据的上游来源，而影响性分析指向数据的下游。

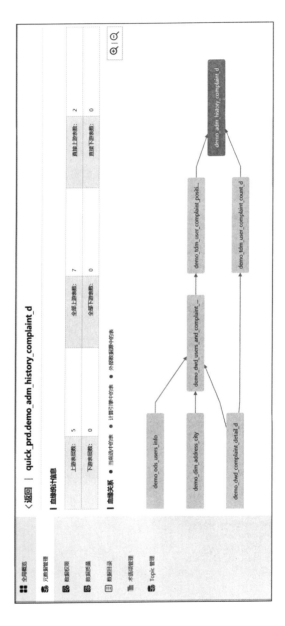

图 8-5　数据血缘分析

影响性分析的典型应用场景：因业务系统改造升级，某个部门在 DATAWAVE_FINANCE 这张表中将字段 TRADEID 的长度由 8 字节修改为 64 字节，需要分析本次升级对后续相关系统的影响。对元数据 DATAWAVE_FINANCE 进行影响性分析，发现对下游 ADS（Application Data Store，应用数据层）相关的 3 个指标都有影响，定位到影响之后，数据部门及时通知下游相关系统的管理人员，修改了下游的相应程序和表结构，避免了问题的发生。由此可见，数据的影响性分析有利于快速锁定元数据变更带来的影响，将可能发生的问题提前消灭在萌芽之中。

（3）数据冷热度分析

冷热度分析主要是对数据表的被使用情况进行统计，如表与 ETL 程序、表与分析应用、表与其他表的关系情况等，从访问频次和业务需求角度出发，进行数据冷热度分析，用图表展现表的重要性指数。

数据的冷热度分析对于用户有着巨大的价值，其典型应用场景有：如果观察到某些数据资源处于长期闲置，没有被任何用户查看，也没有任何应用去调用它的状态，用户就可以参考数据的冷热度报告，结合人工分析，对冷热度不同的数据做分层存储，以便更好地利用 HDFS 资源，或者评估是否对失去价值的这部分数据做下线处理，以节省数据存储空间。

8.7.4　主数据管理

1. 主数据的概念

主数据（Master Data）是指用来描述企业核心业务实体的数

据，是企业核心业务对象、交易业务的执行主体，是在整个价值链上被重复、共享应用于多个业务流程的、跨越各个业务部门和系统的、高价值的基础数据，是各业务应用和各系统之间进行数据交互的基础。从业务角度，主数据是相对"固定"的，变化缓慢。主数据是企业信息系统的神经中枢，是业务运行和决策分析的基础。常见的主数据如供应商、客户、企业组织机构和员工、产品、渠道、科目、交易方式等。

由于 IT 系统建设的历史局限性，主数据分布在不同的应用系统，而不同的应用系统之间主数据的定义、属性、编码存在众多的不一致，极大影响了系统和数据之间的融合与集成。因此需要进行主数据管理建设，统一规范企业级主数据。

2. 主数据管理内容

主数据管理（Master Data Management，MDM）是一系列规则、应用和技术，用以协调和管理与企业的核心业务实体相关的系统记录数据。主数据管理的主要内容包括如下几项。

❑ 主数据相关标准及规范设计：主数据的标准和规范是主数据建设的核心工作，需要企业抽调专业人员集中精力进行梳理和汇总，建立一套完整的标准体系和代码库，对企业经营活动中所涉及的各类主数据制定统一数据标准和规范，如数据模型标准、数据编码标准、主数据接口标准等。

❑ 主数据建模：对主数据进行数据模型设计，建立主数据架构的物理模型，包括数据属性的定义、数据结构设计、数据管理定义等方面，通过数据发布来创建数据存储实体。

❑ 主数据梳理与集成：根据主数据标准规范，依托于数据集成平台以及主数据质量模块，辅助业务部门将现有的主数据内容重新进行数据编码、数据转换、数据清洗等，形成企业标准的主数据库。

❑ 主数据质量管理：对主数据系统中的数据质量进行统一闭环管理，覆盖数据质量的定义、监控、问题分析、整改和评估，推动质量问题的解决。围绕数据质量管理，建立考核机制，提升数据资产的业务价值；在数据清洗过程中，进行数据质量的管理，并生成数据质量报告，提供数据质量管理服务。

❑ 建立灵活的主数据共享服务：主数据的特殊性决定了主数据与业务系统需要频繁的数据共享，主数据管理系统需提供灵活的服务接口，保证能够快速实现数据集成且最大程度减少集成成本。

❑ 建立主数据维护流程：协助梳理企业内主数据管理相关流程，明确流程流转方向，以及各环节表单及责任人，并在主数据系统中进行流程配置，逐步实现梳理成果的自动化落地，在主数据系统中实现跨业务部门的流程贯通。

主数据管理通过对主数据值进行控制，使得企业可以跨系统使用一致的和共享的主数据，提供来自权威数据源的协调一致的高质量主数据，降低成本和复杂度，从而支撑跨部门、跨系统数据融合应用。

8.7.5 数据质量管理

1.数据质量管理的目标

数据质量管理主要用来解决"数据质量现状如何，谁来改进，如何提高，怎样考核"的问题。在关系型数据库时代，做数据治理最主要的目的是提升数据质量，让报表、分析、应用更加准确。时至今日，虽然数据治理的范围扩大了，开始注重数据的服务和共享，注重数据价值的运营，但是提升数据的质量依然是数据治理最重要的目标之一。

为什么数据质量问题如此重要？因为一方面，要想让数据要能发挥其价值，关键在于其质量要高，高质量的数据是一切数据应用的基础。如果一个组织根据劣质的数据去分析业务、指导决策、进行创新，那还不如没有数据，因为通过错误的数据分析出的结果往往会带来"精确的误导"，对于任何组织来说，这种"精确的误导"都无异于一场灾难。

另一方面，对于数据最主要的使用者数据科学家和数据分析员来说，如果不能信任手上的数据，每天还要花费大量时间来辨别，将造成资源的严重浪费。可见数据质量问题已经严重影响到组织业务的正常运营。通过科学的数据质量管理，持续提升数据质量，已经成为组织刻不容缓的优先任务了。

2.数据质量问题产生的根源

做数据质量管理，首先要搞清楚数据质量问题产生的原因。原因有很多方面，比如技术、管理、流程等。造成质量问题的原因通常很复杂，比如企业的信息系统一般是由外部的供应商承建的，在建设过程中，这些系统使用当时条件下不同的标准生产和使用数据，甚至没有标准，只有当时的 IT 人员自己的 "标准"。这就导致系统间存在大量的重复数据、脏数据、不同口径的数据。

这些数据质量问题产生的原因，从本质上来说，还是管理不善，技术和流程只是其表象。所以，要解决数据质量问题，也就不能只从技术角度来考虑，奢望通过购买某个工具就能解决，还是要从业务、管理、技术等多方面入手。

从多个角度思考问题，整合资源，解决数据质量问题，重要的是建立一套科学可行的数据质量评估标准和管理流程。

3. 数据质量评估的标准

当谈到数据质量管理的时候，必须有一个数据质量评估的标准，有了这个标准，才能知道如何评估数据的质量，才能将数据质量量化，并知道改进的方向，以及如何评估改进后的效果。

目前业内认可的数据质量标准有如下几类。

1）准确性：描述数据是否与其对应客观实体的特征一致。

举例：用户的住址是否准确；某个字段规定应该是英文字符，在其位置上是否存在乱码。

2）完整性：描述数据是否存在缺失记录或缺失字段。

举例：某个字段不能为 null 或空字符。

3）一致性：描述同一实体同一属性的值在不同的系统中是否一致。

举例：男女是否在不同的库表中都使用同一种表述。例如在 A 系统中，男性表述为 1，女性表述为 0；在 B 系统中，男性表述为 M，女性表述为 F。

4）有效性：描述数据是否满足用户定义的条件或在一定的取值范围内。

举例：年龄的值域在 0~200 之间。另一个枚举的有效性例子是银行的币种代码。

5）唯一性：描述数据是否存在重复记录。

举例：身份证号码不能重复，学号不能重复。

6）及时性：描述数据的产生和供应是否及时。

举例：生产数据必须在凌晨 2:00 入库到 ODS（Operational Data Store，操作数据层）。

7）稳定性：描述数据的波动是否稳定，是否在其有效范围内。

举例：产品质量抽样统计的合格率，不会有超过 20% 的波动范围。

8）连续性：描述数据的编号是否连续。

举例：有关部门处理环保违法案件，案件的编号必须是连续的。

9）合理性：描述两个字段之间逻辑关系是否合理。

举例：企业注销时间必须晚于注册时间，自然人的死亡时间必须晚于出生时间。

以上数据质量标准只是一些通用的规则，还可以根据客户数据的实际情况和业务要求对其进行扩展，如进行交叉表数据质量校验等。

4. 数据质量管理的流程

要提升数据质量，需要以问题数据为切入点，注重问题的分析、解决、跟踪、持续优化、知识积累，形成数据质量持续提升的闭环。数据质量的管理流程如图 8-6 所示。

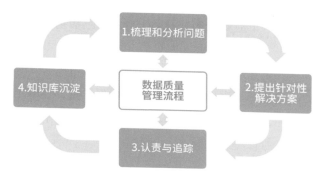

图 8-6　数据质量管理流程

　　首先需要梳理和分析数据质量问题，摸清数据质量的现状。在这个过程中，需要用到数据质量评估标准和评估工具，对业务数据进行全部或抽样扫描，找出不符合质量要求的数据，形成数据质量报告，提供给用户参考。

　　然后针对不同的质量问题选择合适的解决办法，制订详细的解决方案。如在落地到数据中心的过程中进行数据清洗，在数据录入的源头进行质量把控，对数据建模过程进行是否符合质量标准的审核，等等。

　　接着是问题的认责，追踪方案执行的效果，监督检查，持续优化。在这一步，要把每一个问题都落实到具体的责任人，并且形成一套最终的考核机制，督促相关的责任人持续不断地关注与提升数据质量。

　　最后形成数据质量问题解决方案的知识库，以供后来者参考。数据质量问题往往不是偶然出现的，许多问题都有其共性，比如由于在数据录入环节，对输入框中输入的内容没有严格限定格式，会批量造成同样的数据质量问题，把这些质量问题的解决过程沉淀下来，形成知识库，有助于提升后续数据质量问题的处理效率。

不断迭代上述步骤，形成数据质量管理的闭环。

从以上流程中可以看出，要管理好数据质量，仅有工具支撑是远远不够的，必须要组织架构、制度流程参与进来，才能形成一套完整有效的管理流程。

5. 数据质量管理的取舍

企业也好，政府也好，从来不是生活在真空之中，而是被社会紧紧地包裹着。解决任何棘手的问题，都必须考虑到各种社会因素的影响，做适当的取舍。

第一个取舍：数据质量管理流程。前面讲到的数据质量管理流程是一个相对理想的状态，但是在不同的组织内部，其实施的力度都是不同的。举个例子：你很难想象某个企业中下级部门去跟上级部门进行数据质量的问责。这与数据治理的建设方在整个大的组织体系中的话语权有很大的关系。但这就是做数据治理必须接受的现实。遇到这种问题，只能采用迂回的方式，尽量弥补某个环节缺失带来的不利影响，比如和数据提供方一起建立起数据清洗的规则，对来源数据做清洗，尽量达到可用的标准。

第二个取舍：对不同时间维度上的数据采取不同的处理方式。从时间维度上划分，数据主要有 3 类：未来数据、当前数据和历史数据。在解决不同种类数据的质量问题时，需要考虑取舍之道，采取不同的处理方式。

（1）历史数据

一个组织的历史数据经过经年累月的积累，往往已经是海量的规模，无论是从成本还是难度出发，都很难一一处理。难道就没有更好的办法了吗？对于历史数据问题的处理，可以发挥技术人员的优势，用数据清洗的办法来解决，对于实在清洗不了的，要判断投入产出比，决定是否要对所有的历史数据进行质量管理。

从另一个角度来看，数据的新鲜度不同，其价值往往也有所差别。在大多数情况下，历史数据的时间越久远，其价值越低。比如对于电商数据来说，相比十年前的购买记录，最近一两年的购买记录肯定更有价值。所以，不应该把最重要的资源放在历史数据质量的提升上，而是应该更多地着眼于当前产生和未来即将产生的数据。对于历史数据是否要进行管理，以"是否可商用"作为评判的标准。

（2）当前数据

对于当前数据的问题，需要通过前一节讲过的梳理和发现问题、分析问题、解决问题、问题认责、跟踪和评估等流程来解决，管理过程中必须严格遵循流程，避免脏数据流到数据分析和应用环节。

（3）未来数据

管理未来的数据，一定要从数据资产管理的整体规划开始，从整个组织信息化的角度出发，规划组织内统一的数据架构，制定出统一的数据标准。借业务系统新建、改造或重建的时机，在创建物理模型、建表、ETL 开发、数据服务、数据使用等各个环节遵循统一的数据标准，从根本上提升数据质量。这也是最理想、效果最好的数据质量管理模式。

这样，采用不同的策略对不同时期数据进行不同的处理，能做到事前预防、事中监控、事后改善，从而很大程度解决数据质量问题。

8.7.6 数据安全管理

《数据资产管理实践白皮书 4.0》中对数据安全管理的主要观点和思想如下：

数据安全管理是指对数据设定安全等级，按照相应国家 / 组织相关法案及监督要求，通过评估数据安全风险、制定数据安全管理制度规范、进行数据安全分级分类，完善数据安全管理相关技术规范，保证数据被合法合规、安全地采集、传输、存储和使用。企业通过数据安全管理，规划、开发和执行安全政策与措施，以保障企业和个人的数据安全。

由于无论是对于政府还是企业、个人，数据安全管理都十分重要，为此笔者们在第 11 章专门阐述了这个主题。

8.7.7 数据价值管理

《数据资产管理实践白皮书 4.0》中对数据价值管理的主要观点和思想如下：

数据价值管理是对数据内在价值的度量，可以从数据成本和数据应用价值两方面来开展。

　　本书遵循数据中台的建设方法论，在第 10 章中，从质量、成本、应用价值等多个维度阐述了如何评估数据资产的价值，涵盖了《数据资产管理实践白皮书 4.0》中数据价值管理的内容，请读者移步至第 10 章阅读相关的内容。

8.7.8　数据共享管理

　　《数据资产管理实践白皮书 4.0》中对数据共享管理的主要观点和思想如下：

　　数据共享管理主要是指开展数据共享和交换，实现数据内外部价值的一系列活动。数据共享管理包括数据内部共享（企业内部跨组织、部门的数据交换）、外部流通（企业之间的数据交换）、对外开放。

　　数据共享的前提正是数据资产本身蕴含的巨大价值。这种价值不仅体现在组织的内部，对于某些外部客户来说，同样是有价值的。但有价值的数据资产未必由自己拥有或控制，这时候就可以通过数据的共享，使数据资产的提供者和数据资产的消费者同时受益。某些时候，数据资产的提供者同时又是数据资产的消费者，在这种场景下，双方可以交换对方所需的数据资产。这种数据的共享和交换可以直接为企业带来经济利益，同时也是数据资产保值、增值的重要手段。

　　在数据共享活动中，为了安全和监管的需要，必须对数据输出的状态有相应的分析和监控。数据输出监控有服务链路分析、影响度分析、异常监控警告等。数据 API 服务管控措施包括 API 接口鉴权认证、流量控制、访问次数控制等。

8.7.9 生命周期管理

数据资产管理过程中，生命周期的管理也是非常重要的部分，每一类数据都有其价值周期，要设置一个合理的数据生命周期需要考虑各方面的因素。在数据中台的实践过程中，首先会将数据分成两类：不可恢复的数据与可恢复的数据。一般涉及原始数据的，都会被定义为不可恢复数据，即清除后没办法找回来；而一些中间过程或者结果数据，只要原始数据在并且相关的加工逻辑在，都可以被重新加工恢复。因此在生命周期的管理策略上，也需要区别对待。

（1）不可恢复数据

一般建议策略为永久保存，在实际实施过程中可以根据企业各方面因素来综合考虑。数据当前没价值不代表未来没有价值，只是当前的技术、认知和场景没有办法使用其中的价值。当然也需要从企业成本考虑，如果什么数据都存，成本部分又无法承受，那反而会将数据变成一种负债，拖累企业发展。在实施过程中，可以考虑冷数据用低价存储的方式，未来需要使用时再进行恢复，虽然可能会有一些效率上的浪费，但和实际的资金成本平衡后也是常常会选择的方式。

（2）可恢复的数据

这类数据只需要有原始数据和加工模型在，就可以通过平台的调度策略进行恢复，因此这类数据的生命周期一般会根据实际使用情况来灵活调整。平台侧可以根据数据使用情况，推荐具体的生命周期保留时长，用户也可以自主选择设置，让生命周期的设置符合实际企业需要。

生命周期管理提供生命周期的设置和自动清理功能，还提供了生命周期建议的功能，即结合数据的热度、存储量变化情况给用户建议的生命周期，帮助用户合理配置。

8.7.10　标签管理

在数据中台中，标签是一类重要的数据资产。把标签定义为对象的一种描述方法，成为更容易被理解、被识别的一种分类及描述的组织形式。业界常见的标签一般分成两类：一类是数据的分类方式，如根据数据的来源、更新频率、归属部门等进行标识和分类；还有一类是对数据的内容进行重新描述甚至是重新组织的方式，如根据行为特点组织的还贷能力、某个属性从业务视角的重新定义等。

经常和标签一起被提到的有指标、画像及字段等概念，在笔者看来：

❑ 指标是为达到某一个具体业务目标而定义的描述约定，是一种衡量目标的方法，主要是针对某个场景而提炼的一些关键评判维度。

❑ 画像是指某个对象从各个标签的维度的具体内容描述。如某个群体中 80% 的人还贷能力高，10% 还贷能力中，10% 还贷能力弱，其中还贷能力是标签，高、中、低则是针对这个群体在还贷能力方面的画像。

❑ 字段是一种物理存储的形态，指标、标签更多是在逻辑层面作为具体的存储方法。二维表中具体的描述方法，如"还贷能力"这个标签，其信息在表中用一个字段来存储，而该字段的取值是其具体画像的内容。

在标签管理中，通常采用标签类目体系的方式来进行分类组织。标签类目体系是标签信息的一种结构化描述，目的是方便业务人员管理、查找所需的指标，因此标签类目体系的构建是需要按照客户真实业务需求来考虑的。

标签管理与资产中心子模块其他部分的一个不同点是它主要针对业务人员，标签管理让业务人员可以看懂数据，把数据低成本地用起来。

标签管理一般包含标签体系的管理、标签与数据映射关系、标签的应用管理。以数澜科技的数栖产品为例，标签管理包含标签池、标签场景、标签应用，标签池对标签体系及标签与数据映射关系进行管理，标签场景针对每个用户不用的应用场景提供支持，标签应用支持用户在标签管理模块基于标签做一些数据探索工作。

8.7.11 数据资产门户

1. 数据资产地图

数据资产地图为用户提供多层次、多视角的数据资产图形化呈现形式。数据资产地图让用户用最直观的方式，掌握数据资产的概况，如数据总量、每日数据增量、数据资产质量的整体状况、数据资产的分类情况、数据资产的分布情况、数据资产的冷热度排名、各个业务域及系统之间的数据流动关系等。

2. 数据资产目录

数据资产目录通过对数据资产良好地组织，为用户带来直观的体验，可以使用户花较少的时间查找到自己关心的数据资产。

数据资产目录的组织方式灵活多样，常见的有按业务域组织、按数据来源组织、按数据类型组织。

根据用户角色的不同，数据资产目录有多种展现视角，概括来讲，有 3 类用户角色：数据资产开发者、数据资产管理者和数据资产使用者。

❑ 数据资产开发者关注当前开发的数据资产是否有重复，是否有准确的定义，通过数据资产目录，数据资产开发者可以将自己负责开发的数据资产发布到合适的资产目录下。

❑ 数据资产管理者必须掌握数据资产的全局情况，包括拥有哪些数据资产、数据资产分布在哪里、数据资产的质量情况、数据资产的使用情况等。数据资产管理者通过对数据资产的合理授权，控制数据资产的使用。

❑ 数据资产使用者关心数据是什么、数据在哪里、如何获取到数据。通过数据资产目录和获取到的合理授权，数据资产使用者能快速定位到自己需要的数据资产，掌握数据资产的存在形式是什么（结构化还是半结构化），如何获取到自己想要的数据，评估现有的数据资产能否满足所建应用的需要。

3. 数据资产检索

数据资产检索服务为用户提供了一键式的资产检索服务，通过对关键字的匹配，数据资产门户检索出相关的数据资产集，用户可以根据需要找到相关的数据资产，可以查看数据资产的名称、创建者、业务语义、加工过程等详情，帮助自己理解和使用数据。

8.8　数据资产管理效果评估

在评估数据资产管理效果的过程中，要考虑到不同行业客户的特点，考虑到客户对数据资产管理的不同要求，采用科学的评估模型，帮助客户认识到当前数据资产管理的水平如何，应该如何改进。

8.8.1　根据行业特点评估效果

必须认识到，不同行业的业务特点不同，对于数据资产管理的诉求也有所差异。在评估数据资产管理效果时，也必须考虑到不同行业的侧重点。下面以金融、政府部门、电信行业为例，分别说明它们在开展数据资产管理工作时的侧重点。

金融机构监管力度大，对数据标准和数据质量的要求很高，适合自上而下开展大数据资产管理。通过建立权威的数据资产管理委员会，指导数据资产管理工作。参考国际及国家发布的相关标准，制定数据标准管理办法。并从数据质量问题发生的源头开始，将数据质量管理嵌入到系统开发过程，从根本上保证数据质量符合国家的监管要求。所以，金融行业相对更重视数据标准和数据质量的实施效果。

政府部门涉及很多民生相关的数据，例如在智慧城市的建设中，以提升管理和服务水平，方便市民作为出发点。因此，通过打通不同政府部门之间的数据墙、业务墙，在海量数据中快速找到所需数据就显得至关重要。政府部门的数据资产管理必须进行不同部门间的数据交换与共享，在安全可控的前提下适当开放数据接口，拓展民生应用。政府部门相对更重视数据的安全可控、数据交换的及时性和共享开放性。

电信行业数据量特别大，而且增长迅速，数据具备较高的商业价值。在遵守法律、保证安全与隐私的前提下将数据资产化，通过资产管理平台进行数据共享，可以大大拓展与集成商的合作空间，挖掘出数据巨大的商业潜质。电信行业更重视数据资产是否被良好地组织和管理起来，以及是否实现了开放共享。

除了这 3 个行业之外，在制造业、房地产、安防、军工等行业中，数据资产管理也被提到越来越重要的位置。在帮助客户开展数据资产管理工作的时候，一定要先搞懂客户的核心诉求和行业的特点，才能做到有的放矢，以始为终，取得良好的效果。

8.8.2　根据客户的不同诉求评估效果

客户的业务和数据情况千差万别，对于数据资产管理的诉求也是不一样的。在评估数据资产管理的效果时，不能忽视任何一个客户的独特诉求。

以笔者们经历过的一个电信行业客户为例，在一期数据资产管理项目基本解决了数据标准、数据质量问题的基础上，二期项目客户的主要诉求是建立起数据资产健康度评价模型。于是从处理效率、数据质量、数据价值、数据冗余、数据空间、数据标准、价值密度这 7 个方面建立数据资产健康评估维度，以了解数据资产健康状况，发现数据中存在的故障线索和健康隐患，并制订相应的解决方案。从而帮助企业有计划地深入开展数据资产管理工作。

而另一家制造企业客户的主要问题是统计分析的数据不准。通过建设数据问题的血缘追溯功能，实现数据质量问题自动化诊断，数据质量问题查证效率提高了70%，查证准确率提升了45%，大大降低了数据质量问题反复沟通成本，提高了工作效率。在此基础上，对发现的数据质量问题进行分析、归类、下发和效果考核，通过一套数据质量管理流程，逐步提升数据质量。

还有一类典型的客户诉求，因为客户内部的数据标准不统一，导致不同部门计算出来的指标千差万别，无法指导业务决策，这时候就需要首先统一企业内部的数据标准，包括指标标准、代码标准、数据开发标准等，统一数据的口径。在此基础上再进行其他方面的数据资产管理工作。

在评估数据资产管理效果的时候，首先要考虑到客户的核心诉求，而不是抱着一套评估模型不变，否则容易导致做了很多工作，但是客户并不满意的结果。

8.8.3　评估模型

在8.5.3节数据治理的理论体系中，谈到了DCMM数据管理能力成熟度评估模型，这套模型可以帮助企业获得目前数据管理现状、识别差距和提出未来发展方向，同时也能帮助客户评估数据资产管理的效果如何，下一步该如何改进。

DCMM 在八大领域，将数据管理的成熟度划分成 5 个等级：初始级、受管理级、稳健级、量化管理级、优化级（见图 8-7）。

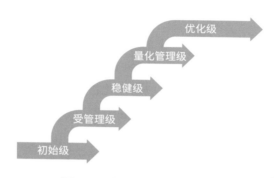

图 8-7　数据管理的成熟度划分

以八大领域中的数据质量域为例，它包含 4 个过程域：数据质量需求、数据质量检查、数据质量分析和数据质量提升。再以数据质量检查域为例，其建设目标为：

❑ 全面监控组织数据质量情况。

❑ 建立数据质量问题管理机制。

建设内容为：

❑ 制订数据质量检查计划。

❑ 数据质量情况剖析。

❑ 数据质量校验。

❑ 数据质量问题管理。

数据质量检查域的成熟度等级如下。

❑ 初始级：开展偶然的数据质量检查活动，基于出现的数据问题进行问题查找。

❑ 受管理级：定义了数据质量检查方面的管理制度和流程，明确了数据质量剖析的主要内容和方式，在某些业务领域按计划进行数据质量剖析和校验。

❑ 稳健级：明确了组织级的数据质量检查制度和流程，定义了相关人员在其中的职责，定义了相关的执行计划，统一开展数据质量检查，并根据结果进行考核。

❑ 量化管理级：定义并应用量化指标，对数据质量检查和问题处理过程进行有效分析，可以及时对相关制度和流程进行优化。

❑ 优化级：在业界分享组织数据质量检查的实践经验，成为行业标杆。

以笔者们的经验，大多数企业都处于初始级或受管理级，少部分企业达到了稳健级或量化管理级，极少企业能达到优化级。在数据资产管理工作开展的初期，先对当前的能力成熟度做一个由第三方牵头的客观评估，如评估的结果是企业的成熟度为初始级。经过一段时间，如半年的建设周期后，再做一次评估，看能否达到下一个甚至再下一个成熟度等级。评估工作最好请企业外部有能力、有公信力的机构来执行，避免企业既做运动员也做裁判的情况发生。

除了运用好数据管理能力成熟度评估模型之外，在数据资产管理过程中，取得客户和领导的肯定和支持，让相关干系人能够看到实实在在的成果，也是效果评估中必不可少的一部分。这部分工作考验数据资产管理人员的总结整理能力和沟通能力。如可以客观地评价数据质量的提升曲线，评估用户因为数据质量的提升而减少的线下沟通时间，定期向关键干系人汇报项目进度和成果，在组织内部推广数据资产管理相关的知识和成果等。

8.9　数据资产管理的 7 个成功要素

大部分组织的数据现状都是先污染、后治理，所以，数据资产管理是一个需要经常"翻旧账"的工作。而随着数据源源不断地产生，由于业务变化的需要，数据资产管理又是一项需要长期进行的系统工程。数据资产管理牵涉到的业务部门众多，利益复杂，系统庞杂，通常需要面对各种数据源情况，具有相当大的难度。要保障数据资产管理工作顺利推行，取得成效，需要建立一个强有力的组织，制定清晰可行的数据战略，培养重视数据的企业文化，制定合理的制度和工作流程，建立统一的标准与规范，使用成熟的软件系统，进行科学的现场实施。

（1）强有力的组织架构

强有力的组织架构是数据资产管理取得成功的有力保证。在开展数据资产管理工作之前，对于组织及其责任分工做出规划是非常必要的。数据资产管理涉及的范围很广，牵涉到不同的业务部门和信息部门，是一件全局大事。如何成立和成立什么样的组织，应该依据企业本身的发展战略和目标来确定，但通常来说，这个组织架构需要高层领导牵头，涵盖业务部门和信息部门。结合企业自身的管理架构，本着专人专事的原则，完整的数据资产管理组织架构中通常需要有如下角色：领导决策层、业务部门主管角色、IT 部门主管角色、执行项目经理、执行团队等。在具体的执行岗位上，需要有专人从事专门的工作，如设立数据质量管理人员、数据标准管理人员、元数据管理人员、数据安全管理人员等专门的岗位。

提倡由懂业务、懂数据、懂技术的专职人员来承担数据资产管理的核心工作，在专职人员无法到位的情况下，也可暂时由各部门抽调兼职人员来组成一个临时组织，但要想让工作顺利推进下去，必须对组织的相关人员进行充分授权。

（2）清晰的数据战略

数据战略是指导数据资产管理的最高原则。数据资产管理是否与企业发展战略相吻合也是衡量数据资产管理体系是否成熟、是否成功的重要标准。企业高层和数据资产管理的牵头部门要在企业发展战略框架下，建立数据资产管理的战略文化，包括企业高层领导对数据资产管理的重视程度、所能提供的资源、重大问题的协调能力、未来的目标和发展规划等一系列措施。

（3）重视数据的企业文化

大数据时代的到来带来了很多跨越式发展的机遇，但如果没有大数据意识、大数据思维，没有形成大数据文化，那么就很难抓住这种机遇，实现跨越式发展。所以，要把"大数据"这个科技符号变成"大数据文化"，即政府的文化、社会的文化、企业的文化和大众的文化。以企业为例，企业的管理者应该重视数据的战略价值，逐步引导并培养一种"数据即资产"的价值观，倡导"基于数据做决策，基于数据做创新"的企业行为规范。当全员认识到有价值的数据是一种宝贵的资产后，它就可以发挥业务价值，进而流通、交易、合作，最终变现，并将深刻影响企业的业务模式，甚至重构其文化和组织。

（4）合理的制度与流程

制度与流程是数据资产管理过程中落地认责制度的有效保障。应该由数据管理人员和协调人员共同制定数据资产管理制度流程。常见的制度包括但不限于：

- ❏ 数据需求管理办法
- ❏ 数据模型管理办法
- ❏ 数据标准管理办法
- ❏ 元数据管理办法
- ❏ 数据质量管理办法
- ❏ 数据共享管理办法
- ❏ 数据安全管理办法
- ❏ 数据生命周期管理办法

（5）标准与规范

制定数据标准是开展数据资产管理的前提和基础。通常情况下，企业进行数据资产管理都是从梳理和建立数据标准开始的。举例来说，做数据质量检查时参考的规则通常来自于数据标准，做数据清洗时参考的清洗规则通常也来自于数据标准。

制定标准，不应一味地追求全面和严苛，而是要参考企业当前数据的实际情况，合理地制定可落地的标准。同时，标准并不是一成不变的，会因为企业的管理要求和业务的变化而变化。标准和规范都要及时更新，以跟上变化形势。

（6）成熟的软件平台

数据资产管理工作要取得成功，离不开成熟的软件平台支撑，如数据质量管理系统、元数据管理系统、数据标准管理系统、数据安全管控平台、数据资产中心等。它们是数据资产管理工作能够顺利开展的技术和工具保障，能够大大降低数据资产管理工作的门槛，提升工作效率，减少人工投入的工作量，更有利于标准化的实施，有利于持续开展数据资产管理工作。建议选用国内外有实力的数据资产管理厂商的成熟软件平台，保障数据资产管理工作的顺利开展。

（7）科学的项目实施

数据资产管理并不是一次性的项目工作，而是需要长期持续不断地改进。这一点是它与一般项目的不同之处。

在开展数据资产管理项目工作的时候，不仅要考虑到项目管理的范围边界、实施周期、人力成本、质量交付等重要因素，同时也要充分考虑到项目的长期性，在建立起数据战略、组织架构、制度流程、标准规范、软件平台的基础上，仔细考虑如何合理配置资源，让数据资产管理工作不间断地进行。

通常来说，面对复杂多变的信息系统现状和数据现状，数据资产管理工作不宜立即全面铺开，而是需要整体规划，分步实施，突出重点，逐步推广。可以从业务最关心的数据、最重要的数据入手，取得一定的成果后，再推广到更大的范围中。

数据资产管理在数据中台中的角色类似于一个大管家，掌控着数据中台中最有价值的那部分资产。而数据资产的管理能力决定了一个企业能否完成数字化转型。

8.10 中台手记（五）：家里的这点家底可得管好了

7月28日　周三　晴　地点：CIO办公室

赵伟、刘锋

　　上次的会议开得很成功，集团资产建设工作也在有条不紊地进行着，但是随即又有另一个问题：数据资产建设过程中产生的数据资产，怎样才能有效地管理起来？包括对数据资产价值的盘点，对数据质量的评估，对数据应用情况的统计，等等。这可是咱们这家企业所有的数据家底啊。

　　下午和赵伟就这个问题进行了讨论。赵伟认为，数据资产管理最核心的是要做两件事：

　　一是建设数据资产门户（见图 8-8）。通过对数据资产的梳理、盘点、组织，为数据资产开发者、数据资产管理者、数据资产使用者提供多层次、多视角的数据资产视图。帮助管理者掌控企业所拥有的数据资产全局状况，比如企业有哪些数据资产、分布在哪里、总量有多少、增量情况怎么样、哪些是高价值资产，等等。帮助使用者快速准确地定位并准确理解自己关心的数据资产。通过数据资产目录，数据资产开发者可以了解企业组织数据资产的方式，并将自己负责开发的数据资产发布到合适的资产目录下，等等。

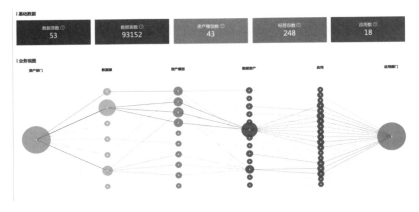

图 8-8　资产门户一览

二是数据资产的治理。比如通过数据标准管理，确保企业内的数据定义是唯一的，取数口径是一致的；通过数据质量管理提升数据资产的质量，通过数据安全管理确保数据是安全可控的，等等。

"数据资产管理会涉及很多部门和系统，是个系统工程，需要领导支持，最好是建立专门的职能部门来负责，通过建立相关的制度和流程来保障工作顺利开展，同时还要选用合适的工具，持续开展下去，才会收到良好的效果。"赵伟一贯都是有了整套的解决方案，再抛出问题，这已经成了我们之间的默契。可以看出，对于数据资产管理他已是成竹在胸。

"那对于数据资产管理工具的选择，你的建议是？"

"刘总，我对这个问题已经进行了考察，刚才展示给你看的那张图，就是想采购的那款工具可以提供的……"

下午效率很高，和赵伟就选择哪一款数据资产管理工具达成了共识。资产门户和资产治理将是下一阶段重点跟进的内容。

数据服务体系建设

　　水是生命的源泉，是人们赖以生存和发展的重要物质资源。在日常生活中，可以通过不同的方式使用水，这也给我们的生活带来巨大便利。在数据世界中，数据资产就好比日常生活中生命所需的水资源，无处不在且不可或缺。但是如果没有相应的水加工厂、运输管道，人们只能到水库打水喝，这明显会极大影响人们正常的生活和工作。因此，将数据资产封装成数据服务，以接口方式提供给上层应用，才能极大释放、提升数据资产的价值。

数据服务体系就是把数据变为一种服务能力，通过数据服务让数据参与到业务之中，激活整个数据中台，这也是数据中台的价值所在。

9.1 补全数据应用的最后"一公里"

数据资产只有形成数据服务被业务所使用，才能体现其价值。以往传统做法是根据某个应用产品的需要，独立构建非常多的数据接口与应用产品对接，这会形成数据接口的"孤岛"，造成大量接口的重复建设，且修改、运维、监控的成本都很大，需要抽象成可管理、可复用、可监控的统一标准下的数据服务体系。而通过数据服务便捷地对接业务系统或应用系统，才能将数据资产灵活使用起来，最终给企业带来各种适配业务场景的数据解决方案，从而提升效率。数据服务作为数据中台实现资产服务化的核心能力，是连接前台业务和数据的桥梁，通过服务接口的方式对数据进行封装和开放，快速、灵活地满足上层应用的需求。数据中台能够以提供数据服务的方式直接驱动业务，不需要人的介入，让业务更快地产生价值。

9.1.1 定义与定位

数据服务是对数据进行计算逻辑的封装（过滤查询、多维分析和算法推理等计算逻辑），生成 API 服务，上层数据应用可以对接数据服务 API，让数据快速应用到业务场景中。

由图 9-1 所示的数据中台架构可以看到，数据服务是数据中台能力的出口，是支持数据应用的重要支撑。在数据中台落地支撑业务时，数据分析师或算法工程师可以通过数据服务配置中台数据资产的访问 API，这样数据应用产品可以方便地使用中台的数据能力，支撑业务决策和智能创新。

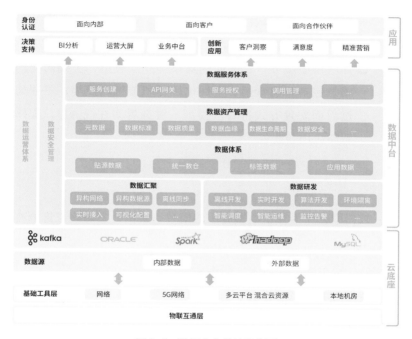

图 9-1　数据中台总体架构图

9.1.2　主要分类

按照数据与计算逻辑封装方式的不同，数据服务可分为以下三类：

❏ 基础数据服务：它面向的对象是物理表数据，主要面向的场景包括数据查询、多维分析等，通过自定义 SQL 的方式实现数据中台全域物理表数据的指标获取和分析。

❏ 标签画像服务：它面向的对象是标签数据，主要面向的场景包括标签圈人、画像分析等，通过界面配置方式实现数据中台全域标签数据跨计算、存储的统一查询分析计算，加快数据应用的开发速度。

❏ 算法模型服务：它面向的对象是算法模型，主要面向的场景包括智能营销、个性化推荐和金融风控等，主要通过界面配置方式将算法模型一键部署为在线 API，支撑智能应用和业务。

9.1.3 核心价值

数据服务作为补全数据应用的最后一公里，它的核心价值有以下 4 点。

（1）确保数据在业务层的全域流通

数据服务可以对数据中台的全量数据进行封装透出，让中台的数据支撑数据业务，加速数据业务化的流程；数据业务产生的反馈数据可以回流到数据中台中，不断优化现有的数据服务，让数据在业务中持续流动起来。

（2）降低数据接口的重复建设

前端不同的数据应用对数据的需求有些是类似的，例如客户画像和客户精准营销都对客户的特征标签有需求，通过统一的数据服务创建的包含客户特征数据的接口，可以通过授权分别提供

给画像和营销两个应用。与以前的烟囱式开发相比，这样做的好
处是可以避免数据接口的重复建设。通过一次创建、多次授权的
方式交付给前端。

（3）保障数据获取的及时性和稳定高效

通过统一的数据服务，对于不同业务部门给数据中台提的数
据需求，中台管理方可以进行统一规划和分配，从整体上保证资
源和需求的协调。同时，通过数据服务中的数据，中台可以及时
得到业务上的完整反馈信息，并基于真实数据及时调整：若需要
及时的数据，则给予实时性的保障；若需要稳定的数据，则给予
可用性的保障。

（4）使能数据能力扩展

通过统一数据中台，不断扩展数据源、优化数据资产建设、
扩展数据服务封装方式，将数据能力进行持续扩展，不断给数据
业务和数据应用提供更多数据价值。

9.2　4 种常见的数据服务

数据服务类型是对数据使用场景的抽象提炼，可以根据不同
的数据使用场景，抽象出查询服务、分析服务、检索服务、圈人
服务、推荐服务、风控服务等多种数据服务类型。这些最小化的
数据服务可以按需组合在一起，构成一个复杂的数据服务体系，
并通过交互界面的封装，形成一个数据应用产品。

由于篇幅有限，本节仅介绍 4 种较为常见的数据服务，如
图 9-2 所示。

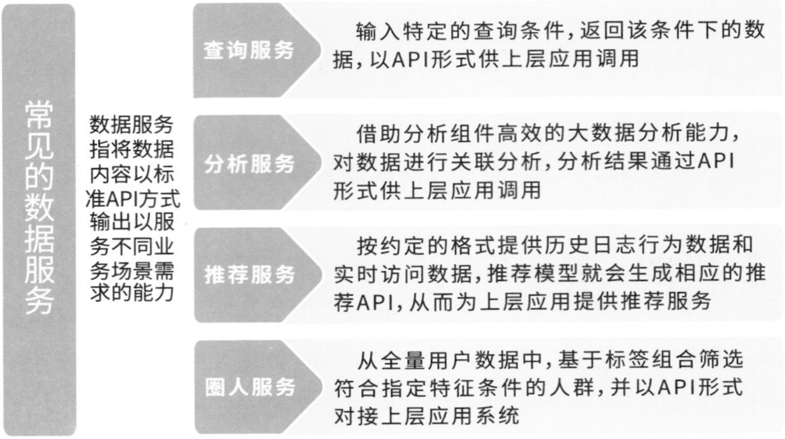

图 9-2　4 种常见的数据服务类型

9.2.1　查询服务

1. 定义

查询服务通过一个标识（key）查询其所对应的内容，可以附加一些条件过滤选项来满足检索要求。如常见的根据账号查询其相关的档案信息、根据商品查询其销售信息等，都属于查询服务的应用场景。

2. 典型特征

如图 9-3 所示，查询服务具备 3 个特征，下面来一一介绍。

（1）支持配置查询标识

查询服务一般会有一个查询标识，会根据该标识去定位具体内容，底层数据组织一般会对该标识建立索引，以加快查询速度。

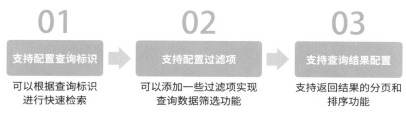

图 9-3　查询服务的 3 个特征

（2）支持配置过滤项

过滤项配置是指用户在进行标识查询时，配置一些过滤条件，以满足个性化的数据查询需求。该场景在应用层随处可见，比如查询一个人的账单流水数据，一般会配置一个时间区间，查询该时间区间的账单流水数据。

（3）支持查询结果配置

查询服务支持查询结果配置。常见的配置包括数据排序规则以及分页规则。数据排序就是对查询的结果数据做排序处理，包括升序、降序、自定义排序和组合排序。分页规则通常只需要设置每页要展示多少条数据即可。

3. 构建过程

查询服务的构建包含 4 个过程，如图 9-4 所示。

（1）数据接入

可以通过数据库、文件或 API 等形式把数据连接进来，也可

251

以通过数据平台对接数据资产库数据，实现资产服务化的过程。

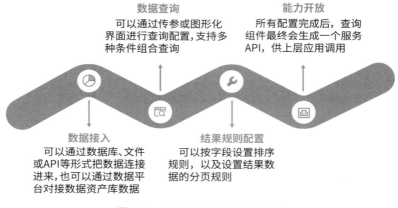

数据查询
可以通过传参或图形化界面进行查询配置，支持多种条件组合查询

能力开放
所有配置完成后，查询组件最终会生成一个服务API，供上层应用调用

数据接入
可以通过数据库、文件或API等形式把数据连接进来，也可以通过数据平台对接数据资产库数据

结果规则配置
可以按字段设置排序规则，以及设置结果数据的分页规则

图 9-4　查询服务的 4 个构建过程

（2）数据查询

可以通过传参或图形化界面进行查询配置。一般会配置查询标识和过滤条件。

（3）结果规则配置

对于查询好的数据，可以设置排序规则和分页规则。排序规则规定按哪个字段进行排序，排序方式包括升序、降序和自定义。用户可以设置多个排序规则，按排序规则的前后顺序生效。用户可以设置结果数据的分页规则。

（4）能力开放

所有配置完成后，查询组件最终会生成一个服务 API，供上层应用调用。该服务 API 中包含按查询规则生成的结果数据。

9.2.2　分析服务

1. 定义

分析服务通过各种数据统计分析的方法，对数据做任意维度的数据分析挖掘，让数据分析人员快速了解数据集的特点，以支持数据化运营、分析决策等场景。常见的如 BI 工具、数据化运营中的路径分析、漏斗模型等，大部分是基于这种能力来构建的。

2. 典型特征

分析服务通常具备 4 大特征，如图 9-5 所示。

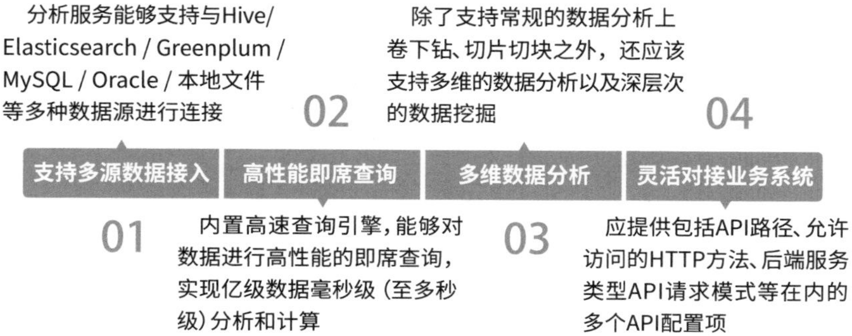

分析服务能够支持与Hive/
Elasticsearch / Greenplum /
MySQL / Oracle / 本地文件
等多种数据源进行连接　**02**

除了支持常规的数据分析上
卷下钻、切片切块之外，还应该
支持多维的数据分析以及深层次
的数据挖掘　**04**

| 支持多源数据接入 | 高性能即席查询 | 多维数据分析 | 灵活对接业务系统 |

01　内置高速查询引擎，能够对
数据进行高性能的即席查询，
实现亿级数据毫秒级（至多秒
级）分析和计算

03　应提供包括API路径、允许
访问的HTTP方法、后端服务
类型API请求模式等在内的
多个API配置项

图 9-5　分析服务的 4 大特征

（1）支持多源数据接入

企业的数据经过清洗加工转化成数据资产后，最终通过服务作用于业务系统。基于企业异构存储的现状，要求分析服务能够支持与 Hive、Elasticsearch、Greenplum、MySQL、Oracle、本地文件等多种数据源进行连接。此外，它应该还支持公有云和私有

云等形式的数据接入,从而帮助企业实现业务数据的无缝对接。

（2）高性能即席查询

随着企业数据爆发式增长,每天产生的数据量由之前的千级别、万级别,转变成现在的百万级别、千万级别,甚至亿级别。这就导致传统的数据分析工具遇到分析能力的瓶颈,也就是对大数据量的分析越来越乏力。因此,这就要求分析服务内置高速计算引擎,以对数据进行高性能的即席计算,实现亿级数据毫秒级（至多秒级）分析和计算,减少用户等待时间。

（3）多维数据分析

在数据驱动决策深入人心的今天,越来越多的企业开始意识到数据的价值,从而对数据分析也提出了更高的挑战和要求。分析服务除了支持常规的数据分析、上卷下钻、切片切块之外,还应该支持多维的数据分析以及深层次的数据挖掘,发现数据背后的关联关系。

（4）灵活对接业务系统

最终的分析结果会以接口的形式输出给业务系统,供业务系统调用。为了适配企业多样的业务系统,服务接口允许用户自定义构建。分析服务应提供包括接口 URL、后端服务类型、接口请求模式等在内的多个配置项,以最大程度地满足业务需求。

3. 构建过程

如图 9-6 所示,分析服务的构建包含 3 个过程。

（1）数据接入

"巧妇难为无米之炊",如果没有原始的数据接入,也就没办法向上层应用提供服务。而且，接入的数据必须具备分析的价值，否则，即使通过分析服务分析之后，也不会给企业带来价值信息。了解了这两点之后，可以把业务所需的数据通过各种数据库、API 或文件等形式与分析组件进行对接。

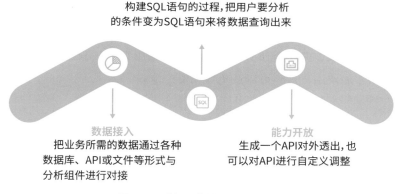

在线建模
构建SQL语句的过程,把用户要分析
的条件变为SQL语句来将数据查询出来

数据接入
把业务所需的数据通过各种
数据库、API或文件等形式与
分析组件进行对接

能力开放
生成一个API对外透出,也
可以对API进行自定义调整

图 9-6　分析服务的 3 个构建过程

（2）在线建模

在线建模本质上就是构建 SQL 语句的过程，把用户要分析的条件变为 SQL 语句来将数据查询出来。在这个过程中，业界通常会提供两种方式：一种是 SQL 代码编辑器，另一种是图形化界面。

SQL 代码编辑器方式就是让用户通过代码编辑器直接编写 SQL 代码，查询要分析的数据。通过 SQL 代码编辑器，用户可以实现较复杂的数据分析。但对于业务人员来说，SQL 代码编辑器非常不友好，由于不了解 SQL，他们不能正常分析数据。

图形化界面则是专门为了方便业务人员使用而设计的。业务人员通过简单的"拖曳"完成数据分析操作，再由分析组件把用户的操作转化成系统能理解的 SQL 语句，从而实现数据的分析和查询。这种方式对于业务人员来说非常方便，简单易上手，但是通过这种方式不能实现复杂的数据分析。

（3）能力开放

完成建模后，分析组件会自动生成一个 API 对外透出，当然用户也可以对 API 进行自定义调整。对于生成的 API，需要控制其使用权限，并不是所有的应用都可以调用它，只有经过审核的应用才能调用，这样可以避免数据资产泄露。

9.2.3　推荐服务

1. 定义

推荐服务即所谓的千人千面，对不同的人对物的行为进行数据挖掘，构建每个人与物之间的关系程度，来推荐人、物以满足用户的兴趣偏好，以提升用户对业务的黏性。大家听过最多的啤酒与尿布的案例就是其中一种，只不过它是从物与物的关联性来找到相关的人群，以提高用户的消费力。每个人打开手机淘宝看到的内容都不一样，这就是一种基于人的兴趣偏好的推荐服务能力。

2. 典型特征

推荐服务具备以下 3 大特征（见图 9-7）。

（1）支持不同行业的推荐

推荐服务是具备行业属性的，不同行业背后的推荐逻辑是有区别的。比如电商领域和内容资讯领域，同样都是浏览行为，但是在推荐模型进行计算的过程中，两者所占的比重完全不一样。所以在电商、内容资讯、视频直播、音乐媒体、社交等不同领域中，推荐服务都应该具备和该领域适配的推荐能力。

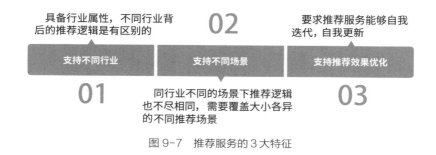

图 9-7　推荐服务的 3 大特征

（2）支持不同场景的推荐

即使在同一个行业中，对于推荐的使用也会存在不同的场景。还是以内容资讯类为例，在用户冷启动场景下，应该为其推荐哪些资讯？在用户已经有浏览行为的场景下，又应该为其推荐哪些资讯？在资讯冷启动场景下，应该为其推荐哪些用户群体？在资讯已经被浏览之后，又应该为其推荐哪些用户群体？不难发现，在不同的场景下，同行业下的推荐逻辑也是完全不同的，所以推荐服务应该覆盖这些不同的推荐场景。

（3）支持推荐效果优化

推荐服务的终极目标是成为用户的贴心管家。不需要用户的任何思考，推荐服务就能向用户推荐他想要查看的物品或资讯。这就要求推荐服务能够自我迭代，自我更新。从导入的原始数据开始，经过推荐组件生成推荐数据，再根据用户的浏览数据不断修正推荐模型，从而使推荐效果不断优化。

3. 构建过程

推荐服务的构建包含 5 个过程，如图 9-8 所示。

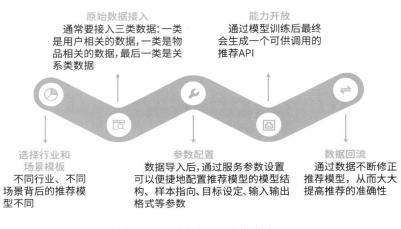

图 9-8　推荐服务的 5 个构建过程

（1）选择行业和场景模板

一般需要先选择推荐服务的应用行业，是电商类推荐还是新闻资讯类推荐，是视频直播类推荐还是社交类推荐，等等。此外，还要选择推荐服务的应用场景，是用户冷启动推荐还是用户热启动推荐，是商品冷启动推荐还是商品热启动推荐。不同行业、不同场景背后的推荐模型不同。

（2）原始数据接入

选择好要使用的推荐模型之后，就需要把相关的数据接入进来。通常要接入三类数据：一类是用户相关的数据，一类是物品相关的数据，最后一类是关系类数据（用户和物品发生关系的数据）。

以新闻资讯类为例，用户数据包括用户的基本信息、行为习惯、兴趣偏好、性格特征等内容；物品数据包括新闻资讯的基本信息、从属关系、功能特性、价值属性等内容；关系类数据是指浏览、分享、点赞、评论等内容。

（3）参数配置

数据导入后，通过服务参数设置可以便捷地配置推荐模型的模型结构、样本指向、目标设定、输入输出格式等参数，推荐模型即会在设定的参数下开始自动化训练运行，直至模型稳定下来后，产出推荐结果或稳定的推荐模型。

（4）能力开放

通过模型训练后最终会生成一个可供调用的推荐 API，该 API 支持传入 ID 参数，实时或离线计算后，将适配该行业或场景下的推荐数据输出返回到相应的上层应用系统中。

（5）数据回流

上层应用使用推荐服务提供的推荐数据后，产生的效果数据还要回流到推荐模型中，也就是要把新一轮的用户数据、物品数据和关系数据导入推荐组件，设置一定的同步周期，通过数据不断修正推荐模型，从而大大提高推荐的准确性。

9.2.4　圈人服务

1. 定义

各行各业都会涉及广告营销场景，而如何找到对的人推送广告就成了大数据场景要解决的问题。圈人服务应运而生，通过提供人群圈选服务，帮助服务使用者从全量用户数据中基于标签组合筛选出符合指定特征的人群，并以 API 的形式对接上层的营销系统，从而实现营销广告的精准触达，最终达到老客户召回、休眠客户激活等运营目的。

2. 典型特征

圈人服务具备 3 大特征，如图 9-9 所示。

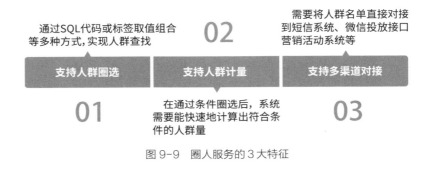

通过SQL代码或标签取值组合
等多种方式,实现人群查找

02

需要将人群名单直接对接
到短信系统、微信投放接口
营销活动系统等

支持人群圈选　　　支持人群计量　　　支持多渠道对接

01

在通过条件圈选后,系统
需要能快速地计算出符合条
件的人群量

03

图 9-9　圈人服务的 3 大特征

（1）支持人群圈选

圈人服务的核心在于人群圈选，通过 SQL 代码或标签取值组合等多种方式，实现人群查找，帮助用户找到对的人群。

（2）支持人群计量

营销部门或广告公司使用圈人服务圈选出目标人群后，往往还要考虑人群量是否符合预期，因为预算有限，不可能无限量或者不计成本地对人群进行营销。因此在通过条件圈选后，系统需要能快速计算出符合条件的人群量，如果数量多于预期，则建议继续追加条件圈选更精准的人群；如果数量少于预期，则建议放宽筛选条件，或者继续圈选其他合适人群。

（3）支持多渠道对接

人群圈选并计量测算，确认是业务方所需目标人群后，需要能够将人群名单导出到相应的下游系统。最简单的名单导出方式是先下载文件，再由业务人员导入相应的业务系统中。当人群名单量达到千万甚至上亿级，或人群圈选需要自动化对接时，需要将人群名单直接对接到短信系统、微信投放接口、营销活动系统等。

3. 构建过程

圈人服务的构建包含 3 个过程，如图 9-10 所示。

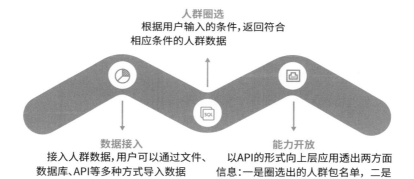

图 9-10　圈人服务的 3 个构建过程

（1）数据接入

圈人服务的第一步是接入人群数据，用户可以通过文件、数据库、API 等多种方式导入数据。

（2）人群圈选

圈人服务的本质其实是数据查询分析的过程，根据用户输入的条件，返回符合相应条件的人群数据。针对不同的使用场景，通常会提供多种圈人方式，以满足不同类型客户的需求。面向开发人员，可以提供 SQL 代码编辑器进行圈选。开发人员直接在代码编辑器中编写要查询的 SQL 语句，实现人群圈选。面向业务人员，可以提供图形化界面进行圈选。业务人员通常对代码了解不多，所以直接通过界面拖曳标签，勾选计算逻辑的方式，能大大降低他们的学习成本。

（3）能力开放

和所有其他服务一样，圈人服务最终也会以 API 的形式向上层应用透出。圈人服务通常会提供两方面的信息：一是圈选出的人群包名单，二是圈选的人群特征。下游的分发系统，例如短信系统、营销活动系统、广告系统等，会根据圈人服务提供的 API，向这个人群发送符合该人群特征的文案内容或创意广告，从而实现精准触达，提升点击率和转化率。

9.3　3 种常见的数据应用

根据上文所介绍的 4 类数据服务，可以对接多种数据应用。本节简单阐述 3 种常见的数据应用（见图 9-11），帮助大家更好地理解它们和数据服务的关联关系。

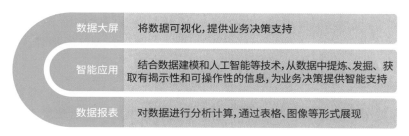

图 9-11　3 种常见的数据应用

9.3.1　数据大屏

数据可视化大屏是一门将科学和艺术相结合的技术，将数据以可视化的方式直观呈现，在诸多领域都有广泛应用。越来越多的政府部门、企业青睐于通过这种强视觉形式来展现重要的数据，它是当前计算机科学的一个重要研究方向。近年来，我国的大数据产业呈现出高速增长的趋势，其中大数据产业 8 大趋势之一的数据可视化也迎来黄金发展期。查询服务作为最常见的一种数据服务，也是可视化大屏数据来源的重要支撑部分。用户创建查询服务接口，然后在可视化大屏里面配置相关 API，就可以支撑可视化大屏的展现。

1. 定义

数据可视化大屏旨在把一些统计性、结论性、预测性数据通过可视化框架（WebGL、D3、three.js 或 Mapbox 等）渲染出来直观地呈现给读者。可视化大屏的使用者是决策人员，它基于数据多维度分析，为管理决策提供数据支撑。

可视化大屏的使用场景主要有两类：

❑ 公关：一些会议展览、业绩汇报等场景，面向媒体公众展示管理成绩、营收效益的可视化，以宣扬团队实力为目的，载体多为展厅里的大屏，交互方式以轮播为主，通过小屏控制大屏的交互场景也较多。

❑ 监控：一些风险预警、实时作战指挥中心等场景，对管辖区域内的数据进行监测和分析，以指导制定政策为目的，载体为可视化大屏、液晶显示器、电脑灯，可直接用鼠标进行交互操作。

2. 发展历史

数据可视化起源于图形学，到了 19 世纪下半叶，系统构建可视化方法的条件日渐成熟，使其进入了黄金时期。法国人 Charles Joseph Minard 率先将可视化应用于工程和统计，其最著名的工作是 1869 年将 1812—1813 年拿破仑东征莫斯科大败而归的事件做成流图（见图 9-12），这幅图如实呈现了军队的位置和行军方向，军队汇聚、分散和重聚的地点和时间，军队减员的过程，撤退时严寒气候造成人员伤亡等信息。

由近代护理事业的创始人南丁格尔创作的堆叠饼图（见图 9-13），如实反映了 1854 年克里米亚战争 4 千多名英国士兵的死亡主因并不是直接战死，而是没有得到及时救治以及恶劣环境的影响。

近年来随着计算机图形学的发展，尤其是人工智能的发展，加上科学可视化（如医院人体的 CT 检查、心电图等）以及人机交互界面等领域的相互促进和发展，数据可视化的发展迎来黄金发展期。数据可视化是当前计算机科学的一个重要研究方向，它利用计算机对抽象信息进行直观表示，有利于快速检索信息和增强认知能力。

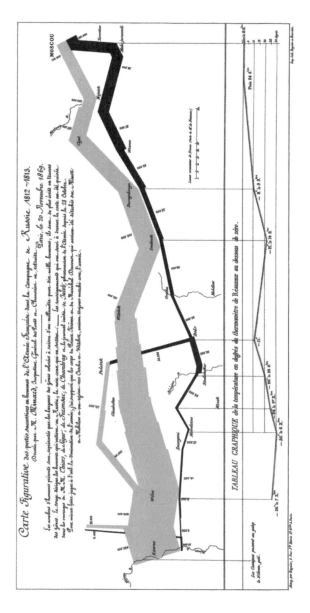

图 9-12　拿破仑东征事件流图

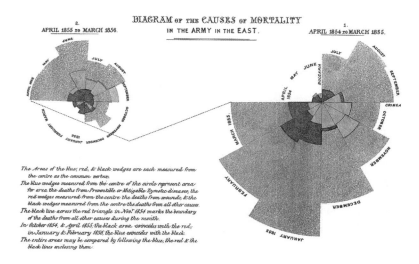

图 9-13　南丁格尔玫瑰

3. 内容与功能

　　数据可视化的基本流程是数据调研、数据开发、数据服务、可视化呈现，如图 9-14 所示。

图 9-14　数据可视化的基本流程

（1）数据调研

　　需求分析是大数据可视化项目开展的前提，要了解项目背景与目的、业务目标、业务范围、业务需求和功能需求等内容，明

确企业对可视化的期望和需求；要了解企业当前数据状况，质量
达不达标，满足主题域的原始数据全不全，缺失的数据是要购买
还是通过公开网站获取等。

（2）数据开发

数据开发是利用开发工具加工原始数据，产生可视化大屏业
务所需的数据。通常会基于数据开发 IDE 进行，包括离线开发、
实时开发和算法开发。

（3）数据服务

基于加工好的数据，利用数据服务套件，对数据进行封装，
生成在线的 API。

（4）可视化呈现

在数据可视化套件中，配置数据服务 API 数据源，产生可视
化大屏。

9.3.2 数据报表

分析服务接口往往对接报表分析类的分析型数据应用。这类
数据应用重在通过图形化方式呈现各类关注指标，并通过下钻、
对比、关联分析等功能实现对数据自由灵活的查看、比对、研
究，是管理者和分析师做企业经营分析或行业研究分析时的常用
工具。

1. 定义

什么是报表分析？流水账记录后，每天或者每隔一定时间由
账房先生对收入及支出进行加和，得到盈亏数据，这就是最早、

最基础的报表分析。时至今日，本质不变，报表分析其实就是以各类报表为基础进行的更深一步的分析计算，以期得到能够描述报表中数据特征的数据，来指导下一步的工作，其分析的结果可以通过文字、数值、图形等多种形式输出。

2. 发展阶段

报表分析按照所能提供的能力分类，其发展大致可以划分为三个阶段，其阶段的演变基本与报表的演变历程一致。

第一阶段，传统报表时代（记录能力）

这个时候人们对于分析维度几乎没有什么认知，分析主要集中在观察后的主观认知和简单的加减计算，应用于粗放的管理模式。笔者们把这时的报表分析能力叫作记录能力，这种情况一直持续到计算机的出现。

第二阶段，统计报表时代（统计能力）

当计算机出现后，报表逐渐开始往格式的多样化和数据的动态化方向发展。各类数据库软件拥有了实时动态变化的数据，实现了报表数据的动态化，但一般只能提供最简单的表格形式来显示数据。以 Excel 为代表的编辑类软件，则实现了报表格式的多样性，使用这类软件能做出复杂的报表，但需要提前准备好数据，不能动态加载数据。这两种形式的报表将报表分析推到了初步分析的层面，能够通过多样化的图表形式得到侧重点不同的结论，例如饼图的占比分析、折线图的趋势分析、雷达图的多序列数据综合价值分析；也能凭借数据的动态化特性及时得到结论，提高响应速度。但这一阶段报表分析的能力主要集中在统计层面，且无法同时满足对数据动态化及图表多样性的需求，笔者们将这一阶段的报表分析能力叫作统计能力。

第三阶段，分析报表时代（分析能力）

随着大数据时代的到来，以及 BI（Business Intelligence，商业智能）模式的出现，人们对报表分析的需求变得越来越复杂。庞大的数据量、多样的数据类型、更专业的分析需求等催生了专业的报表软件，这时候的报表和报表分析已经逐渐淡化了边界。BI 类软件就是这个时代最具有代表性的产物，它具备专门的报表结构来动态加载数据，也有多样化的图表形式来分析数据并展示结论，并且通过不断深入分析、挖掘数据的内在、潜在价值，将数据转化为知识，以帮助企业做出相对准确的经营决策，这时的报表分析才真正迎来分析能力的时代。如何将数据背后隐藏的价值通过报表分析最大化地发挥出来，直接决定着企业运营的效率及未来的竞争力，这也是 BI 时代报表分析技术的研究方向。

3. 内容与功能

按照对数据特征探索的深度不同，目前的报表分析从功能层面大致可以划分为统计报表、数据分析、数据挖掘 3 种类型。

统计报表主要集中在描述性统计的层面，通过提供灵活的、可自定义的、能便捷生成的各类表格和图表，例如柱状图、条形图、折线图、饼图、直方图、箱线图、散点图、瀑布图、雷达图等，让用户能够自主地将所想变为所得。它的价值主要表现为两个方面：一方面，最基础的，它将数据库中存在的数据转变为业务人员可以读懂和获取的信息；另一方面，它对数据做了描述性统计层面的处理，能够将数据的一部分外在特征呈现给用户，例如频数、比例、趋势、离散程度等。

数据分析和数据挖掘则主要针对的是从数据中发现新的特征，属于探索性数据分析和验证性数据分析的维度。数据分析层面常用的方法有假设检验、显著性检验、相关分析、距离分析、回归分析、聚类分析、因子分析、主成分分析、关联分析等。而数据挖掘最常用的方法则主要有分类、估计、预测、相关性分组或关联规则、聚类、复杂数据类型挖掘等，其中常用的算法模型有 k-means、ANN、神经网络模型、遗传免疫算法、决策树等。它们能够从杂乱无章、看起来毫无关联的数据中发现潜在的特征关系，或者通过分析对已有假设进行证实或证伪。

报表分析产品从交互界面端获得用户对数据进行统计分析、数据分析、数据挖掘等类型的数据操作指令后，产生一条输入信息并传递到分析服务，分析服务根据数据操作指令，调用后端的数据计算引擎，快速完成数据计算后，将计算结果通过输出接口传递回报表分析产品端，可视化呈现给用户。

9.3.3　智能应用

智能应用是数据应用的核心组成部分，是从数据洞察到业务创新的重要支撑。在数据服务应用体系中，常见的智能应用包括个性化推荐应用、精准营销应用等。9.2 节的推荐服务、圈人服务都是智能应用的数据服务组成部分。

1.定义

智能应用结合数据建模和人工智能等多种技术，从数据中提炼、发掘、获取有揭示性和可操作性的信息，从而为人们在基于数据进行决策或执行任务时提供有效的智能支持。

2. 分类

目前在智能应用方面发展得比较成熟的行业有金融、公共安全、教育、零售、医疗健康、工业制造、手机及互联网娱乐、广告营销、家庭家具、交通出行等。典型场景应用有个性化推荐、精准营销、大数据风控、人脸识别等。典型智能应用如图 9-15 所示。

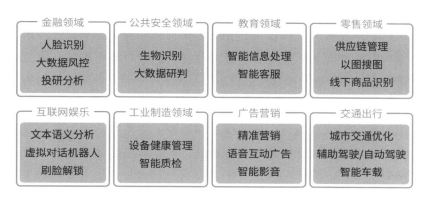

图 9-15　典型智能应用总览

3. 内容与功能

每个智能应用场景的内容和功能都不一样，本节以个性化推荐应用和精准营销应用为例重点说明。

（1）个性化推荐应用

个性化推荐在日常的网络应用中无处不在，比如网上购物、新闻 App、社交网络、音视频软件等，有人的地方就有推荐。根据个人喜好物品的特性，或者相同喜好人群的习惯等信息进行个性化的内容推荐，就是我们所说的个性化推荐。

根据数据源的不同，个性化推荐可以细分为三类：

- ❑ 基于人口统计学的推荐：主要根据系统用户的基本信息来发现用户的相关程度。
- ❑ 基于内容的推荐：主要根据物品或内容的元数据，发现物品或内容的相关性。
- ❑ 协同过滤推荐：主要根据用户对物品或信息的偏好，发现物品或内容本身的相关性，或者发现用户的相关性。

个性化推荐往往在用户特征数据与目标物特征数据之间建立关联匹配算法，通过算法模型计算得出针对每个具体个体的推荐结果。个性化推荐的前提条件是积累了大量用户对目标物的行为记录，例如浏览、搜索、查询、下单、交流等，在此基础上，增加时间衰减、广泛热度、同类型、突变因子等因素的权重考量，通过推荐模型的训练运算，离线或实时计算得出推荐结果。

业务系统从交互界面端获得访问用户的 ID 信息，及用户准实时的行为表现信息，即时产生一条输入信息并传递到推荐服务，由推荐服务根据收到的 ID 数据及准实时行为数据，调用后端的数据计算引擎，实时完成推荐算法计算或查询离线推荐结果，然后将计算或查询结果通过输出接口传递回业务系统的目标物展示界面，通过前端目标物列表呈现给用户个性化推荐的目标物结果。

（2）精准营销应用

精准营销是指将营销信息或营销产品通过精确的定向技术推送给目标受众的营销手段。这个定义强调了两个概念。第一个是推送的内容既可以是营销的文案或者广告等消息，也可以是要营销的产品本身。这个理念主要针对现在厂商类型和产品的多样性，例如奶粉厂商要投放的是广告，而媒体资讯平台要推送的就是产品本身。第二个是推送的效果必须是双向的，推送的内容只被目标用户看到，且用户需要的正是你的营销内容。而在这种理念下，对精准营销技术手段的要求就非常高。

根据营销的渠道形式，精准营销可以分为广告系统中的精准营销与营销活动系统中的精准营销。广告领域是最早运用精准营销的领域，因为广告领域中每天面对的是几十亿乃至几百亿条的流量信息，常规做法是广告公司、品牌公司直接买断优质广告位或优质客户流量，但是这种方式有较大的资源浪费，因为部分流量可能对广告内容并不感兴趣。因此广告流量联盟希望能将流量资源的利用最大化，开始尝试构建 DMP 系统：每一个广告商根据自身产品特征及目标客户画像，制订精准营销计划，在 DMP 系统中圈选的人群会自动对接到 DSP 系统中进行实时竞价精准投放。各公司的营销部门也逐渐开始使用精准营销系统为不同的营销活动制定目标客群，圈选出的客群名单需要对接到具体的活动载体系统中去，例如短信、微信、App 等。

精准营销系统一般需要先建立产品和用户的标签体系，形成产品画像及用户画像，通过标签圈选功能，筛选出满足标签值组合条件的人群，对接营销投放系统，并对营销效果数据进行对比分析。通过对营销人群、营销内容、营销环境、营销载体等多维组合制订不同的营销计划，淘汰效果较差的营销计划，一步步筛选出效果最好的营销计划，分析挖掘出产品与受众之间的最佳匹配关系。

营销系统从营销端获得访问用户的 ID 信息，即时传入圈人服务，由圈人服务根据收到的 ID 数据，调用后端的计算引擎完成分组查询后，将适配的营销内容通过输出接口传递回营销系统进行相应的营销展示。

9.4 数据服务背后的产品技术

数据服务背后的产品技术主要有 5 种：多样数据服务、全生命周期管理、服务安全控制、多版本管理、审计与计量计费。

9.4.1 多样数据服务

为了快速支撑不同业务对数据服务的需求，数据服务有多种生成方式，通过选取合适的生成方式，快速生成适合业务的数据服务。常见的数据服务生成方式如下。

❑ 标签服务化：对接标签管理，快速选取所需的标签，通过配置输出满足业务场景的数据服务实现标签服务化。这种生成方式主要面向业务人员，不需要具备技术基础就可以快速将数据以服务化的方式提供出去。

❑ 自定义 SQL 服务化：通过把自定义 SQL 脚本封装成服务的方式，直接将数据变为一种服务能力对外输出，实现自定义 SQL 服务化。在一些对服务灵活性有较高要求的场景下，一般会选择对接数据源并通过自定义 SQL 的方式来实现 API，这对于服务的开发者有一定的 SQL 编程要求，并且需要对数据库存储有一定的认知。

- □ 算法模型服务化：对接算法模型，通过部署算法模型的方式输出模型服务，实现算法模型服务化。将算法人员实施的算法模型快速进行工程化、服务化实现，让算法人员不具备工程化能力的企业也具备算法工程化的能力，快速将算法技术赋能业务。

- □ 注册 API 服务化：企业还有一些特殊的 API，也需要统一管控，支持将企业已有的 API 注册到数据服务进行统一管理和输出，实现注册 API 服务化。统一企业的服务出口，统一托管 API，形成企业服务能力中心。

9.4.2　生命周期管理

对 API 服务提供完整的生命周期管理，可以大大降低日常维护成本，包括 API 服务的新建、维护、上线 / 下线、授权、监控等。数据服务的生命周期全链路管理主要分为以下几个阶段。

（1）服务的创建部署

服务的创建前提是已经明确该服务的使用场景，是用于报表分析、活动定向人群投放还是用于金融交易风控，抑或其他，只有明确了该服务的应用场景，解决何种问题的目标，才能明确创建服务时选择哪种服务组件。另外，在服务组件的选型完成后还要考虑服务部署的环境，部署环境分为本地机房服务器环境、云服务器环境、远程 Docker 仓库环境等。准备工作就绪后，即可创建一个服务，服务创建时底层会将该组件包部署在所选择的环境中，一旦部署完成，平台上即可查看到服务的成功运行状态、部署过程日志、服务相关详情信息等。

（2）服务的授权赋能

服务在部署完成后，仅服务的创建者有权直接使用该服务，其他用户必须经过授权才能访问。

（3）服务的运行监控

服务在经过创建、部署、授权后，可以正常运行使用，在运行使用的过程中需要有自动化的运维监控机制来保障服务状态正常。服务正常运行时需要能够监控记录服务的运行时长、历史出错频率等重要参考信息，这样，一旦服务出现故障，自动化运维监控机制可以及时告警通知相关人员，从而尽量减少故障带来的损失。

（4）服务的更新升级

服务部署并投入使用后，并不是一成不变的，中间可能会存在组件升级、数据异常重配、环境缩扩容等情况，此时需要对服务进行更新升级。

（5）服务的到期停服下架

服务到期或者不需要使用时，需要终止服务并将服务下架，此为该服务的生命周期最后阶段。

9.4.3　服务安全控制

服务提供时，需要考虑服务的稳定性和安全性，在保障服务稳定的同时保证数据可控、范围可控等。稳定性方面主要考虑做好自动扩容、容错等相关的工作，一般采用分布式部署机制，提高性能及可靠性。完备的服务安全防护机制包括以下方面：

❑ 鉴权机制：支持对 API 和授权应用进行鉴权，识别接口请求的身份。常见的鉴权机制有 AK 鉴权、Access Token、JWT 等。

❑ 黑白名单：支持设置 IP 黑白名单，控制服务调用权限。

❑ 申请审批：经过授权或申请审批通过的 API 才能被应用使用。

9.4.4　多版本管理

服务在应用到具体场景的过程中，有必要对多版本提供支持。常见的场景有：

❑ 业务不同阶段的需求变化会导致服务经常升级、回滚。

❑ 服务升级后老服务支撑的业务无法短期升级，通过多版本来支撑过渡。

❑ 蓝绿部署、灰度验证等场景的需要。

数据服务通过对服务的多版本管理，可以便捷支持切换服务多版本，同时支持蓝绿部署和灰度验证，以及业务需求的升级和回滚，有效保障服务的连续性。其中主要涉及以下两个关键点。

（1）多版本服务在线

多版本最常见的实现方法是通过服务的版本标识（见图 9-16），让使用者可以快速区分当前使用的版本是什么，也方便不同版本之间的逻辑隔离，从而避免升级时对原业务产生影响。

Request URL: https://g.alicdn.com/??kissy/k/6.2.4/seed-min.js,kg/global-util/1.0.7/index-min.js,tb/tracker/4.3.12/index.js,kg/
tb-nav/2.5.8/index-min.js,secdev/sufei_data/3.3.5/index.js

图 9-16 服务的版本标识

（2）服务路由管控

蓝绿部署主要是指在部署时，如何保障业务不停机，用户最小感知。灰度验证是新部署的服务能力，找一小部分流量来进行验证，确认验证成功对实际业务无影响时，再将服务应用到全部流量，是一种对使用方的切分验证方式。这两种方式都需要通过服务调用的路由控制来实现，蓝绿部署是调用路由在两个不同版本之间的切换，而灰度部署则是在不同版本上流量的分拆验证。

9.4.5 审计与计量计费

服务授权后，需要对服务的使用情况进行审计监控。以服务为对象，统计该服务的所有调用方信息、总调用情况、成功调用次数统计、失败调用次数统计等，为后续计量计费、访问控制、流量控制提供审计数据基础。审计控制模块为服务 API 的调用情况提供了全链路的追踪溯源，为服务的提供方和调用方带来了极大便利，是服务管理、服务监控、服务分析、服务运维等不可或缺的重要模块。

数据服务的审计功能主要包括服务 API 的审计列表、API 调用成功记录、API 调用失败记录、API 调用方来源审计记录等。通过审计监控记录，服务的管理者能够直观获取服务的使用概况。同时，审计模块记录的历史数据支持在线可视化展现，辅助

服务管理者分析服务历史调用情况，服务 API 的稳定情况，服务
API 的访问时长、成功率、失败率、高频访问对象等，以及访问
的高峰期和低谷期等，来制订各阶段的扩缩容策略。通过审计控
制可以获取很多 API 相关信息，通过这些审计结果数据的分析可
以整理出以下相关指标：

❑ 服务接口调用接口总计：平台监控所有服务的接口，并
将各服务接口调用信息进行归类、汇总、统计，由此根
据相关权重规则即可分析出热门服务使用排名，重点监
控此类服务对象。不同服务的接口总数也不尽相同，要
根据该服务组件开发设计而定，可以以服务为研究对象，
细分统计服务下的各 API 调用情况、超时统计、异常结
果分类等。

❑ 今日调用接口总计：统计当天所有调用过的 API 情况，
可用于统计历史每天的接口总计数、历史每月接口总计
数，为后续计量计费选择何种计费模式提供数据参数依
据，让用户能够对历史使用情况有个大致数据体量的感
知，辅助用户进行相关决策分析。

❑ 今日接口调用时段分布：统计当天各个时段的接口数分
布，用来分析 API 调用的高峰期和低峰期，帮助用户察
觉和关注高峰期调用上限值，从而合理安排相关系统运
行时段，错开高峰，避免同时高并发请求带来系统性能
瓶颈问题等。

❑ 热门调用接口分布：平台通过统计各服务的所有接口总
计数来获取热门接口调用排名情况，以此来获知哪些接
口是调用相对频繁的，哪些接口是调用相对低频的，可

以对重点接口进行单独监控，通过自动化接口测试运维等方式来保障关键系统关键节点接口的稳定性和健壮性。

数据服务的计量计费主要包括各个数据服务 API 调用量、占用后台资源量等。API 的计量计费方式包括两种，分别是按次计费和按时长计费。

❑ 按次计费：根据统计用户调用 API 次数来实现计费。用户按需来选择相应的 API 服务，根据预期计算需要调用 API 的频数来预估自己的调用次数区间，数据服务管理系统提供不同调用次数区间分档供用户选择。

❑ 按时长计费：当用户调用 API 比较频繁或者有持续调用 API 的场景时，可以按时长计费。例如 1 个月、3 个月、半年、全年，或者自定义时间段。

数据服务作为数据中台对外能力的核心载体，是连接业务前台和后台的桥梁。数据中台能够以提供数据服务的方式直接支撑数据应用，距离业务更近，让业务更快地产生价值。

本章从数据服务的价值出发，首先阐述数据服务的定义与定位，简单描述数据服务的 4 个核心价值和 3 大核心能力，然后重点介绍了 4 种场景数据服务的定义、特点和构建过程，接着着重说明 3 种常见数据应用以及和数据服务的关系，最后介绍了数据服务背后的产品和技术。

9.5 中台手记（六）：解决"数据应用最后一公里"问题

9 月 2 日 周三 晴 地点：星巴克

姚冰、赵伟、刘锋

今天，和姚冰、赵伟一起去考察供应商，很顺利，下午结束时，时间尚早。

9 月的北京，已经到了一年中最怡人的时节，难得一见的北京蓝，伴着和煦的微风，我邀请他们一同到星巴克坐坐，梳理一下最近的工作。

美式咖啡的醇香扑面而来，我将心中的一些想法和疑惑一一道出：

"资产建设和资产管理的工作已经开展起来了，接下来要考虑怎么实现数据能力的共享与快速输出。

"如果说前期工作是夯实基础，那么数据服务则是解决数据应用最后一公里的关键，也是数据中台共享价值的集中体现。业务线都盯着这块呢，一定要提前规划好。"

姚冰快言快语："关于数据服务，《数据中台：让数据用起来》这本书里有详细说明，我看了之后很受启发。数据服务是对数据进行计算逻辑的封装（过滤查询、多维分析和算法推理等计算逻辑），生成 API 服务，上层数据应用通过数据服务 API 获取数据需求。"

赵伟也表示认同。

　　"姚工说得没错，数据资产建设中构建了完善的统一数仓层，目的是让数据更好地用起来，而这除了数据层面要做支持，还需要把数据以对使用者友好的方式输出给业务应用。还记得之前咱们给各业务部门做汇报的时候，提过的那个商业地产的例子吗？这个已经实现了，下面就是业务部门想要的客户画像、客群洞察……"赵伟一边说着，一边向我们展示了图 9-17 和图 9-18。

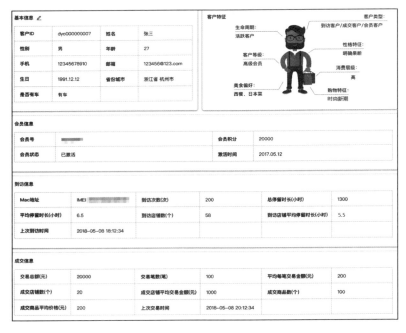

图 9-17　客户画像

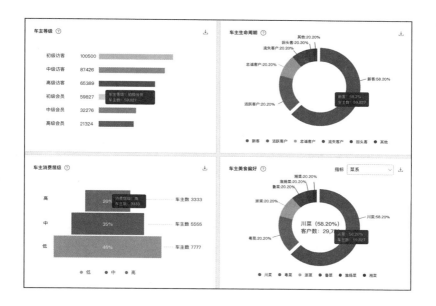

图 9-18　客群洞察

不知不觉中，夕阳的余晖透过大大的落地窗户打在我们身上，我心中对于数据服务能力落地的疑虑和不确定也早已被姚冰、赵伟热烈的讨论打消掉。

数据中台运营机制

企业数据中台搭建完毕后，如何让数据中台中的数据资产越用越多，越用越活，越用越稳定，这是紧接着要进入的一个新阶段：数据中台运营阶段。

本章将从如何评估运营效果、如何切入运营、如何做资产运营，以及实践案例经验等多方面系统介绍如何建立数据中台运营机制，使数据中台能够真正发挥价值。

10.1　数据中台运营效果评估模型

随着数据中台建设的逐步完善，企业的底层 IT 架构、数据架构和数据资产基本搭建完毕，移动互联网、物联网传感器 +5G 趋势的出现，为各行业提供了大量的新数据通道，让企业积累了海量的日志、行为和业务数据，那么，怎样将如此海量的数据持续用起来？企业如何运用数据资产为自身赋能？数据中台的出现，解了许多企业的燃眉之急，为企业的数据管理需求提供了强有力的支撑。

数据中台不是一款简单的产品，而是一个让数据持续用起来的机制。如何通过运营策略，让数据中台建成之后在企业内部持续发挥出更大的价值，是中台运营团队需要时刻思考的问题。

首先，可以通过图 10-1 所示的模型来思考你所在企业的数据中台运营体系处于什么状态。

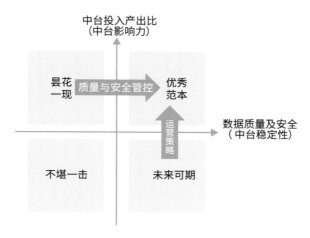

图 10-1　数据中台运营阶段自评表

如果数据可以被持续高质量地生产出来，数据消费者可以便捷地获取到数据，并能在安全、有监管的环境中使用，最终让数据资产达到一种比较理想的"越来越多，越来越好"的状态，那么恭喜你，你的企业数据中台已经运营成一个非常优秀的范本了。

但如果你发现你的企业无法做到上述的任何一点，那么非常遗憾，可能你的企业数据资产正处在一个非常脆弱的危险境地，此时亟须采取强运营机制来提升数据运营质量。

也许有人会有疑惑，为什么处于第二和第四象限的中台运营状态，同样都只满足了两个维度中的一个维度的要求，却有天差地别的前景？其实这其中的缘由并不难理解：数据质量及安全是数据中台能够运作起来的基础保障，哪怕前期的运行成本稍高一些，产出的数据效益暂时还无法令人满意，但只要采取了适当的运营策略，一段时间后提升到"优秀范本"的可能性还是很大的。反观另一种情况，如果一个企业的数据中台在短期内爆发出惊人的能量，为企业带来了可观的效益，但数据安全和质量没有保障，那就像一座没有地基的高楼，但凡遇到一点风浪，就会轰然倒塌。尤其是数据的安全漏洞，就像一颗埋藏在企业中的定时炸弹，是企业长期稳定发展的重大隐患。从另一个方面来说，收益提升之后，如果中台的成本在后期无法做到持续优化和控制，那么也会"吃掉"中台本身为企业带来的收益，两相抵消，投入产出比降低。

综上所述，可以用两句话来概括中台运营团队的使命及目标：

❑ 数据安全及质量是中台可持续运营的基础；

❑ 提效降本是打造中台影响力的关键。

10.2　数据中台运营的 4 个价值切入点

既然数据中台有那么大的价值，那么运营工作到底应该从何入手？如何才能在整个公司体系内落地呢？这里其实可以从 4 个层面来开展工作，如图 10-2 所示。

图 10-2　数据中台运营的 4 个价值切入点

1. 统一战略

在战略层级上，管理层需要对为什么建设数据中台有非常清晰的认知，坚定做数据中台的决心；一定要让企业上下都明确数字化转型对于企业生死存亡的决定性作用；一定要让全体员工尤其是战略管理层和执行管理层都理解数据中台在数字化转型中的关键位置和重要性。只有在战略层级给予数据中台足够的重视，并对应拆分到各高级管理层的年终考核以及关键管理策略上，才能够形成真正有效的战略支撑，否则就是董事长和 CEO 一时的"口舌之快"，终不见落地。此时还特别要注意一点，建设数据中台，信息部门 CIO 可以牵头落地，但是数据中台一旦开始运营，一定是 CEO、CMO、COO、CFO 等各业务高管需要共同背负的目标。

2. 搭建组织

在组织架构上，需要配套相应的组织以及具体的人为此负责，以保证企业员工有数据运营的意识。具体负责的人员，除了常规的数据分析人员、数据产品经理，还可能是专门的数据运营专家以及盘点开发整体数据资产的数据架构师。当这些角色都已经到位，并指定他们在大的组织体系内向首席数据官汇报之后，这个组织才算成型，成本和收益才能被更好地度量，如图10-3、图10-4所示。

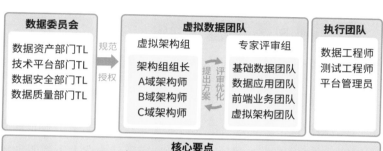

图 10-3　集团型企业数据运营团队组织架构示例

其中，数据委员会主要负责制定数据建设战略方向，并授权相关职能部门具体执行落地，因此，建议指定数据相关部门的总监、主管、数据专家等人员来担任主要职位。而虚拟数据团队则需要通过一个企业制定的选拔原则来进行选拔，比如：来自各业务部门数据团队核心成员、熟悉数据建模理论、具备丰富的数据开发经验等。专家评审组则需要提前通知各团队推荐人员准备进组，按照专项评审流程推进工作，记录要点然后线下改进。

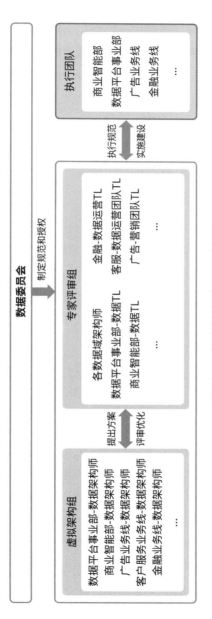

图 10-4　某科技公司数据委员会架构

数据委员会

制定规范和授权

执行团队

商业智能部
数据平台事业部
广告业务线
金融业务线
……

执行规范
实施建设

专家评审组

各数据域架构师
数据平台事业部-数据TL
商业智能部-数据TL
……

金融-数据运营TL
客服-数据运营团队TL
广告-营销团队TL
……

提出方案
评审优化

虚拟架构组

数据平台事业部-数据架构师
商业智能部-数据架构师
广告业务线-数据架构师
客户服务业务线-数据架构师
金融业务线-数据架构师
……

作为组织中负责具体执行的团队，需要制定统一开发标准规范，做到有迹可循，有据可依。除此之外，数据测试要做到全面，测试报告要按照要求归档。任务投产需要经过平台管理员审核，按规定发布到生产环境。

以上种种，都是保证组织高效运转、团队效能最大发挥的有效保障。各企业负责人可以参考这种组织架构搭建思路，结合企业自身人员架构情况，进行再设计和调整。

3. 打造氛围

在人员到位以后，重点要使整个企业内部有使用数据的氛围。最简单的例子，笔者们参观过很多大公司，对方首先会带我们去看他们的数据大屏，因为这里可以看到整个公司层面的情况，看着就很厉害。这个数据大屏其实就是数据可视化的一种手段，当把数据以公司全局视角呈现并公开分析时，潜移默化地，在员工心里就会慢慢形成数据影响力。

当然，此时要注意，大的数据屏幕不等于大数据，更不等于数据中台，这只是唤醒企业内部数据意识的一种"花招"，数据中台运营负责人一定要牢记于心，万不可引以为豪、止步于此。

4. 实践创新

当数据的意识被唤醒之后，就需要选定合适的业务方，一起做数据结合业务的创新实践。其中的重点在于如何形成让各部门争相使用数据的内部竞合态势。

比如一个传媒集团旗下可能有几十家刊物，每条业务线的员工数据意识是不一样的。有人觉得数据没用，有人可能当前业务遇到瓶颈，希望通过数据寻求突破。这个时候，公司就要奖励那些将业务和数据充分结合、创新的行为，树立"优秀数据化部门"的典型，用表扬激励机制来倡导内部员工用数据。

再举个例子，2014 年国内最早做数据中台的某互联网巨头提出，所有业务部门都需要数据化，KPI 指标也放到了各个业务事业线的副总裁身上。其实在整个集团内，大家都不知道如何清晰定义数据化，但当时他们知道有个部门叫数据平台事业部，这个事业部的人"好像看起来"很会"数据化"，所以各事业部的副总裁就会要求部门员工多去找数据平台事业部共创，多找业务和数据的结合点，最终形成多个总裁级数据化创新项目。业务创新失败率很高，但是不管失败还是成功，都为这个巨头企业提供了一种可抽象的正负样本，什么叫"业务数据化"，什么叫"数据业务化"，"数据化"的路径怎样会成功、怎样会失败，都被有效提炼成了方法论，最终成为企业内部建成数据中台的指导路径。

由上看出，当组织层面有大战略的要求后，下面的各个业务部门都会想尽办法去探索数据创新，慢慢地会出现一些成功的尝试。刚开始，创新的失败率是非常高的，整个数据赋能业务的过程其实也是慢慢找到焦点、逐渐落地、形成方法论的过程。

而每个行业、每家企业的特性都是不一样的，别人的经验未必能复用，所以必须自己尝试才能沉淀，才能有成功的样本。

10.3　数据资产运营

数据中台运营中非常核心的一块在于数据资产的运营，下文将围绕数据资产运营的目标、运营的过程、运营执行工作、资产质量评估、资产安全管理等方面展开论述。

10.3.1 数据资产运营的 4 个目标

由上文可知,企业数据资产是指由企业业务经营或内部管理形成的,由企业拥有或者控制的,会给企业带来价值利益的数据资源。数据资产的特点是有较好的组织形式,并通过这种组织形式实现数据资产的看、选、用、治、评链路。

因此数据资产运营的目标就是将数据资产变得可阅读、易理解、好使用、有价值,如图 10-5 所示,最终目标是通过有序的正向循环不断挖掘并提升数据资产的价值,使之变成企业的核心增值资产。

图 10-5　资产运营的 4 个目标

(1)可阅读

数据信息不能仅仅存放在数据库中,通过数据表、数据字段等形式展现的弊端是,只有具备一定数据库基础的人员才能通过库表操作读取数据字段信息,而业务人员往往并不具备这一技术能力,因此就丧失了直接读取数据字段的能力和兴趣,这严重制约了业务人员使用数据。长此以往会产生以下几个弊端:

1)信息在多次传递后容易偏离它原本的意图,技术人员反馈的可能并不是业务人员想要的；

2）信息的传递有漫长的反馈周期，有时业务人员在提出数据需求后，需要等待几天甚至几周才能收到反馈；

3）技术资源匮乏，当业务对数据的需求量越来越大时，灵活变化的数据信息查询需求会层出不穷，根本没有足够的资源来匹配这种数据驱动需求。

因此需要有一个资产信息的读取门户或资产地图，在该门户 / 地图中，业务人员能够直接自己上手操作，通过简单的检索、分类查找、智能推荐等方式便捷地获知数据资产信息，且资产信息必须是以业务人员的阅读习惯呈现，而非面向技术人员的组织方式，如图 10-6 所示。

图 10-6　数据资产门户的痛点与价值点

（2）易理解

资产信息除了可阅读，也要容易理解，因此需要将数据资产标签化，标签是面向业务人员的数据组织方式。

首先通过业务人员理解事物的方式来确定对象，所有的标签都是围绕特定对象的属性描述的。因此，数据资产首先是根据对象展开的。

例如：一个用户身上的"年龄"字段，以往常规的数据信息只有字段名"age"、存储表"user_info"等简单的词组备注，业务人员难以获取这些字段的生产加工逻辑、数据追溯血缘、有效值覆盖量、历史使用情况等信息，也无法帮助判断是不是本业务可用的数据。可以认为这些没有良好组织信息的数据，尚不足以称为数据资产，只有通过标签化，具备面向业务组织形式的数据才能称为数据资产。

那么一个"年龄"标签，它就应该有标签名"年龄"；标签描述"通过注册身份证信息获得的年龄信息"；标签逻辑"身份证第 7 ~ 10 位信息抽取出的出生年份信息，进行年龄计算"；取值类型"数值型"；值字典"0、1、2、…"等基础的元标签信息（见图 10-7）。同时也会有"年龄"标签的来源表字段信息，拥有"年龄"标签的用户覆盖量，"年龄"标签的历史调用量、调用方，"年龄"标签的价值分、质量分等，这些用来帮助业务人员真正理解数据资产的必需信息。

（3）好使用

数据资产被业务理解后，将面临如何方便有效使用的问题。业务人员在充分了解所需信息后，一定会问出的问题是："我该如何使用这些数据资产？"

传统的使用方式往往是，业务人员告知开发人员需要使用哪些数据字段后，由开发人员编写数据服务接口，对接业务系统或数据应用系统，供业务人员查看、查询、分析、使用数据。

图 10-7　数据资产——如何让标签更易理解

前文提到的数据服务体系是一种有效的数据资产使用方式，通过数据服务体系可以实现对数据使用方法的抽象，供业务部门理解后直接配置使用，解决了业务人员难以准确描述需求的问题；同时数据服务配置生成过程简单快速，极大缩短了从 0 开始的编程过程；如果需要修改使用的数据资产、数据资产的使用计算逻辑方式或性能要求，都可以通过修改参数设置的方式来实现快速变更，大大降低数据使用的试错成本。

（4）有价值

数据资产运营的最终目的是让数据价值越滚越大，因此数据资产运营要始终围绕资产价值开展。在数据资产的使用过程中应该记录调用信息、效果信息、反馈信息、业务信息等所有可以用来评估资产价值的信息，如图 10-8 所示。

当资产的经济价值较难衡量时，可以考虑通过数据资产的调用信息来衡量，例如根据某标签的历史调用总量、平均每日调用总量、持续调用量走势、环比同比、调用受众量、调用业务量等维度来间接评估标签的重要程度。

此外，通过数据资产服务使用前后的业务指标差异也可以衡量数据资产的价值，例如通过 A/B 测试或灰度测试比较，使用了数据资产服务支撑的业务和未使用数据资产服务支撑的业务在核心业务指标，如用户黏性、转化率、营业额、访问量、访问深度、好评率、回头率、忠诚度等指标的差异程度，进而衡量数据资产的价值。

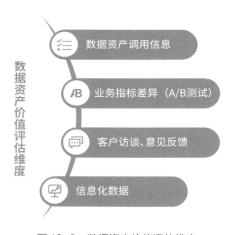

图 10-8　数据资产价值评估维度

更传统一些的企业业务，虽然无法通过信息化手段自动记录业务调用、变化情况，但也可以采用最原始的客户访谈、意见填写等反馈方式来收集数据资产价值。

但是仍然需要探索数据价值的直接体现。在一些有效的探索中，互联网公司的业务部门可以通过积累的大量信息化数据，计算分析出某一项数据服务能为业务带来多少比例的收益增长，则可以将这一部分增长归属于数据服务带来的价值。例如通过大量持续的 A/B 测试发现某一项数据服务能给原有业务带来 N% 的增长，那么可以认为后续业务收入中的 N/(100+N) 是由该数据服务带来的直接收益。

10.3.2　数据资产运营的完整链路

数据资产运营的完整链路分为看、选、用、治、评 5 个面向用户使用的运营环节，如图 10-9 所示。

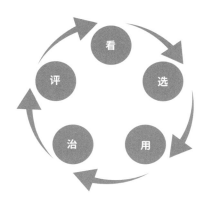

图 10-9　资产运营的 5 个环节

（1）看

数据资产要通过一个合适的资产门户或资产管理场所，供数据消费方简单、便捷、详细地了解资产信息。消费方以可阅读的方式查看资产信息后才能判断其是不是当前业务所需的数据资产对象。

（2）选

消费方查看资产信息后，可以选择所需的资产对象，为后一阶段的使用做准备。

选的落地有多种形式：对于传统企业来说，可以通过文档的方式进行记录和提报；信息化做得较好的企业，可以通过生成一条数据申请使用的信息流来确认所需数据信息；对于数据管理水平较高的公司，可以通过资产管理系统，将所需数据资产加入购物车或收藏夹，放入一个意向的资产库中，方便业务人员简单便捷地反复查看、研究、复用重点的数据资产。

（3）用

消费方选择好所需数据资产后，就要生成相应的服务接口或通过数据应用产品来使用这些数据资产。用是数据资产运营中最为核心的一环，因为它和价值体现息息相关，所有的数据资产运营的核心追求就是通过不断迭代让资产使用价值最大化。

（4）治

在数据资产使用过程中，会有各种各样针对数据资产本身的问题，因此需要推动数据资产治理的环节。

数据资产治理分为面向业务层的标签治理及面向存储层的数据治理。标签治理包含新标签设计、标签上下架管理、标签类目管理、标签血缘分析、元标签标准、标签质量评估、标签使用安全等；数据治理包含以数据表/字段为对象的生命周期管理、血缘分析、元数据标准、数据质量评估、数据安全方案等。

（5）评

数据资产最终还要通过统一的标准进行完整、系统地评估。

评估的角度可以是数据资产的质量层面、使用层面、成本层面、故障层面等多个维度。数据资产的评估要考虑的因素除了通过系统产生的调用次数、调用频率等计算类指标，还包括业务人员对标签使用的反馈评价。

同时，只有形成了对资产的评估信息后，才能让资产消费者在"看"的环节中，更加全面地理解数据资产的质量、应用价值、风险等，形成一个有效的闭环，最终实现数据资产价值的最大化。

10.3.3 数据资产运营执行的 5 个动作

数据资产运营要有效开展，需要配备专职运营人员对资产对象进行统筹的运营执行管理，因此和看、选、用、治、评相对应的有以下几部分运营执行工作，如图 10-10 所示。

1. 组织登记

组织登记是数据资产运营执行的第一步。想要让消费者看到数据资产进而利用数据推动业务发展，实现企业业绩的增长，需要运营人员先将数据资产在系统登记入库，在通过管理审核后，才能开放出来让消费者看到。

运营人员在这一阶段需要确认企业现有的数据有哪些，对业务有帮助的数据又有哪些，将对业务有帮助的数据资产进行完整信息登记后上架数据资产信息，以供业务人员在前台的资产门户页面中查看。

（1）掌握现有数据

"巧妇难为无米之炊"，当资产运营人员需要利用数据资产来推动业务运营时，先要掌握企业现有的数据资产情况。

图 10-10 中台运营执行的 5 个动作

看

组织登记
将对业务有帮助
的数据资产进行完
整信息登记

选

宣传推广
通过各种营销手段
和方案,激发业务人员
对数据资产的兴趣

用

服务保障
搭建出一个可看、
可控、可追溯、可
预警的服务保障平台

治

治理优化
登记使用问题,人工
修正或下发治理任务,
不断迭代优化资产,形
成正向循环

评

价值评估
对数据资产价值
评估,同时周期性
上报管理层及合理
披露展示

不同行业、不同规模的企业，所掌握的数据各不相同，但是只要是实现了信息化的企业，都可以在其使用的业务系统、管理系统中找到可用的有价值的数据资产。

❑ 对于规模较小的企业，数据库以及数据表的数量较少，方便整理，通过简单分类、标注即可让运营人员掌握当前大部分数据。

❑ 对于大规模的企业，会出现跨部门、跨业务、跨系统、跨项目的现实情况，不同的数据库与表的干系人、权限要求各有不同，对数据收集工作带来很大挑战。

当企业的数据资产标准化之后，资产运营人员即可看到企业数据资产的全貌，掌握哪些数据资产可用。

（2）收集业务需求

资产运营人员收集完企业现有全量的数据资产信息后，需要根据当前主流、核心的业务需求筛选有价值的数据资产对象进行信息登记上架。

业务需求通常来自一线业务人员，不同行业的业务人员在日常工作中面对的对象不同，提出的需求也各不相同。比如电商行业的类目运营人员，可能会针对复购率高的女性用户精细化运营，那么在向资产运营人员提需求时，就会将"复购率"和"性别"作为主要的标签需求；对于制造业的业务人员来说，要增强设备制造产品的成品率，那么某零件的"制造失败率"就是主要的标签需求。

资产运营人员在调研、收集、了解、提炼数据需求时，不仅要能够理解一线业务人员所描述的内容，还需要掌握他们参与的生产经营活动流程，这样才能在标签信息的登记工作中以业务人员的视角记录、录入资产信息时，准确地使用专业术语定义及标签信息规则。同时，由于对生产经营活动流程非常熟悉，因而能够不局限于现有的流程现状所需要用到的数据资产对象，通过基于对流程发展的有效预估，将未来可能使用的数据资产对象也一并入库登记，提早考虑可能会使用到的数据资产。

（3）信息登记上架

对于资产运营人员，数据资产是一种承载价值的"商品"，只有被"交易"或者"使用"，才会体现出数据的价值以及对数据梳理、开发的价值，也可以通过交易和使用的数据反馈来优化、改善，持续提升数据对业务的赋能。因此还需要一个数据资产管理工具来实现资产的上架、展示和使用。

数据资产管理工具需要支持从资产申请上架、使用审批、使用、评价等功能，和前台的资产门户配合起来提供给业务人员"看""选""用"，并持续完成"治""评"。

当资产运营人员认为某资产可能发挥价值时，选择该资产可用业务范围，并提交上架申请。通过批准后，相关业务人员即可看到该数据资产并申请使用。当使用量长时间为零或者因为业务调整撤销，不再需要这种数据资产时，可以将其下架，此时系统需要发送通知给正在使用、曾经使用或关注该数据资产的业务人员，并在一定时间内停止对该资产计算、存储、读取的支持。

2. 宣传推广

宣传推广是数据资产运营执行的第二步。运营人员通过各种营销手段和方案，激发业务人员对数据资产的兴趣后，才有可能进入选用合适数据的阶段。

　　数据资产在上架审核通过后，就可以对外展示。初始阶段，数据资产对于业务人员是一个新概念，如何将数据资产进行包装并推广到实际应用中，考验着资产运营人员对运营和营销知识的掌握程度和对业务使用数据场景的理解。同时在数据资产的不断生产上新过程中，也需要对新标签、优化标签、高质量和高价值标签进行营销活动式的包装营销出去，方便业务人员在第一时间了解标签上新信息，或者对标签产生需求，因此在资产的推广宣传上，需要融入一些营销的思路，才能更快地让企业的数据被用起来。

　　对于数据资产，要以点带面地进行推广宣传，无法一蹴而就。初期的推广仅针对已有的标签进行即可。在上文提到的标签需求收集阶段，资产运营人员与小范围的业务人员进行了接触，所以对于数据资产这个"产品"，这部分业务人员是种子用户。面向种子用户，撰写精准有吸引力的广告文案或者推送消息，在资产门户端对数据资产这个"产品"进行产品营销。在这一阶段，需要资产运营人员持续跟进已有标签在实际业务中发挥的作用和产生的效果。可以定期安排业务人员产出报告，将使用标签后与使用前的业务状态进行比对，比如在使用标签后，业务进行效率是否有提升、盈利能力是否有上升等。除此之外，也可以通过监控标签调用频率来了解标签使用频率。如果标签调用的频率稳步增长，说明前台业务对其逐渐依赖，这些标签的价值逐步体现，也证明了标签的有效性。

　　当验证过数据资产价值后，可以通过持续的宣传推广手段来传递有效标签信息：对于原有组织用户，推荐更多适配业务场景需求的有价值、高质量的标签；对于新组织的用户，可以研究分析其业务共性、数据需求,将现有成功案例包装宣传,通过内部邮件、事务海报、内网发帖、行政建议等方式介绍现有数据资产并将其效果广而告之,以此激发更广泛的业务人员对数据的兴趣。

在有效的推广宣传后,除了会引导产生出对现有数据资产的使用动作,还会产生对新数据资产的使用需求,因此资产运营人员也需要对收集到的新资产需求进行评估、设计、下发开发任务、登记上架等操作,并逐步完善数据资产体系。

3. 服务保障

服务保障是数据资产运营执行的第三步。运营人员只有搭建出一个可看、可控、可追溯、可预警的服务保障平台,才能让业务人员放心地使用数据服务。

数据资产通过与各种服务组件结合,例如分析服务组件、圈人服务组件、推荐服务组件等,形成各种类型的数据服务输出,进而被上层应用产品或业务系统调用。在这个过程中,作为数据资产的运营人员,就要保障数据服务的稳定性,避免因为数据服务的不稳定导致企业业务受损。

那么如何保障数据服务的稳定性呢?

首先,需要对所有要调用数据服务的上层应用进行审核,确保所有的上层应用都是经过授权的,避免外部应用不经过授权直接调用服务,从而导致数据资产泄露。

其次,还需要对服务调用的性能进行保障,服务调用的响应时间、QPS、处理数据体量等都会对应不同的计算引擎的选型,同时会配合一些负载优化、分流控流的机制来避免调用激增、恶意攻击等因短时间内有过多服务调用,导致服务请求阻塞引起故障。

也可以通过流量控制实现流量倾斜，控制尾部应用的服务调用次数，向头部应用倾斜更多的流量，从而保障头部应用服务的稳定。

最后，还需要一套完整的服务监控体系，对所有的服务进行监控。当服务出现请求异常、内容匹配异常以及访问超时等情况时，系统会自动向相关的运营人员和技术人员发送告警邮件，告知相关人员去修复该服务，从而保障服务正常。每周期定时提供服务监控报告，告知运营人员服务的调用情况，例如哪些服务经常被调用，哪些服务不经常被调用，哪些服务调用的请求时间比较长，哪些时间段服务被调用得比较频繁等。根据服务监控报告，运营人员可以制订相应的运营策略，保障服务正常运行。

4. 治理优化

治理优化是数据资产运营执行的第四步。运营人员作为数据资产管理者中的一员，需要对数据资产使用过程中的问题做好登记、人工修正或下发治理任务，同时不断迭代优化资产，形成正向循环。

在项目管理领域有一个模型叫戴明循环，也就是 PDCA 循环。它是一个持续改进模型，包括持续改进与不断学习的四个循环反复的步骤（见图 10-11）。其中 A 代表 Action，表示效果优化。对于做得好的部分，可以通过模式化或者标准化进行推广；而对于做得不好的地方，要总结经验，在下次任务中优化。对于数据资产，戴明循环同样适用。

数据资产并不是用完就可以不管了，运营人员需要对其进行持续优化：

1）对于业务人员反馈的使用过程中的资产问题，及时做好信息登记，并触发工作流任务。部分资产治理工作可以由运营人员自己完成，例如元标签信息不够完备、有错误、不标准；或某些数据资产具体取值存在错误，需要人工审核；或随着企业业务发展，原有的资产类目结构不再适用或者需要新增修改类目结构等。部分治理工作由于需要以技术方式解决，则需要下发任务交由技术人员完成。

图 10-11　PDCA 的 4 个阶段

2）对于能正常使用的数据资产，也要定期关注其使用价值情况及占用资源成本，需要及时清理长期不用、过时、性价比低或不合时宜的资产，沉淀出有价值的数据资产并进行资产体系优化，进而影响新数据资产的设计、迭代与落地。

例如在保险业务中，因为渠道考核的标准变化比较频繁，所以经常需要对数据资产进行优化和迭代。拿保费来举例，根据管监的要求，有些渠道需要关注规模保费指标，有些渠道需要关注价值规模保费指标，还有些需要关注价值 VNB 指标。根据管监不同的要求（业务显性驱动），要对这些指标数据不断迭代和优化。

如果说上面这个例子是因为业务方强制优化和迭代数据资产，那么下面这个就是一个业务驱动的例子。在电商平台上，手机配件市场还没有像现在这么庞大的时候，它是作为数码 3C 下的一个子类目存在的。智能手机的爆发式增长，也带动了手机配件市场的火爆，许多用户开始在电商平台上查找手机配件。以往通过先查找数码 3C 再查找手机配件的方式，因为整个链路太长导致许多用户放弃下单。这个时候，就需要对现有的数据资产做优化。原本作为二级类目的手机配件变成和数码 3C 平级的一级类目，从而大大提高了成交转化率，避免了用户流失（见图 10-12）。

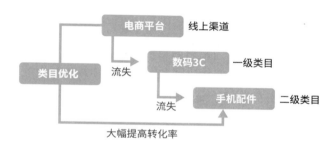

图 10-12　业务驱动数据类目优化

所以，无论出于什么目的，运营人员都需要持续对数据资产进行治理优化，这样数据资产才能真正发挥价值。

5. 价值评估

价值评估是数据资产运营执行的第五步。运营人员作为管理角色，还要对数据资产进行价值评估，同时需要将这些价值信息定期上报管理层并合理披露给业务人员，以方便业务人员持续使用数据资产并对其进行评估。

毫无疑问，对数据资产的价值评估是根据数据资产的使用情况进行整体判定的。作为数据资产的载体，标签的使用情况也就代表了数据资产的使用情况。如果一个标签被开发人员辛辛苦苦加工出来却无人问津，那么这个标签的价值可想而知。反之，如果一个标签被业务频繁使用，甚至连业务的运转都离不开它，那么它的价值显然会更高。

当然，对于标签的价值评估，并不能仅仅根据标签调用次数这个单一指标。要知道有些标签虽然调用次数比较多，但并不能给业务带来多大的实际价值。比如"用户姓名""用户手机号"等标签，虽然大多数业务线都会调用，但这仅仅是因为这些标签是基础标签。而像一些算法标签，比如"用户信用评分"这个标签，可能只被风控业务线调用，但是这个标签给该业务线带来的价值却是巨大的，甚至整个业务线都会围绕这个标签运转。

所以，在对数据资产进行价值评估时，资产运营人员需要综合多个指标进行多维评估，包括数据资产使用准确率、关注热度、调用量、可用率、故障率、持续优化度、持续使用度、成本性价比等。同时系统也可以把每一个价值评估指标放入价值评估模型进行模型运算，最终得到标签的综合价值分，从而得到数据资产价值的综合排名。

因此对数据资产的价值评估既可以从各个细分维度展开，也可以根据综合指标进行排名。运营人员可以根据需求制作数据资产的价值看板或 BI 报表并上报给管理层进行阅览，同时需要将这些资产价值信息通过登记、同步、联动等方式展示在资产门户相应位置上，方便业务人员根据价值评估指标判断所需数据资产能否满足业务对性能与质量的要求。

10.3.4　数据资产质量评估

资产质量评估维度包括完整性、规范性、准确性、一致性、唯一性和时效性等，在本章开篇提到的数据运营效果评估模型中，如果你发现你的企业数据是低质量或低安全系数的，那么你需要特别关注以下内容。下文将从源头数据质量、加工过程质量和使用价值质量三方面来系统阐述数据资产质量评估体系。

（1）源头数据质量

资产质量首先和源头数据质量有关，源头数据不完整、不准确或不及时都会影响下游数据资产质量，描述数据源质量的典型指标有：

- ❏ 数据源安全性：数据源数据是否合法取得、是否得到用户授权许可等，会间接影响标签的数据安全性。
- ❏ 数据源准确性：数据源数据是第一现场取得、间接获取还是边缘推算出的，将与标签最终的准确性密切相关。
- ❏ 数据源稳定性：数据源数据产生的稳定性，包括产生周期、产生时段、产生数据量、产生数据格式、产生数据取值等的稳定性。
- ❏ 数据源时效性：数据源数据从第一现场产生到传输录入的时间间隔，行为类数据的时效性会间接影响标签准确度。
- ❏ 数据源全面性：数据源数据是否全面，各个层面的数据是否都能整合打通，进行全域计算。

（2）加工过程质量

资产质量也和资产加工过程有关，加工过程中的规范性和时效性、加工产出的资产覆盖率和完整度都是加工过程类的质量指标。笔者总结了资产标签加工过程相关指标：

❑ 标签测试准确率：标签在建模、测试过程中得到的准确率，是一种类似试验性质的初始准确率，供参考使用。

❑ 标签产出稳定性：标签每天计算加工产出时间的稳定性，能否准时产出，这也是业务使用时要重点考虑的指标。

❑ 标签生产时效性：标签生产过程所耗费的时间间隔，时间间隔越短，时效性越强。时效性对实时类标签尤为重要。

❑ 标签覆盖量：具有某标签的标签值的对象个体数量。每个对象个体数据完善程度不同，同一个标签能覆盖到的对象群体也不同，例如用户信息中，可能有些用户登记有性别信息，有些用户没有登记性别信息，因此性别这个标签的覆盖量是那些有性别取值的群体量。

❑ 标签完善度：标签有很多元数据信息，即标签的"标签"，这些元数据信息的完善程度是业务使用的可用性指标。

❑ 标签规范性：标签的元数据信息，需要按照标准的格式规范进行登记，现有标签的元数据信息是否合规，合规程度如何。

❑ 标签值离散度：标签取值是集中在某个数值区间或某几个取值，还是呈相对平均分布。离散度没有绝对的好坏，一般场景下离散度越大越好，说明人群在该标签属性下均匀分布于不同特征值。

（3）使用价值质量

在大数据时代，企业对数据价值的实现常常体现在数据分析、数据挖掘、数据应用等层面。数据资产作为一种无形资产，其价值质量的衡量标准应当是数据资产产生的数据服务或数据应用给企业业务带来的经济利益提升或经营成本降低。只有对数据资产使用价值进行合理评估，才能以更有效率的方式管理数据资产。

资产质量会体现在资产的使用过程中，目前笔者所归纳的与资产使用价值相关的质量指标如下：

- ❏ 标签使用准确率：标签在使用过程中，经过业务场景验证、反馈得出的标签准确率，是一种较为真实的准确率判断。
- ❏ 标签调用量：标签平均每日的调用量、今日当前累计调用量、历史累计调用量、历史调用量峰值都是可参考的调用量信息，反映该标签被业务采用的真实调用次数。
- ❏ 标签受众热度：标签被多少业务部门、业务场景、业务人员申请使用，可以反映标签的适用性和泛化能力。
- ❏ 标签可用率：标签在真实使用场景中，历史总调用成功次数占历史总调用次数的比例。
- ❏ 标签故障率：标签在真实使用场景中，历史故障时长占历史总服务时长的比例。
- ❏ 标签关注热度：对标签在标签集市中被搜索、浏览、收藏、咨询、讨论等方面的热度，进行综合计算后得出关注热度。
- ❏ 标签持续优化度：标签是被开发人员持续迭代优化，还是尚处于开发阶段，反映了该标签经过反复迭代、持续优化的程度。
- ❏ 标签持续使用度：标签被业务申请使用调用后，平均持

311

续调用的时长、频率、推广，反映了该标签能够真正给
业务带来价值。

❑ 标签成本性价比：标签加工过程中所投入的数据源成本、
计算成本、存储成本，与为业务带来的价值、调用量、
应用重要程度等产生的性价比指标，是一个纵观成本和
价值的平衡参数。

10.3.5　数据资产安全管理

在数据资产运营中，还有一个重要组成部分是通过安全策略
实施保障资产的安全。一旦数据资产出现安全漏洞，是十分有可
能对企业造成毁灭性打击的。这也是为什么在数据中台运营效果
评估模型中，将此类公司归为"昙花一现"。下文将从资产的分
级分类管理、脱敏和加密、监控和审计三个层面来阐述数据资产
的安全管理。

（1）分级分类管理

按照信息分类保护的思想，从安全考虑，将系统中所存储、
传输和处理的数据信息进行分类，并将每一类数据信息对应于一
个确定的安全保护等级；对数据的安全级别进行等级划分，保障
数据的使用安全。可以从业务应用倒推资产重要程度，对资产实
行分级管理。资产分级分类方式一般包含以下几点：

❑ 按资产与核心业务的关联程度：如果某数据资产是核心
业务流程中对转化最为关键的，它的等级就会很高。例
如在营销系统中，订单表、客户信息表、财务流水表是
和核心业务紧密相关的数据。除了核心数据外，还有部

分是核心数据所衍生出来的统计或关联数据，它们的等级相比于核心数据就要低一些。

❑ 按资产敏感程度：已分类的数据资产由业务部门进行敏感分级，划分为 C1、C2、C3 或 C4。其中 C1 为完全公开，表示该数据对内、外都公开；C2 为内部公开，表示该数据对内部人员公开，对外不可见；C3 为保密，表示数据对特定人员公开；C4 为机密，表示数据对平台管理员公开。

❑ 按资产更新周期划分：根据数据资源更新的频度，分为实时、每日、每周、每月、每季度、每年等。

（2）脱敏和加密

数据脱敏是为了防止人员非法获取有价值数据而加设的数据防护手段，从而保证用户根据其业务所需和安全等级，有层次地访问敏感数据。当业务访问系统数据时，该模块对数据进行实时筛选，并依据访问者的角色权限或数据安全规范对敏感数据进行模糊化处理。

资产脱敏管理主要包含两部分：数据屏蔽和存储数据加密（服务器敏感数据隔离）。屏蔽可分为全部屏蔽、部分屏蔽、替换、乱序，加密可支持 DES、RC4 算法进行加密。

脱敏设置提供屏蔽、替换等多种脱敏方式对查询和透出的数据进行转换。脱敏为不可逆操作，数据经过脱敏后不能反推出原始数据，可防止数据泄露，实现数据可用不可见的效果。数据加密是对数据存储的操作，配置加密后数据存储的是密文，实际使用数据时需要先解密再使用，数据加密可防止通过"拖库"类操作直接从存储层泄露数据。

（3）监控和审计

资产监控包括对资产的存储、质量、安全使用等进行监控。监控规则一般按照通用和自定义的稽核规则进行校验和检查，并配合可视化工具对问题数据和任务进行记录和展示，对有问题的数据资产需要提供多种处理方式。

常见的质量、存储、安全监控主要包含如下几个方面：

❑ 表记录数的波动监控。对指定表分区的行数和历史数据进行比较得出波动值，判断是否超出了设定阈值。

❑ 字段的统计值波动监控。对指定表的一列进行统计计算，然后和历史数据比较得出波动值，也可以和用户指定的期望值进行比较。

❑ 数据量监控。对整张表或者表的分区和历史数据进行比较得出波动值，判断是否超出了设定阈值。

❑ 数据资产各种质量类指标监控。通过对各标签的质量指标设定最低阈值，判断质量绝对值是否下降到设定阈值；或通过对质量指标设定阈值并与历史数据比较波动值，判断是否超出了设定阈值。

❑ 数据资产分级分类监控。定期扫描数据资产是否按照标准规范进行分级分类，并监控数据资产使用人员是否按照其权限范围访问、查询、使用、同步、下载数据资产，是否有违规操作。

❑ 数据资产脱敏监控。定期扫描数据资产是否按照标准规范进行脱敏加密，是否有人访问、查询、使用、同步、下载了未脱敏数据，是否有违规操作。

在数据安全监控过程中，需要伴随有完整的审计机制。审计方式从审计体系规范建设入手，同时需要建立数据资产审计方法和专职人员审计方法。审计对象包括数据权限使用制度及审批流程、日志留存管理办法、数据备份恢复管理机制、监控审计体系规范以及安全操作方案等体系制度规范。数据资产管理在实施过程中需要保障集中审计的可行性。

数据资产与业务场景存在较强的相关性，所以需要注意权限和安全问题。一般地，资产的可见性、可用性会与业务人员所在的业务部门或者项目关联，在实际资产的使用过程中，并不是具体的 "人" 在使用，而是其代表的组织整体在使用。所以在业务人员想使用某标签时，需要提交审批，经过业务部门和数据资产部门审批后方可使用。如果该业务人员转岗到其他无法使用该标签的部门时，该人员的使用权限也要随之取消。

数据安全审计是一个安全的平台必须支持的功能特性，审计是记录用户使用数据中台进行所有活动的过程，是提高安全性的重要工具。通过对安全事件的不断收集与积累并且加以分析，有选择性地对其中的某些用户进行审计跟踪，以便对发现或可能产生的破坏性行为提供有力的证据。

10.3.6　数据资产运营与数据资产管理的关系

在 10.3.2 节 "数据资产运营的完整链路" 中，谈到在数据资产使用过程中，会遇到数据资产本身的问题，如数据质量问题、安全问题、血缘链路不全的问题等，因此需要推动数据资产治理的环节，持续改善数据资产的质量水平。

数据资产运营和数据资产管理是相互促进的关系。在运营的过程中发现数据资产存在问题，倒逼数据资产管理水平的提升；同时数据资产管理水平与数据资产质量的提升，本身又能促进数据资产运营更加顺利地开展下去。这两者之间的关系如图 10-13所示。

图 10-13　数据资产运营与数据资产管理的关系

这种相互促进的关系并不是天然形成的，必须打通数据资产运营和数据资产管理之间的联系通道。具体来说，首先需要实现数据资产的认责和问责，真正把每一项数据资产、每一个问题都落实到具体的责任人，并且形成一套最终的考核机制，督促相关责任人持续不断地关注与提升数据资产的质量。

10.4　数据成本运营

随着企业数据的增多，对于存储消耗所带来的成本也会随之增加，而数据价值是个缓慢释放的过程，不会马上被挖掘出来，因此需要对数据的存储成本进行相应的分析，通过分析形成的数据来支撑成本运营优化。

在企业发展初期，存储成本可能并不是企业关注的重点，但当数据体量到达一定规模时，数据存储成本会升级为企业的财务包袱。举个非常典型的例子，2014 年，阿里巴巴集团预测按照它的自有数据增长情况，如果再不进行数据的管理和成本治理，那么企业的利润可能都会被这种数据的增长所带来的硬件和计算开支吞噬殆尽。

在数据中台运营的下一阶段，企业需要精细化管理数据存储成本。下文将从存储成本和计算成本两个维度展开讨论。

10.4.1　通过细分数据类型，优化数据资产存储成本

伴随着业务的发展，有些数据资产将失去使用价值，也会出现蕴含更高价值的新资产。为了将有限的计算、存储资源最大化地用在更高价值的数据资产上，需要对资产的可用性进行管理。通过对数据资产的上下架管理，控制可用性。

数据的阶段可划分成原始数据、过程数据、结果数据，不同阶段的存储处理也会有所不同。

（1）原始数据成本优化

对于原始数据，一般建议永久保存，有些数据可能当前阶段并没有被应用，但随着场景的不断深入以及挖掘技术的提升，其价值可能会被逐步释放，而如果没有保留原始数据，当价值挖掘条件具备时却发现数据不够，相应的时间成本可能会很高。当然具体情况需要结合企业的实际阶段、业务特点来判断。

（2）过程数据成本优化

过程数据又可以分为临时性的过程数据和支撑结果计算的过程数据。临时性的过程数据，一般都是以临时表的形式存在，支持单次作业计算或者某个任务流的计算过程，处理完之后就可以清除，但有时候开发不够规范时，可能只做了创建、存储的动作，而没有做删除、清理的动作，导致存储成本的浪费。因此在设定开发规范时，可以先对这类数据做一些区分，比如对于临时表的命名可以统一前缀，如统一以"tmp_"开头，方便成本分析处理时快速定位。

支撑结果计算的过程数据，也可以认为是 ETL 过程的中间结果数据，如对一些原始数据的清洗加工，规整之后形成的汇总表或明细表数据。这部分数据在某些特定场景也可以作为结果数据，但一般由于体量较大，实际应用时会再做一层提取。在考虑这部分数据的存储成本时，一般有三种策略：

❑ 全量存储：不需要跟踪数据的历史变化时一般会采用这种方式，只存储最新的一份快照数据，比如用户上传的一份字典数据。全量存储的管理相对简单，只要有别的表依赖于这份数据，就需要一直将其保留在系统中。

❑ 增量存储：当数据需要跟踪历史变化，且体量比较大时，一般会采用这类方式。早期阿里云梯 1 上实现的极限存储就是类似方案，只是一种是系统层实现增量存储，还有一种就是自己手工来管理。对于存储成本的考虑主要需要关注数据的引用时效性，全量快照需要根据引用时长有一定的滚动机制，避免存储太多不使用的数据。

❑ 周期快照：对数据历史变化建立周期快照并进行跟踪。重复存储历史数据的成本一般不会太大，而易用性方面却可以大大提升。正常情况下，引用者主要还是引用最新的数据，但出现意外情况时，则可以取最近的数据来保障业务正常运转，如新周期数据没有产出时，业务方可以用上一个周期的数据来补充。另外一种情况是在分析历史变迁过程的状态时，也可以通过这种方式来应用。

周期性的生产依赖于实际被引用的情况，如果所有任务对数据的引用不超过 7 天，那么留 30% 左右的冗余，比如 10 天左右的存储周期，就可以保障下游的正常生产。当然如果出现某一天需要引用更多数据时，则需要联系相关表的所有人来进行补数据操作，将数据补齐到下游所需的最长时间，以保障业务方的正常使用。

（3）结果数据成本优化

在构建数据体系时，根据分层模型最终产出直接为业务提供支撑的数据层，如 TDM、ADM 的数据集。以前构建数据会根据业务需求，需要什么生产什么，而数据中台中数据体系建设除了业务需求的输入外，从数据层出发构建基于某个对象特定的数据标签集也是一种常见的方式。这种方式可能会带来一些存储上的浪费，就像产品研发一样，产品会根据市场调研或者对问题的定义来研发，而实际研发出来的产品不一定会被市场所接受，哪些产品有价值、哪些没有价值需要通过市场来检验。数据资产也是同样，哪些数据集有价值，哪些没有价值，也需要通过业务来验证。因此在设置结果数据的成本策略时，往往会借助于数据在实际场景中的应用情况来分析，并根据应用数据提供成本策略建议。是加工挖掘更多数据体系来供业务选择，还是专注打磨某个数据体系、做深做透其数据价值，需要视企业的不同阶段、不同业务特点而定，因此数据的成本策略选择上也需要同步跟进。

10.4.2 四种关键优化策略，破解计算成本控制难题

和存储成本息息相关的，就是计算成本。企业数据量增加之后，需要不断对数据进行价值挖掘，才能真正发挥数据的力量，帮企业降本增效。而数据量越大，所需要消耗的计算量也就越大，这也是 Hadoop、Spark 等产品生态能够欣欣向荣的一个重要原因。

计算的成本相比存储要高很多，CPU、内存都属于稀缺资源，而同时大量的计算会产生大量的热量，需要为数据中心提供较好的物理环境，配备专用的机房通风、降温，甚至有些大企业把数据中心放到千岛湖利用水循环降温，在贵州把山挖空来装机器，在内蒙古利用风的条件来降低机器、设备用电所需要的能源消耗。因此计算成本的控制，对一定数据规模的企业来说也非常关键。

计算成本的控制有很多方面，专属硬件、指令优化等各种手段，各显神通。笔者主要关注数据加工处理的逻辑，通过运营的手段来看计算是否合理、高效。常见的影响计算成本的因素，根据相关的运营经验总结为以下五部分。

（1）重复计算

目前在企业中，数据的利用和软件系统的研发相比，显得更为松散，由于其主要的使用者往往不是研发人员而是业务方，

而且使用场景更多更散,因此相应的计算也会存在一定的浪费。其中最常见的现象就是集群资源排满了任务,相互等待资源的释放,数据处理逻辑存在较多重复计算,如:

某用户加工存储了一张结果表 A,他的加工逻辑是从 5 张源表关联加工而来,而另外一个用户想用某个数据,该数据也需要从 5 张源表关联加工,但发现想要的数据之前并没有人使用,因此也自己动手加工了一张结果表 B,当然表 B 可能除了所需要的数据外,也可能会加工一些当前不需要的字段。

类似场景在企业中使用数据的人员较多的情况下很容易发生。这其中存在以下这些比较明显的问题:

❑ 命名相似:系统识别到多个任务的名称、相应产出的表名和字段名相似度较高,结合某些周期产出数据的抽样对比计算出相似度指数,如果相似度达到了阈值,系统会给相关责任人发出提醒邮件,相关责任人需要进行任务合并或者给出解释。

❑ 相同源头:多个数据抽取任务的输入源头是同一个库的一张或多张表,这样会把同样的数据多次复制到 ODS 层,这种情况往往是因为负责不同业务的数据工程师之间沟通不足以及数据使用不规范造成的。

❑ 计算类似:多个数据处理任务读取的表相同,输出的表的结果也相同,并且对表的处理特征相似,比如代码逻辑中使用了同样的函数,对结果抽样对比一致。

❑ 产出类似:某个任务在每个周期内产出的数据在很长的时间内(比如半年)都没有任何变化,或检测到使用该数据的服务或者产品已经下线了,比如使用该数据的 API

调用次数为 0，导出该数据的同步任务的目的端数据库已经不再服务。

如何避免上述问题的发生？首先需要能够通过量化的方式计算出作业的重复度，包括输入的重复度和输出的重复度。相应的重复度计算时，需要对每个任务的逻辑或输入输出进行分析，识别出其中的加工方法以及输入输出的匹配情况。在具体运营过程中，可以根据实际情况设置重复率达到多少比例时，需要推进优化，同时配合相应的运营考核机制，推动重复的合并和优化。

（2）冗余计算

在计算过程中，有时由于个人能力有限和对实现过程的思考不够全面，无法做到最优化的数据处理及计算控制，而不合理的数据处理量将大大提高计算的成本，导致企业算力的浪费。在数据指标的加工过程中，合理的数据量输入检测也是需要考虑的问题。这类场景容易出现在处理逻辑时因忽略限定条件而导致数据处理量过大、不合理的数据量处理耗时等情况下。具体可以通过提取数据量与处理耗时的算力基线，以及数据加工输入量的合理性基线分析，发现一些不合理的处理逻辑，从而减少可能存在的冗余计算过程。

（3）低价值计算

和存储类似，也存在一些经过加工得到的数据并没有直接被业务使用，因此与其相关的计算成本同样是浪费。而当大部分的计算成本消耗在当前不需要用到的数据集上时，需要考虑降低这部分的资源或者暂停执行不必要的处理逻辑，避免计算资源的无效利用。

除此之外，也可能出现某些任务在一定的时间长度，比如最近半年内每个周期运算的结果数据持续为空，没有产出任何数据的空跑表情况，在业务上没有意义，却造成了算力成本的浪费。

（4）调度不合理

在数据应用过程中，特别常见的一种现象是每个人都觉得自己的任务优先级很高，都希望在某个时间产出相应的结果，至于是否合理，缺少统一的衡量标准。如何合理分配不同的作业在不同的时间周期进行调度，如何让一些作业见缝插针地挖掘计算资源，也是计算成本运营时必须面对的问题。

其中对于调度时效性的判断，业务的实际需求可能无法精准判断，但通过下游业务的使用情况以及上游的作业加工逻辑，可以做一些相应的分析来为运营提供支撑。尤其是下游的作业与当前作业的时间要求相差较大时，如下游作业在 23 点处理完即可，而前一个作业却被要求必须在早上 6 点加工完，这时作业 6 点调度可能不是很合理；如果上游作业的加工产出时间是 23 点，而下游作业却要设置在早上 6 点完成，逻辑上完全矛盾时，也可以通过调整调度设置将调度资源进行重新分配，以达到合理使用算力的目的。

（5）频率不符

某些任务的产出频率和使用该数据的业务对数据更新的频率要求不一致，比如某些任务产出的表保持每小时或者每分钟的高频率更新，但是使用该数据的业务仅仅需要 T+1 的数据，造成了计算资源的浪费。

10.4.3 数据中台成本账单监管

成本运营是一个不断优化的过程，除了对储存成本及计算成本精细化管理以外，还需要建立一个责任追踪规范：任何一个成本支出账单都可以在第一时间找到责任人，迅速定位成本支出异常的原因，并配合运营团队共同进行降本增效。

这需要从数据的源头开始分析。一个企业所有产生的数据都是有源头的，任何数据的生产加工和最终使用，都可以落实到对应的责任人。作为企业数据运营的负责人，需要明确数据由谁生产，被谁管理，在为谁服务，从而将这个表、这个数据库每天所产生的账单分解到对应的责任人或者部门身上。比如集团公司、子公司、事业部、业务单元，他们今天所产生的数据储存成本、计算成本、使用成本等，都应该被归结成一种账单，发送到各个相应的责任单元，并且进入他们的内部成本考核体系，让各个使用人和数据部门负责人来进行持续优化。

图 10-14 所示为企业内部数据成本账单的范例，运营负责人可以设置账单报表生成周期，系统会自动按照相关部门使用的存储资源、计算资源、数据底层资源等生成账单，并发送给相关责任人。

当这些账单体系建立之后，作为运营负责人，该如何进行监控？运营团队可以通过稽查工具等扫描检查规范执行、重复建设、资源占用等情况，以邮件或者公开信息形式通告个人或者团队稽查结果，给出团队和个人的排名、警告，并给出优化建议。所有数据开发人员都关注排名以及警告信息，并有专门的团队监督稽查结果改进进度，长期不改进有升级机制，跟考核等结合，并降低占用资源的优先级，从而确保规范落地。

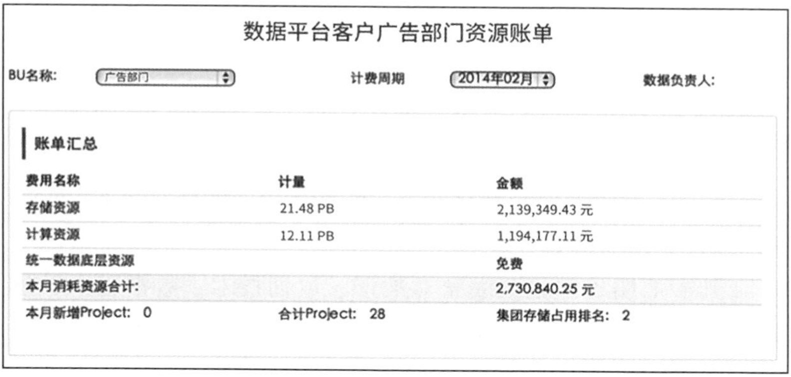

数据平台客户广告部门资源账单

BU名称：广告部门　　计费周期 2014年02月　　数据负责人：

账单汇总

费用名称	计量	金额
存储资源	21.48 PB	2,139,349.43 元
计算资源	12.11 PB	1,194,177.11 元
统一数据底层资源		免费
本月消耗资源合计：		2,730,840.25 元
本月新增Project： 0	合计Project： 28	集团存储占用排名： 2

图 10-14　企业内部数据成本账单

10.5　数据中台运营的实践经验

数据中台想要运营好，与运营人员、业务人员、开发团队等都密不可分。核心还是要围绕数据中台价值的体现来推动运营的各个环节，这里分享一些笔者在实际落地过程中积累的经验教训供借鉴参考。

10.5.1　全员具备数据意识是中台战略开展的基础保障

数据中台的运营流程由于涉及多个部门的联动配合，因此单靠某一个部门发起，往往难以支撑，做到最后很可能就不了了之了。因此在每个部门人员动作起来之前，最应当疏通的是对数据中台的统一的正确认知。

针对数据中台中最核心的资产部分，首先应该和所有部门明确的是，任何事物都可以用数据去记录、表述、展示，业务开展、评价、优化都需要考虑是否有数据记录，且通过数据进行分析、展示、汇报。数据是唯一客观评价企业管理问题或业务状态的指示牌，所有人都要尊重数据结果，形成以数据指标为导向来说明问题、实践数据化运营的思路。只有把数据意识根植到每个人的心中，在之后的配合行动中才能最快达成共识，免去不必要的争执和试错成本。

其次要明确的是，大家对数据、数据技术、数据资产、数据平台解决问题的能力要有正确的认知，这些都仅仅是资源、工具、能力，最终要想产生价值还需通过组织的力量灵活、坚持、充分地运用。因此数据平台并不能解决所有的业务问题，也不要过于神话云计算、大数据、人工智能的替代作用，企业要想的是如何将这些先进技术运用到自己的业务、管理中去，而不是寄希望买一套数据平台或搭建一套数据平台就能自动化解决难题。

最后，每一个和数据资产运营相关的岗位人员，都要对自身岗位职责、其他岗位职责有清楚的认知。技术人员的岗位职责是搭建运维平台，开发生产数据资产，提供保障数据服务、数据应用的稳定性。但是也要学会站在业务端思考问题，技术人员开发出的结果只有让业务人员使用起来才是有用的，否则都是堆积在仓库的存储，时间久了都要被清理淘汰。业务人员的岗位职责是提出数据需求，将数据资产充分运用起来，并及时给出优化反馈。业务人员一方面要理解数据技术能力的有限性，不能想当然地认为数据可以解决所有问题或者可以立刻解决问题；同时也要学习一些数据理论，来使自己能和技术人员进行一定程度的对话。

　　在整个数据观树立的过程中，一定是需要企业组织结构从上到下的重视、认知和执行的。通过大量的实践发现，在数据资产运营过程中，一定会涉及大量的新工作，且工作量不小，因此一线工作人员的自发配合是很难形成的，甚至会存在一定的阻力和排斥。因此需要建立从公司 CEO、CTO、CIO 等高层到公司核心管理层到公司中层再到一线员工的认知建立和意识统一，对数据工作的重视程度，需要和工作目标、工作业绩打通，才能较好地配合执行。

10.5.2　数据中台运营一定要以场景需求为导向

　　上文提到不同工种需要相互理解、互相融合理解对方的业务知识，但是如果在某一阶段，必须有优先级判断或者必须做一个倾向性的选择时，笔者的建议是以场景优先，而非纯以业务需求为先，场景分析来自于业务需求，但是需要对需求进行抽象。科学技术是生产力，但前提是要为生产服务，不能服务于生产的科学技术只是课本中的理论知识。因此所有围绕数据的采集、清洗、加工、服务化，都需要有一个明确的目的：面向业务需求进行场景抽象，进而最终解决业务问题。

　　因此数据技术人员需要在原有的一般的数据工作基础上，增加对业务知识、业务人员、业务操作的理解，同时进行必要的场景需求抽象。数据资产有没有价值，只有业务用起来才算；业务能不能用起来，不能纯靠业务人员自己去学习，而是要把数据概念、数据能力、数据产品转化到他们能理解、操作的方式和水平。

　　当业务人员能够理解、查看数据资产时，需要有运营、技术团队来协助其先践行一个成功的数据应用案例，让他了解数据使用的全流程闭环、感受数据价值的力量，产生对数据资产的兴趣和信心。

　　不管是教会业务人员自己看、选、用数据资产，还是通过技术团队直接将数据资产封装成数据应用系统供业务使用，最终目标都是要让业务人员走通并成功实践数据应用。运营人员需要通过培训、咨询、典型案例操盘等方式，协助业务人员通过数据应用获得业务效率或收益的提升，让业务人员对数据资产的作用有切身的体会并产生持续使用的兴趣，才会逐渐把所有的业务流程都与数据绑定在一起，养成使用数据的工作习惯。不需要一开始就全面切换数据驱动决策或者数据化运营，这种方式往往过重，所需时间过长，对业务人员的培训改造工作量也较大，不利于积极性、主动性的培养。数据资产要真正运营起来，不能仅靠行政命令，也不能仅靠技术积累，关键还是让业务人员学会并积极主动地运用数据资产。

10.5.3　运营中台本质上是对各部门需求及资源的盘活

　　在中台运营过程中，数据管理部门（下称"数据部门"）和业务部门是两大核心协作的部门，紧密配合的协作关系可以将中台价值最大化，反之可能会陷入僵局。以数据资产优化过程为例，以往企业中负责数据资产优化的责任部门是数据部门，由数据部门发起数据资产的优化迭代。如果这种优化迭代仅局限于数据加工生产研发范围内，那么数据部门还能推动起来并有效完成；但是当优化迭代涉及数据原始采集部分、数据资产的使用反馈等部分时，因为涉及业务部门的配合，就会难以开展工作。而且因为缺乏数据资产的使用过程信息，就算数据部门想要治理、优化数据资产质量，可能都会无从下手。因此最合适的资产优化的推动者，应该是业务部门。只有当业务人员迫切需要源源不断的数据资产或更高质量的数据资产时，他们才会自发推动数据技术保障团队来一起完成数据资产的优化工作。并且会配合完成数据使用的埋点工作、数据使用的信息反馈、新数据的需求整理等工作。

另一个重要考虑是，在一家企业中，由于业务部门往往是企业的营收中心，而数据部门往往是企业的成本中心，因此业务部门的话语权更大。当资产优化过程中涉及人员投入、设备采购、资源分配等问题时，业务部门有更大范围的调配权。

因此如何调动各部门的积极性，在优化中台机制的过程中紧密配合，需要中台运营团队设计出一套运营机制，在其中进行资源的调配及价值的宣导，让企业各部门共同对数据中台优化的结果负责。

图 10-15 给出了一个经过实践证明较为有效的协作方式，供大家参考。

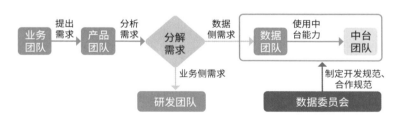

图 10-15　业务、产品、研发、数据团队配合示意图

业务团队向对口的产品团队提出具体的需求，产品团队分

析需求之后，梳理出业务流程，并把需求细化拆分为业务侧需求和数据侧需求，前者指的是与数据本身关系不大的流程类、信息架构类、前端展现形式类的需求，后者指的是纯粹依赖数据本身的需求，如期望展现哪种数据结果、希望怎样去统计、构建怎样的数据模型等。以规划阿里巴巴的商家数据产品平台生意参谋初版为例，目标是为商家提供店铺的流量、商品、交易等经营全链路的数据。为此生意参谋的产品经理把用户操作流程设计、功能模块划分、前端如何呈现和交互作为业务侧需求；同时把每个数据表所需要的数据结果、数据定义和对数据的操作作为数据侧需求，例如店铺的 UV、PV 信息，该统计哪些粒度，以什么频率更新，对 UV 和 PV 能进行哪些维度的筛选等。

10.6　数据中台运营的要素与口诀

数据中台建设是项持续性的工作，有起点，没有终点。高层的数据战略是人、财、物持续投入的保障，有高层的数据战略才有全集团的数据意识。数据意识推动数据应用场景落地，发挥出数据的价值。

同时，数据中台建设还需要有一套契合集团数据现状以及未来发展的方法规范。数据建模方法大同小异，关键需要一套规范保障方法的执行，比如命名规范、开发规范、数据分层规范、数据隔离规范、易用性原则，这套规范是数据体系可用、易用、好用的关键，是数据有可能更多参与业务的基础。

另外，数据中台建设涉及多个团队长期协作，由于人员的变化以及业务的发展变化，很难靠人保证规范的持续执行。建模、质量、稽查、数据地图等工具是保障规范执行的有效手段。很多在中台建设走在前列的企业，就是把规范融入工具中，这是数据中台运营成功的关键。

最后，战略的执行、方法规范的制定、数据工具的落地都需要有组织人员保障。要有数据委员会做顶层设计，制定建设目标、规范、制度并推动执行。专业、稳定的数据业务、数据技术团队，落实目标规范的执行。数据团队的考核与业务发展绑定，推动数据在业务中发挥实际价值。

数据中台从立项到正式运作起来，是条漫漫长路，在地基稳固的基础上，运营工作是数据中台这条路越走越宽敞、越走越平坦的保障。因此，贯穿始终的精细化运营是企业数据中台建设过程中必不可少的一环。

结合以上内容，附赠一首简单好记的中台运营口诀，方便大家理解中台建设及运营过程中的要点和方法，如图 10-16 所示。

中台运营7要素

战略层面要重视　组织架构打扎实
数据氛围造起来　内部典型须周知
安全意识不放松　成本账单详追踪
质量规范严落地　中台运营必成功

图 10-16　中台运营口诀

10.7　中台手记（七）：让数据用起来

　　10 月 8 日　周二　晴　地点：CIO 办公室

随着集团数据中台建设的逐步完善，采用什么运营策略能让数据中台的效果在整个集团体系内落地，是近期在思考的核心问题。

国庆节后第一天上班，我特意约了数据部门运营负责人杨东，针对运营策略进行探讨。

杨东是一个很干练的经理人，在集团很多部门都轮岗过，非常熟悉公司各业务部门的流程和现状，同时又具备丰富的运营实操经验，对于数据运营，他抛出了三个策略。

"刘总，数据中台项目已经上线了，中台运营策略将主要覆盖以下三个层面：

一是场景价值层面，关键在于如何在企业内部自上而下地传递数据意识。

二是数据资产层面，关键在于如何将数据资产真正用起来。

三是数据成本层面，关键在于如何降低数据中台技术硬支出。

"首先，数据中台立项及推进的过程，对于集团全员数据意识的提升，影响是立竿见影的，后面也将通过持续的项目推进会、业务数据通报以及优秀典型示范等举措，不断提升大家的数据意识。比如，前段时间给行政部门做了一个大数据事业部员工基本信息的可视化大屏，如图 10-17 所示，大家看到之后觉得非常震撼，其实这样的一些小'花招'，也可以潜移默化地培养大家的数据意识。

"其次，落实到数据资产层面，需要配备专职运营人员对资产对象进行从组织登记、宣传推广、服务保障、治理优化到价值评估的统筹的运营执行管理。总之，目标就是将数据资产变得可阅读、易理解、好使用、有价值，不断挖掘提升数据资产的价值，使之变成企业的核心增值资产。

"此外，数据成本也是需要考虑的重要方面，咱们作为大的集团公司，数据体量已经达到一定规模，目前集团部署的服务器每年的成本已经突破 1 亿元，如果再不对数据存储成本进行相应的分析来支撑成本运营的优化，数据储存成本总有一天会升级为集团的财务包袱。"

数据成本运营也是我非常关心的问题，这是个需要不断优化的过程。

杨东继续侃侃而谈："除了对数据产生的储存成本及计算成本进行精细化管理以外，关键还要建立一个责任追踪规范：对于任何一个成本支出账单都可以在第一时间找到责任人，迅速定位成本支出异常的原因。因此，打算建立一套数据中台成本账单监管机制，会定期按照各业务线或各部门使用的存储资源、计算资源等生成账单，并发送给相关责任人……"

数据运营不可能一蹴而就，是最需要打持久战的。而杨东对数据运营的认知，既能高屋建瓴，又能脚踏实地，我很是欣赏，年轻人实在是不可估量，而他们也正是集团数字化转型的中坚力量！

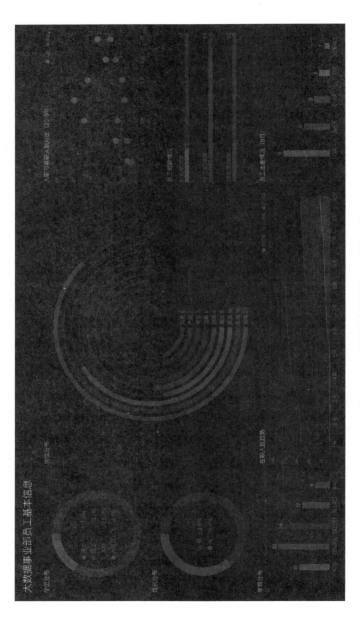

图10-17 大数据事业部员工可视化大屏

| 第 11 章 | CHAPTER 11

数据安全管理

    数据安全管理既是数据资产管理中不可或缺的一部分，又是信息安全管理的重要组成部分。但因为其重要性和特殊性，笔者将其从第 8 章"数据资产管理"中剥离出来，专门用一章来阐述。进入大数据时代，数据安全面临愈发严峻的挑战，各国政府、各个组织和个人也都更加重视数据的保护，通过建立安全管理体系，尤其是一系列法律政策、制度流程、技术手段等，来保障数据的安全与隐私。

11.1 数据安全面临的挑战

随着大数据技术和应用的快速发展，数据所承载的多维度业务价值已被越来越多地挖掘和应用变现，数据中台成为数字经济时代信息基础设施不可或缺的核心。随之而来的是数据安全和隐私已经成为世界性的关注点，上升到国家战略层面，如何在满足用户隐私保护、数据安全和政府法规的前提下，进行跨组织的高效数据应用是数据中台必须解决的一大难题。

11.1.1 数据安全问题带来的 4 大损害

数据安全出现问题，可能会在个人安全、组织安全、公共安全、国家安全四个层面造成损害。

❑ 个人安全：数据滥用行为危害到个人安全，包括人身、财产、名誉等公民合法权益。此方面为个人信息保护法律管控的主要内容。但个人信息保护的合法化、客户授权、去标识化、可审计等要求与个人信息频繁、高效使用存在天然的矛盾，如何化解这些矛盾，给数据安全管理工作提出了非常高的要求。

❑ 组织安全：数据处理行为危害到其他组织的合法利益，包括知识产权、商业秘密，以及其他竞争和名誉等方面的利益。例如企业非法爬取其他企业的数据，企业非法窃取其他企业的商业秘密，企业非法使用其他企业的知识产权（比如商标、专利等）。

❑ 公共安全、公共利益、公共秩序：数据处理行为危害到公共安全、公共利益、公共秩序。例如企业公开发布统计信息影响到行政管理、经济秩序等。

❑ 国家主权、安全、发展利益：**数据处理行为危害到"国家在政治、经济、国防、外交等领域的安全和利益"。例如企业通过数据聚合分析，推论出国家秘密，进而影响国防、国际关系等。**

11.1.2　法律与政策背景

自从数据产生以来，数据的安全与隐私管理就是一个非常重要也非常庞大的话题。人类进入大数据时代，由于数据大量汇聚，不占体积，极易被复制、携带和传输，而其本身又是在网络节点之间不断流动，使得黑客成功攻击一次就有可能获得大量有价值的数据，极大降低了黑客的攻击成本。针对数据的犯罪日趋猖獗，后果也越来越严重，因此数据安全与隐私管理在世界各国愈加受到重视。

为了维护国家安全、社会公共利益，保护公民、法人和其他组织在网络空间的合法权益，保障个人信息和重要数据安全，根据《中华人民共和国网络安全法》等法律法规，国家互联网信息办公室会同相关部门研究起草了《数据安全管理办法（征求意见稿）》，并于 2019 年 5 月 28 日发布，向社会公开征求意见，意见反馈截止时间为 2019 年 6 月 28 日。《数据安全管理办法（征求意见稿）》全文共计五章四十条，系统地规定了网络运营者数据收集、数据处理使用、数据安全监督管理等覆盖数据全生命周期的综合合规要求，直面强制捆绑授权、网络爬虫、定向推送、自动化洗稿、算法歧视等新型数据安全问题，对违反数据安全的行为进行了有效约束，标志着我国数据安全管理迈出了具有里程碑意义的一步。国家互联网信息办公室与中央网络安全和信息化委员会办公室为一个机构两块牌子，属于中央直属机构序列，拥有规章制定权。因此，一旦《数据安全管理办法（征求意见稿）》正式生效，其将成为我国数据安全管理领域首个综合性规章。由此可见，数据安全管理已经成为国家层面重视的重大课题。

"九一一"事件后，美国政府意识到信息安全的重要性，先后制定了一系列法案，来打击计算机网络犯罪，保障关键信息基础设施的安全，如《联邦信息安全管理法案》《加强网络安全法》《公共网络安全法》《加强计算机安全法》等。近年来，云计算、大数据、物联网、移动互联网等新技术的迅速普及，给个人信息安全保护带来了极大冲击，也推动了新时期各国对相关法律的立法及修订进程。美国在原有体系之上，积极制定了应对上述挑战的法案，于2012年2月23日发布了《网络环境下消费者数据的隐私保护–在全球数字经济背景下保护隐私和促进创新的政策框架》，正式提出《消费者隐私权利法案》，规范大数据时代隐私保护措施，以确定隐私保护的法治框架。

欧盟 GDPR（General Data Protection Regulation，通用数据保护条例）于2018年5月25日正式生效，被称作史上最严苛隐私数据保护法。GDPR 与其前身《数据保护指令》相比，适用于更大范围的组织，所有处理欧盟国家公民数据的组织，都必须遵守该法案，这意味着凡是要跟欧盟打交道的机构，无论是政府还是社会组织、公司，都必须遵守该法案。众多可能违反 GDPR 法案的公司受到调查，这些调查案件的主体，涉及众多美国互联网巨头，其中包括谷歌、苹果、Facebook、WhatsApp、Instagram、

Twitter、LinkedIn 以及 Quantcast 等多家公司，这些公司可能会受到巨额罚款。

总体而言，全世界的政府和组织都越来越重视数据安全保护，从法律与政策等各方面进行引导与约束。

11.1.3 数据安全的 4 大技术挑战

总结来看，大数据平台安全面临的安全风险和技术挑战可以总结为以下几条。

1. 平台安全

从大数据技术的发展来看，基于 Hadoop 生态系统的大数据平台随着企业的不断采用及开源组织的持续优化、增强，已逐渐成为大数据平台建设的标准产品。然而 Hadoop 最初的设计专注于发展数据处理能力，忽视了其他能力的发展，但 Hadoop 生态系统作为一个分布式系统，承载了丰富的应用，集中了海量的数据，如何管理和保护这些数据充满了挑战，当前市场上，大数据平台在数据本身的安全管控方面普遍存在严重缺陷和较大漏洞。

大数据平台是使用数据资源的基础平台，平台安全是保障安全可靠地利用数据资源的基础。大数据平台除了面临传统的恶意代码、攻击软件套件、物理损坏与丢失等安全威胁外，由于自身架构要根据企业业务需求和安全要求变化不断改进，因而产生传统的身份认证、数据加密手段适用性问题。由于大数据平台是复杂且异构的，所以安全保障必须是整体性的，以确保大数据服务的可用性和连续性。

2. 服务安全

为了更好地利用大数据的价值，越来越多的大数据平台开始面向企业内外部用户提供基于大数据的服务。便捷的互联网应用环境下，在提供优质数据服务的同时，也为大数据服务安全带来严峻的安全挑战，大数据平台需要应对基于 Web 的攻击、应用程序攻击、注入攻击、拒绝服务攻击、网络钓鱼、用户身份盗窃等威胁，抵御信息泄露、网络瘫痪、服务中断等安全风险。

3. 数据本身的安全

企业在开展业务和对大数据进行开发利用的同时，数据自身安全非常重要，数据安全涉及数据生命周期各个阶段，包括数据采集、数据传输、数据存储、数据处理、数据交换、数据销毁等活动。行业间以及行业内部数据交换共享时的数据安全，是迫切需要解决的问题，是大数据资源实现开放共享的关键。

数据已经被社会公认为有价值的资产，数据可变现、易变现的特点使得接触到数据的人员窃取数据的动机或可能性大大增加。不同于传统的资产，数据不占体积，极易被复制、携带和传输，而其本身又是在网络节点之间不断流动着的，这些特点让数据安全管理的难度极高，而数据泄露所带来的损失又是实实在在的，一旦发生高风险事件，会造成巨大的经济损失并有可能触犯法律，社会上已经发生过很多次惨痛的教训。这些给数据安全管理带来更大的挑战。

4. APT 攻击防御

APT（Advanced Persistent Threat，高级可持续威胁攻击），也称为定向威胁攻击，指某组织对特定对象展开的持续有效的攻击活动，是一种蓄谋已久的"恶意网络间谍威胁"。这种攻击活动具有以下特点：

❑ 针对性强。APT 攻击是以商业和政治为目的的网络犯罪。这种攻击方式往往不会追求短期的经济收益和单纯的系统破坏，而是专注于窃取核心资料，如国家安全数据、商业机密、知识产权等。

❑ 组织严密。由于 APT 攻击针对性强，获益巨大，因此攻击者往往以组织的形式存在，并进行分工协作。

❑ 持续时间长。APT 攻击具有较强的持续性，往往要经过长期的准备与策划，攻击者通常在目标网络中潜伏几个月甚至几年，通过反复渗透，不断改进攻击路径和方法，发动持续攻击，如零日漏洞攻击等。

❑ 极强的隐蔽性。APT 攻击通常会运用受感染的各种介质、供应链和社会工程学等多种手段实施先进、隐蔽、持久且有效的威胁和攻击。APT 攻击根据目标的特点，能绕过目标所在网络的防御系统，极其隐藏地盗取数据或进行破坏。

❑ 间接攻击。APT 攻击通常利用第三方网站或服务器作跳板，布设恶意程序向目标网络进行渗透攻击。恶意程序或木马潜伏于目标网络中，攻击者往往在远端进行遥控攻击。

由于 APT 攻击以窃取核心资料为目的，对政府部门和企业的大数据安全产生重大威胁，因此必须高度防范此类攻击。针对 APT 攻击行为的防范需要构建一个多维度的安全模型，既有技术层面的检测手段，也包含用户安全意识的提高。如可以通过部署入侵检测系统和入侵防御系统，启用反病毒保护软件，启用垃圾邮件过滤程序，良好的补丁管理机制，对用户进行安全意识培训等手段，做到事前防御。

11.1.4 数据安全的 3 大市场挑战

随着数据安全重要性的提升，用户在这个方向的投资也在增大。在我国，随着《中华人民共和国网络安全法》的出台，数据资产价值得到确认，政府机构和企业在这个方向的投资也在加码，以数据审计、脱敏和加密等为目标的数据安全投资正在成为采购的热点。但市场的机遇与挑战并存，综合来看，笔者把挑战分成三类：企业内部面临的挑战、对大数据服务商的挑战，以及数据确权问题。

1. 企业内部挑战

从企业内部来说，一方面，大数据平台的安全管控能力缺失，使得平台在数据存储、处理以及使用等各环节造成数据泄露的风险较大，安全风险面广，且缺乏有效的处理机制；另一方面，企业敏感数据的所有权和使用权缺乏明确界定和管理，可能造成用户隐私信息和企业内部数据的泄露，直接造成企业声誉和经济的双重损失。

一个全球化的企业，或者业务涉及跨境电商等业务的企业，必然会涉及数据的跨境问题。不同国家和地区的数据保护法规对数据跨境流动的要求存在差异性，比如俄罗斯明确提出俄罗斯公民的数据应在俄罗斯境内更新后方可传到海外进行处理，欧盟则扩大了数据保护法律适用的管辖范围。这些法规将给跨境电商企业带来高昂的合规成本，制约了跨境业务的发展。如何处理数据跨境安全合规与跨境电商战略发展的矛盾，是亟待解决的难题。

要实现组织内部的数据安全管控，一方面需要根据现有法律法规、国际标准、行业标准以及企业的信息安全策略，制定安全、可靠、可执行的数据安全相关的标准、规范和操作流程；另一方面要建立企业数据安全风险分析范围，通过安全风险分析，制订切实可行的风险防护措施，对现有安全控制措施的有效性进行评估，提升数据安全等级，确保企业数据安全得到有效提升。

如建立数据安全等级，指定专门的数据安全管理员和责任人，经常开展数据安全宣讲工作，对数据进行分级分类管理，制定并落实系统安全、网络安全、密码安全、密钥安全、数据备份和恢复制度、数据共享安全制度、数据销毁环节的安全管控措施。

2. 对大数据服务商的挑战

随着企业云化进程的加速，越来越多的数据会产生、处理、存储在云端，不论是公有云还是私有云都需要支撑各类技术服务商，站在大数据服务提供商的角度，在服务客户的过程中，也越来越能感受到客户的这种变化和要求。在数据中台的项目中，客户要求在存储、传输、使用、共享个人信息的阶段，均需要去标识化。如进行身份证号隐藏、家庭住址隐藏等。在这个过程中，还需要在保证合法合规的前提下充分考虑数据可用性。这就需要与企业内部的数据安全人员不断地进行沟通与讨论，才能最终确定数据安全方案。关于如何去标识化，读者可以参阅 2017 年国家标准委员会发布的《信息安全技术 个人信息去标识化指南》征求意见稿。

3. 数据确权问题

数据的所有权、使用权、管理权涉及个人、企业、政府和其他组织，一旦处理不当，会损害个人隐私、组织利益、国家安全等。在进行大数据收集、处理和应用的过程中，必须做到权责分明，厘清数据权属关系，防止数据流通过程中的非法使用，保障数据安全流通。但是目前数据权属仍缺乏法律支撑，数据使用尤其是跨境流动所产生的安全风险日益凸显。需要政府牵头、市场参与，形成数据权益的确认和共享机制，有效保护数据权益，推进整个社会数据的有序开放和融合。

11.2 贯穿数据全生命周期的数据安全管理体系

广义上的数据安全管理涵盖范围很广，包括监管主体、监管方式、监管对象、国家立法、互联网信息安全、个人隐私保护等多方面的内容。本书要介绍的数据安全管理，侧重于包括企业或者政府组织内部的数据安全管理，是狭义上的数据安全管理，重点放在大数据平台的安全管理技术手段上。数据安全管理既是数据资产管理中不可或缺的一部分，又是信息安全管理的重要组成部分。

11.2.1 数据生命周期

传统时代，数据基本都在某个组织的内部，使用人员相对可控，可变现程度较低，只要把网络安全和系统安全做好，就可以在很大程度上防范数据安全风险。但我们已经迈入大数据时代，数据具有高流动性、高价值、可衍生性等特点，数据安全管理需要针对数据流动的每一个环节，因此，数据安全管理必须贯穿图 11-1 所示的数据的整个生命周期。

图 11-1　数据生命周期

1）数据产生：指新的数据产生或现有数据内容发生显著改变或更新的阶段。

2）数据存储：指非动态数据以任何数字格式进行物理存储的阶段。

3）数据传输：指数据在组织内部从一个实体通过网络流动到另一个实体的过程。

4）数据使用：指组织在内部针对动态数据进行的一系列活动的组合。

5）数据共享：指数据经由组织与外部组织及个人产生交互的阶段。

6）数据销毁：指利用物理或者技术手段使数据永久或临时不可用的过程。

数据全生命周期的每一环节上基于不同类型的数据、不同的应用系统、不同的人员等有不同的风险，无论哪一个环节出现了问题，都有可能发生数据安全事件。这很容易理解，只要出现一个薄弱环节，敌人一定会首先从那里发起攻击。数据的价值与日俱增，靠窃取数据获取非法收入的黑灰色产业链给数据安全防护带来巨大风险。

11.2.2 数据安全管理体系

整体的数据安全管理体系通过分层建设、分级防护，利用平台能力及应用的可成长、可扩充性，创造面向数据的安全管理体系系统框架，形成完整的数据安全管理体系。

数据中台的建设，应该始终把数据安全管理放在最重要的位置上，通过设计完备的数据安全管理体系，多方面、多层次保障大数据安全。一个完备的数据安全管理体系包括安全战略、安全组织管理、安全过程管理、安全技术保障、数据运行能力保障、数据生命周期安全保障，如图 11-2 所示。

（1）安全战略层面

企业的主要负责人要带头深入理解业务范围内世界各国对于数据安全与隐私相关的法律法规，制定适合企业可落地的相关制度，并进行组织规划。

（2）安全组织管理层面

要建设相关的数据安全保障组织，开展人才储备、宣传培训等工作，并保证相关的资源到位。

（3）安全过程管理层面

需要设计一套涵盖规划、设计、实施、运维、测评、改进的安全管控流程，通过流程的不断循环，持续改善安全管理各个环节的水平。

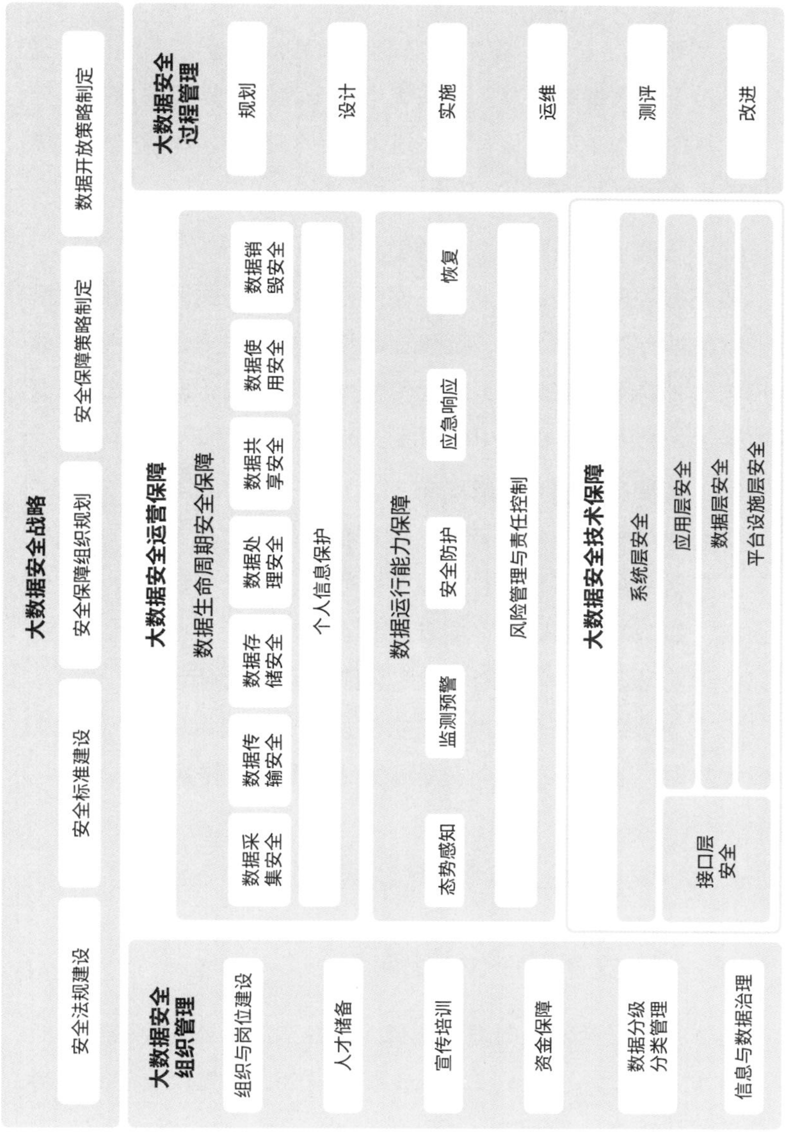

大数据安全战略

| 安全法规建设 | 安全标准建设 | 安全保障组织规划 | 安全保障策略制定 | 数据开放策略制定 |

大数据安全过程管理

规划　设计　实施　运维　测评　改进

大数据安全运营保障

数据生命周期安全保障

| 数据采集安全 | 数据传输安全 | 数据存储安全 | 数据处理安全 | 数据共享安全 | 数据使用安全 | 数据销毁安全 |

个人信息保护

数据运行能力保障

| 态势感知 | 监测预警 | 安全防护 | 应急响应 | 恢复 |

风险管理与责任控制

大数据安全技术保障

系统层安全

应用层安全

数据层安全

平台设施层安全

接口层安全

大数据安全组织管理

组织与岗位建设

人才储备

宣传培训

资金保障

数据分级分类管理

信息与数据治理

图 11-2　数据安全管理体系

（4）安全技术保障层面

要从系统层安全、应用层安全、数据层安全、平台设施层安全等多个层次保障安全。以系统层安全为例，需要选用高安全性、成熟的操作系统，从官方渠道下载和打补丁，保障安全扫描软件的正常运行等。

（5）数据生命周期安全保障层面

要根据数据在生命周期的不同阶段，设计不同的安全防护措施，以数据传输安全为例，要保证数据传输的安全，保证敏感数据传输的时候不会被截取，需要传输加密等手段，即使黑客截获了数据包，也无法解析其中的内容。

（6）数据运行能力保障层面

需要态势感知、监控预警、阻断和恢复等多种手段，举例来说，大数据平台可以识别和监控可疑账户，一旦可疑账户发生异常访问，如访问敏感数据，或者频繁查询和获取某些数据，系统可以立刻发出告警，并阻断和跟踪该账户的其他网络行为。

只有兼顾数据安全管理体系中的这六个层次，从多个维度去保障大数据，才能打造一个安全可靠的数据中台体系。

11.3 大数据平台安全管理技术手段

11.3.1 统一安全认证和权限管理

有了数据安全管理的理论支持、管控措施，还需要落实到具体的技术实现上。一提到 Hadoop 集群安全，首先就会想到业界通用的解决方案：Kerberos。Kerberos 是一种网络认证协议，其设计目标是通过密钥系统为客户机 / 服务器应用程序提供强大的认证服务。该认证过程的实现不依赖于主机操作系统的认证，不需要基于主机地址的信任，不要求网络上所有主机的物理安全，并假定网络上传送的数据包可以被任意读取、修改和插入数据。在以上情况下，Kerberos 作为一种可信任的第三方认证服务，是通过传统的密码技术（如共享密钥）执行认证服务的。

Kerberos 通常会与 LDAP 配合使用。在大数据平台通常服务器多、租户也较多，需要进行 Linux 层面及应用层面的统一，这也就是构建 Kerberos+LDAP 这一组合的缘由。LDAP 是一个轻量级的产品，作为一个统一认证的解决方案，其主要优点在于能够快速响应用户的查找需求。当需要进行账号认证时，会请求 KDC Server 即 Kerberos 的服务端（请求者需要安装客户端，客户端中存有 KDC 所在机器的域名），KDC 拿到账号密码后，会向 LDAP 中查询密码的请求，这个步骤很快，大量并发时通常比 MySQL 要快。如果密码匹配则通过认证。通过认证后，就可以在机器上进行其他操作。

除了统一认证，在数据的传输过程中，可以通过选择适合的 SSL（Secure Socket Layer）证书，对传输中的一些敏感数据进行加密。SSL 证书可加密隐私数据，使黑客无法截取到用户敏感信息的明文数据，因此部署 SSL 证书是网络安全的基础防护措施之一。一份 SSL 证书包括一个公共密钥和一个私用密钥。公共密钥用于加密信息，私用密钥用于解译加密的信息。当用户端的浏览器指向一个安全域时，SSL 同步确认服务器和客户端，并创建一种加密方式和一个唯一的会话密钥。它们可以启动一个保证消息的隐私性和完整性的安全会话。

在数据的操作和应用过程中，可以通过权限管理，控制不同的角色能操作的数据权限。设计良好的大数据平台权限管理，能从两个维度控制角色权限：第一个维度是控制粒度，如控制到字段级权限，两个不同角色的用户，可能第一个用户只能访问一张表的前 5 个字段，第二个用户只能访问同一张表的后 5 个字段；第二个维度控制动作，如控制该角色是否能进行 select、alter、delete 等操作。

11.3.2 资源隔离

在资源隔离层面，可以通过建立不同的租户，对不同权限的数据资源进行隔离。多租户技术是一种软件架构技术，可实现在多用户环境下共用相同的系统或程序组件，并且可确保各用户间数据的隔离性。多租户在数据存储上存在三种主要的方案，按照隔离程度从高到低，分别是：

- ❑ 独立数据库
- ❑ 共享数据库，隔离数据架构
- ❑ 共享数据库，共享数据架构

上面介绍了三种数据安全管理的技术手段：统一安全认证、SSL 证书实现数据加密、多租户技术。在数据安全管理的实践中，往往还会使用到更多的技术手段，如数据访问日志审计、数据服务管控等，在此不一一介绍。

11.3.3 数据加密

数据加密是用某种特殊的算法改变原有的信息数据使其不可

读或无意义，使未授权用户获得加密后的信息，因不知解密的方法仍无法了解信息的内容。在大数据环境下，数据具有多源、异构的特点，数据量大且类型众多，若对所有数据制订同样的加密策略，则会大大降低数据的机密性和可用性。因此，需要先进行数据资产安全分类分级，然后对不同类型和安全等级的数据指定不同的加密要求和加密强度。尤其是大数据资产中非结构化数据涉及文档、图像和声音等多种类型，其加密等级和加密实现技术不尽相同，因此，需要针对不同的数据类型提供快速加解密技术。

根据数据是否流动的特点，数据加密分为存储加密和传输加密。

数据存储加密会根据数据的安全分级采用不同的加密方式，一般数据可以直接采用明文存储或者明文加上验证码存储，对于重要数据和关键数据则除了附加验证码之外，还需要先加密后存储以防止数据被非法窃取或篡改。

数据传输加密在数据流转过程中，通过端对端的专用加密通道，使数据以密文形式在网络上进行传输，防止数据被截取。

根据密钥类型的不同，将现代密码技术分为两类：对称加密算法（秘密钥匙加密）和非对称加密算法（公开密钥加密）。

对称钥匙加密系统是加密和解密均采用同一把秘密钥匙，而且通信双方都必须获得这把钥匙，并保持钥匙的秘密。非对称密钥加密系统采用的加密钥匙（公钥）和解密钥匙（私钥）是不同的。

用户应该根据操作的数据的特点来确定具体使用哪种算法。举例来说，由于非对称加密算法的运行速度比对称加密算法的速度慢很多，当用户需要加密大量的数据时，建议采用对称加密算法，提高加解密速度。对称加密算法不能实现签名，因此签名只能采用非对称算法。由于对称加密算法的密钥管理是一个复杂的过程，密钥的管理直接决定着它的安全性，因此当数据量很小时，可以考虑采用非对称加密算法。

11.3.4 数据脱敏

为了防止用户隐私信息、商业机密信息和企业内部数据泄露，在数据的传输、共享、展现等环节，往往需要对数据中台中的某些敏感数据进行脱敏操作。

大数据脱敏主要包括以下两大功能：

❑ 敏感数据识别：通过设置敏感数据的发现机制，计算机自动识别敏感数据，并在发现敏感数据后自动为该敏感数据打上相应的标签。

❑ 敏感数据脱敏：提供敏感数据的动态脱敏功能，保障敏感数据访问安全。同时基于大数据安全分析技术，发现访问敏感数据的异常行为，并在可能的情况下进行追踪。

1. 敏感数据识别

（1）建立敏感数据规则

防止敏感信息泄露的第一步是定义企业敏感信息，通过建立敏感信息样本库，定义企业的敏感信息的具体特征。

敏感信息库内置企业各类敏感信息的识别规则，包括但不限于：

- 身份证号码
- 手机号码
- 生日
- 信用卡号码

同时敏感信息规则应支持用户自定义各类敏感信息规则，以便在不同应用场景中允许用户进行规则扩展。

（2）敏感数据检测

脱敏系统支持对大数据平台存储的结构化和半结构化数据库、表进行敏感数据扫描探测，并对每个数据表进行抽样数据匹配，基于敏感信息库来检测存储在大数据平台的敏感数据，如客户信息、交易数据等。

脱敏系统将数据库中包含敏感信息的表和字段标记出来以实现各类高级数据安全功能。例如，已知用户数据库表中含有多种类型的客户信息（如用户姓名、身份证号、账号、手机号等），利用敏感数据标记实现以下自定义规则：

- 只向外传输姓名，不是信息泄露事件；
- 姓名、账号和电话等信息同时向外泄露，则认定为信息泄露事件。

数据检测支持在给定数据行的任意列组合的基础上进行检测。例如，接受单一姓名、账号、电话的检测，也能够接受"姓名"和"身份证号码"字段的组合，因此可以灵活、方便地进行敏感数据的检测。

用户管理人员采用内容描述匹配来辅助建立敏感数据样本库。内容描述匹配具有高度准确性，对结构化和半结构化数据同样适用，它通过用户输入关键字、模式匹配、文件类型、文件大小、发送人、接收人、用户名和网络协议等各类条件，来实现敏感信息的检测。

2. 敏感数据脱敏

数据脱敏方法可根据用户需求的不同而进行定制，最常见的脱敏方式包括如下几种形式：

- ❑ 数据替换：以虚构数据代替数据的真实值。
- ❑ 截断、加密、隐藏或使之无效：以"无效"或"*****"等代替数据的真实值。
- ❑ 随机化：以随机数据代替数据的真实值。
- ❑ 偏移：通过随机移位改变数字型的数据。

11.3.5　数据共享安全

数据对外共享一般包括两种方式：接口和文件。

接口方式包括接口数据（JSON/XML）、流式数据（Kafka）等多种数据访问方式。通过 API 操作权限管理、API 流量管控、API 认证管理等手段实现接口管控。

文件方式主要指通过 FTP、SFTP、邮件等对外共享数据，数据类型包括 TXT、CSV、Word、PPT、Excel、HTML 等，通过数字暗水印进行安全防护。数字暗水印通过对共享的文件嵌入暗水印作为标记一起传输，保障数据在发生泄露时，能够提取水印信息并追踪至责任人，达到事后安全保护的目的，解决了数据泄露后无法追踪、难以定责、难以避免再发生的问题。

11.3.6　数据的容灾备份

服务器的硬件故障、软件故障、网络发生问题等，都可能导致数据丢失、错误或损坏。另外，人为的操作失误、自然灾害、战争等不可预料的因素，也可能导致发生不可挽回的数据丢失，给用户带来巨大损失。

为了应对这些情况，用户必须考虑数据的容灾备份，确保在任何情况下都不会影响到重要业务活动的持续开展。

用户可以根据恢复目标将业务的关键等级划分为核心业务系统、一般性重要业务系统和一般业务系统三个级别，并根据不同级别分别有针对性地制订容灾备份方案。比如针对核心业务系统，采用存储数据双活的方式来实现业务系统的持续可用；针对一般性重要业务平台，可以采用主流成熟的备份系统进行定时备份保护；针对一般业务系统可根据业务数据的重要程度，采用定时备份或者不备份策略。

11.3.7　数据安全的其他技术

数据安全管理的技术手段中，除了前面所讲的统一安全认证和权限管理、资源隔离、数据加密、数据脱敏、数据共享安全、数据容灾备份之外，还有一些数据安全技术同样应用广泛，如数据的匿名处理、人工加干扰，应对数据共享、发布时的隐私保护，以及隐私数据可信销毁、数据水印、数据溯源、角色挖掘等技术。

（1）数据发布匿名保护技术

数据发布匿名保护技术使用 K- 匿名化（K-anonymization）等一系列技术手段，使攻击者不能判别出隐私信息所属的具体个体，从而保护了个人隐私。

（2）数字水印技术

数字水印是指将标识信息以难以察觉的方式嵌入数据载体内部且不影响其使用方法，多见于多媒体数据版权保护，也有针对数据库和文本文件的水印方案。数字水印技术能保障数据在发生泄露时，能够提取水印信息并追踪至责任人。

（3）数据溯源技术

数据溯源技术的目标是帮助人们确定各项数据的来源，也可用于文件的溯源与恢复。其基本方法是标记法，比如通过对数据进行标记来记录数据在大数据平台中的查询、流动与传播历史。

（4）角色挖掘技术

角色挖掘技术指的是根据现有"用户－对象"授权情况，设计算法自动实现角色的提取与优化。有效的角色挖掘可以为用户权限提供角色最优分配，鉴别在正常模式外进行操作的用户，检测并删除冗余或过量的角色或用户权限，使角色定义及用户权限保持最新。在设计角色挖掘算法的过程中，要特别注意信息中隐藏的噪声数据对角色挖掘结果造成不良影响，需要对这些噪声进行识别和处理。

进入大数据时代，数据安全面临越来越严峻的挑战，一旦发生数据泄露事件，往往影响着一个部门甚至一个企业的生死。但同时数据安全管理也是容易被忽视的工作。这是因为 在人们的意识中，"未发生的总是不重要的，不紧迫的"。本章分析了数据安全面临的挑战，如何建立数据安全管理体系，保障大数据安全的技术手段，探讨了如何进行完善的数据安全管理，保障数据的安全与隐私。

11.4　中台手记（八）: 数据安全! 数据安全! 数据安全!

11 月 22 日　周一　雾霾　地点: CIO 私家车 /CIO 办公室

又是一个周一的清晨。

今天估计是天气的原因, 路上一路拥堵, 心情也莫名地烦躁。

刚打开交通电台, 想听音乐舒缓一下心情, 这时候蓝牙耳机响了, 传来了马总急促的声音。

"刘锋, 你看到新闻了吗? 美国某全球连锁品牌旗下酒店预订系统遭网络"黑客"入侵, 泄露大约 5 亿个客户的用户信息。据说将面临消费者 125 亿美元的索赔, 这下他们可是有大麻烦了! SL 集团旗下有庞大的数据信息, 你们一定要引以为戒, 千万不要出现这样的数据安全事件啊!"

"好的, 马总, 谢谢您的提醒, 数据安全是数据中台项目首要考虑的环节, 这块一定会处理好的!" 我赶紧回复道。

到了公司, 立刻召集部门骨干人员开会, 数据安全早就在考虑范畴内, 不过马总提到的事让我觉得有必要将数据安全尽快提上项目议程来。

赵伟不紧不慢地说:"数据安全主要包含两个方面:一个是技术层面,需要保证存储中不丢失,传输中不泄露,并能抵抗一定的攻击;另一个是业务层面,需要保证分层分级授权,以及隐私信息的脱敏加密。技术层面需要作专项研究,业务层面除了在工具上提供基本的功能,还需要调研特定的业务,看是否对系统有特定的需求。"

"对的,技术层面我已经做过调研,大数据平台对数据的存储已经有了备份策略,特殊数据的传输也会采取加密措施。业务上的分层级授权,业界有一些开源和商业的方案,我正在做技术选型的评估。"姚冰显然对于这块也是做足了功课。

"好的,技术上的评估后面发一些报告给我,另外你们找一些关键业务线,比如商业地产和零售,开展一次安全方面的需求调研,把之前没有考虑到的需求整理一下发给我。"

……

"姚总,商业地产和零售已经调研过,他们主要关心的就是数据不泄密,使用中有监控预警,使用后有审计,便于事后追查,为此需要提供一些相关的功能,都在前期考虑的范围内。"

开完会后,我长舒了一口气,不禁感叹,有多少公司倒在数据安全的门槛上。在大数据应用场景下,数据利用和数据安全是天然矛盾的两端,如何把握这个度,需要不断探索。需要投入更大的资源去研究同态加密、多方安全计算等前沿算法,同时推动数据脱敏、数据审计等技术手段在大数据环境下的增强应用,提升大数据环境下的数据安全管理水平。

经过数据中台战略项目一役,SL集团已经在数据应用、数据治理、数据安全等各方面取得里程碑式的突破,但我和我的伙伴们依然在路上……

6 大行业解决方案架构图

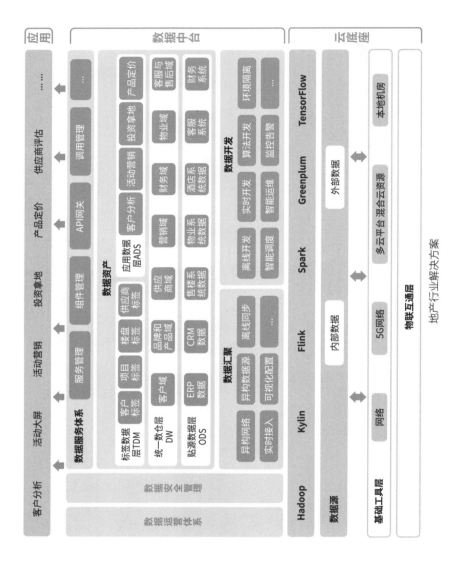

地产行业解决方案

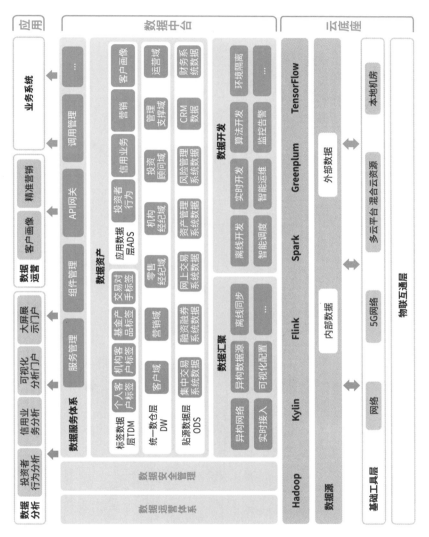

证券行业解决方案

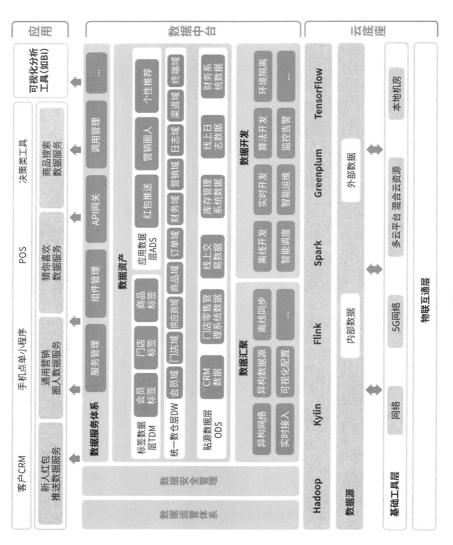

零售行业解决方案

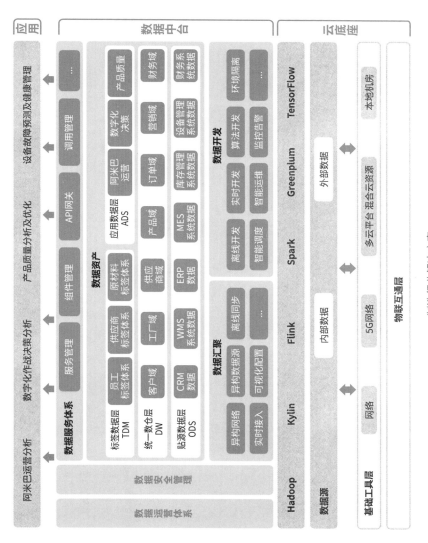

制造行业解决方案

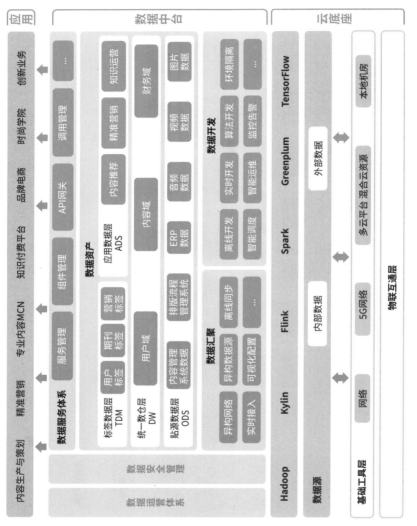

传媒行业解决方案

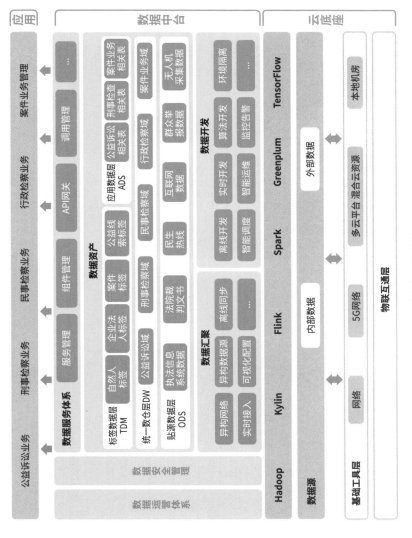

检务行业解决方案